JN093751

千倉書房

まえがき

アメリカの現代史家ジョン・ルカーチによれば、歴史学と法による裁判にはいくつかの違いがある。裁判では、一事不再理が原則で、被告は一回しか裁かれない。歴史学では、過去の人物や出来事が何度も何度も、限りなく、再検証・再考察される。歴史学は、人間がなした行為と考えたことを証拠にするが、裁判では人間の考えたことは証拠にはならない。歴史学と裁判には目的の違いもある。裁判の目的は、正義を確立し不正義を排除することである。歴史学の目的は、真実でないものを取り除けて真実を追究することである、とルカーチは述べている(John Lukacs, *The Legacy of the Second World War*, Yale University Press, 2010)。

ルカーチは第二次世界大戦の原因と結果を再検証するにあたって、このように述べているのだが、彼の指摘は、考察対象の時代や地域を問わず、歴史を学ぼうとする者にとって、定説や通説に挑戦することを後押ししてくれるとともに、自分の理解や解釈に謙虚でなければならないことを教えてくれる。

ルカーチのひそみにならって言えば、本書は、「短い二〇世紀」(第一次世界大戦から冷戦終焉まで)の前半における日本と戦争との関わりを再検証・再考察しようとする試みである。本書はいわゆる論文集であって、何らかの特定のテーマあるいは問題を、時間の推移や論理の展開にしたがって系統的に考察したものではないが、日本が戦争をどのようにとらえようとしたのか、どうして戦おうとしたのか、戦いながらその戦いをいかに理解しようとしたのか、といった問題意識は各論文に通底している。

第I部は、二つの世界大戦に日本がどのように向き合ったかを再検証したものである。第1章「欧洲大戦と日本のゆらぎ」では、当時の日本人が第一次世界大戦をどのように理解し、戦後の国際秩序をいかにとらえたかを考察する。パリ講和会議での人種差別撤廃案の挫折やアメリカの排日移民法のために、日本は大戦後の国際秩序に反発し、それが一九三〇年代の対外侵略や戦争につながったと見なす傾向があるが、必ずしもそうではないのではないか、とこの章は疑問を投げかける。

第2章「三つの「戦争」――満洲事変、支那事変、大東亜戦争」は、いわゆる一五年戦争論を批判し、日本が中国と戦っていたアジアの戦争と、一九三九年に始まったヨーロッパの戦争は、本来別個の戦争だったのではないかと論じる。第3章「第二次世界大戦――アジアの戦争とヨーロッパの戦争」では、本来別個のものであったアジアの戦争とヨーロッパの戦争が結びついたことによって、脱植民地化が戦争の争点となったことや、戦争のイデオロギー化が強まったことが指摘される。第4章「南進と大東亜「解放」」は、戦争の理念となるべき脱植民地化＝大東亜「解放」が大東亜戦争(太平洋戦争)開戦前には国策として明確に謳われていなかったことを、外務省の政策文書を材料にして検証する。

第Ⅱ部は、第一次世界大戦と第二次世界大戦の間の時期、いわゆる戦間期に日本の軍組織と軍人たちが当時の国際関係や政治状況にいかに対応したかを再考察したものである。第5章「朝鮮駐屯日本軍――治安・防衛・帝国」は、植民地軍という特殊な軍隊を対象とし、その編成や役割を明らかにするとともに、植民地への徴兵制適用と参政権付与との関連性に着目する。それは、第一次世界大戦後の新たな政治状況に対する軍の対応の一例でもあった。第6章「帝国在郷軍人会と政治」では、軍の政治的支持母体とも言うべき在郷軍人会と政治との関わりが考察され、一九二〇年代における兵役終了者への選挙権付与要求と、一九三〇年代における国体明徴問題での活発な活動が取り上げられる。ここでは、大戦後における軍としてのあり方に、いわば間接照明が当てられる。

軍隊の責任は本来、国家の対外的安全を保障することにある。戦前の日本軍では、それがアジア大陸での権益維持・増進と分かちがたく結びついていると考えられた。第7章「日本陸軍の中国共産党観　一九二六～三七年」は、日本の軍人たちが中国共産党を、いかにも軍人らしく、仮想敵国・ソ連の「第五列」的存在と見なしていたことを検証する。第8章「日本軍人の蔣介石観――陸軍支那通を中心として」は、日本陸軍の中国スペシャリストたちが、蔣介石による中国統一事業と日本の権益確保との矛盾を、どのようにして解決しようとしたのかを検証する。第9章「戦前日本の危機管理――居留民保護をめぐって」では、大陸権益の象徴的存在であった居留民に危険が迫ったとき、彼らを保護するために、軍事的衝突を避けながらどのようにして軍隊を使おうとしたかに焦点があてられる。

第Ⅲ部は、日本はなぜ中国と戦ったのか、なぜ戦いを止めることができなかったのか、を追究する。第7章、第8章、第9章も日中関係を扱っているが、第Ⅲ部には支那事変（日中戦争）に直接関係したものを収めた。第10章「支那事変初期における近衛内閣の対応」は、盧溝橋事件に始まる日中軍事紛争の処理を誤りエスカレートさせてしまった経緯を、近衛内閣での協議（閣議）に焦点を絞って検証する。閣議でどんなことが話し合われたのか、どのような決定が何を根拠になされたのか、を関係者の記録と回想から再構成する。第11章「日本人の日中戦争観　一九三七〜四一年」は、中国の屈服により短期で終結すると思われた支那事変が長期化・泥沼化するなかで、日本人がそれをどのように理解しようとしたのか、戦いにどんな意味を見出そうとしたのか、を考察する。当時の論壇に登場したさまざまの「支那事変論」が考察の材料とされる。

第12章以降は日中間の和平工作をテーマとしたものである。第12章「日中和平工作の挫折」は、和平工作の推移を概説し、史資料の現状や、研究上の問題点を指摘する。和平工作の中でもっともよく知られているのは汪兆銘工作だが、第13章「汪兆銘のハノイ脱出――関係者の回想と外務省記録から」では、第三勢力としての和平運動という当初の構想から南京での新中央政権樹立へと方針を転換させたのは、汪自身の決断であり、日本側の圧力ないし誘導だったのではない、という解釈が提示される。一方、和平工作の中で政府や軍が、そして天皇ももっとも期待をかけたと思われるのは、桐工作と呼ばれる工作である。だが、桐工作は重慶政権側の諜報機関が介在していたため、謎に包まれた部分が多い。第14章「桐工作をめぐって」は、工作の経緯を整理し、その和平工作としての特徴を指摘する。第15章「対中和平工作　一九四二〜四五年」では、大東亜戦争中の対中和平の試みを検証する。日本は、連合国の中で中国に対してだけ和平を試みようとしながら、実際には主体的にそれを実行しなかったことが明らかにされる。

以上の各章は、それぞれ独立した、自己完結しているはずの論文である。全体を通した統一テーマがあるわけではないが、前述したように、日本が自ら戦っている戦争を、どのようにとらえ、いかに理解しようとしたのか、といった問題意識は一貫している。

ふたたびルカーチに戻って、彼が歴史学の目的を、正邪を明らかにすることではなくて、真偽をはっきりさせることだ、と述べていることを想起してみよう。本書の各章は、正邪を問題にしてはいない。真偽を明らかにできたかどうかは、読者を含む他者に委ねざるを得ないが、それを追求していることだけは理解していただけるだろう。

なお、論文を一書にまとめるにあたって、数字等の表記を統一し、引用文の難読字にはルビをふった。明らかに事実誤認であったことが判明した場合は、その個所を修正した。内容や文章に重複がある場合(第2章)は該当部分を削除した。また、収録したものの中には講演や研究会報告があり、その一部では「私」という一人称単数の代名詞が使われている(第2章と第12章)。これは学術論文のマナーにそぐわないことを充分承知してはいるが、原文のトーンを保つためにあえて言い換えずにそのままにした。諒とされたい。

戦争のなかの日本

目次

第Ⅰ部 世界大戦とどう向き合ったのか

第1章 欧洲大戦と日本のゆらぎ

1 「英米本位の平和主義を排す」

一九一八年、第一次世界大戦が終わる頃、青年貴族近衛文麿は「英米本位の平和主義を排す」と題する論文を執筆し、保守系の雑誌『日本及日本人』に寄稿した。近衛、二七歳のときの論文である。

この論文で近衛は、「戦後の世界に民主主義人道主義の思想が益々旺盛となるべきは最早否定すべからざる事実といふべく……民主主義人道主義の傾向を善導して之が発達を期するは我国の為にも吾人の最も希望する事」であると前提しつつ、次のように論じている。最近の日本の論壇は英米の政治家による華々しい宣言に魅了され、「彼等の所謂民主主義人道主義の背後に潜める多くの自覚せざる又は自覚せる利己主義を洞察」することができない。なるほどドイツが平和を攪乱して大戦の「主動原因」となったことや、大戦中のドイツに「暴虐残忍」の行動が多かったことは明らかである。しかし平和を攪乱したドイツを正義人道の敵とするには、戦前の状態が正義人道の見地から最善であったとしなければならないが、そんなはずはない。戦前は、英仏が「世界の劣等文明地方を占領して之を殖民地となし、其利益を独占して」おり、「凡ての後進国は獲得すべき土地なく膨脹発展すべき余地を見出す能はざる状態」であった。つまり、「人類機会均等の原則に悖(もと)り、各国民の平等生存権を脅かすものにして、正義人道に背反するの甚だしきもの」であった。したがって、ドイツがこの状態を打破しようとしたのは「正当の要求」と言えよう。この点からすれば、「欧洲戦乱は已成の強国と未成の強国との争なり、現状維持を便利とする国と現状破壊を便利とする国との争なり」。「英米の平和主義は現状維持を便利とするもの丶唱ふる事勿(なか)れ主義にして何等正義人道と関係なきものなるに拘らず」、日本の論者がその美辞麗句に酔い、国際的立場からすれば日本はドイツと同じく現状打破を唱えるべきなのに、「英米本位の平和主義にかぶれ国際聯盟を天来の福音の如く渇仰するの態度あるのは実に卑屈千万にして正義人道より見て蛇蝎視すべきものなり」。

やや長々と紹介してきた近衛の主張は、若いがゆえの観察の鋭さと結論の性急さが際立っている。彼は結論として、「来るべき講和会議に於て国際平和聯盟に加入するに当り少くとも日本として主張せざる可らざる先決問題は経済的帝国主義の排斥と黄白人の無差別的待遇是(これ)なり」と論じた。「経済的帝国主義の排斥」(近衛によれば、各国の植民地の市場や資源の開放)はともかく、講和会議において日本は、近衛が要望した人種差別撤廃(人種平等)案を提議した。しかし、国際聯盟規約の中に人種平等を謳おうとした日本の提案は挫折する。

大東亜戦争(太平洋戦争)の敗戦後、昭和天皇は、「大東亜戦争の遠因」について次のように語ったという。「この原因を尋ねれば、遠く第一次世界大戦后の平和条約の内容に伏在してゐる。日本の主張した人種平等案は列国の容認する処とならず、黄白の差別感は依然残存し加州移民拒否の如きは日本国民を憤慨させるに充分なものである。又青島還附を強いられたこと亦然りである。かゝる国民的憤慨を背景として一度、軍が立ち上つた時に、之を抑へることは容易な業ではない」(『昭和天皇独白録』)。天皇の言葉には少し説明が必要だろう。「加州移民拒否」とは、おそらく、大戦以前からのカリフォルニア州における日本人移民排斥と一九二四年に日本からの移民を禁止したアメリカの連邦移民法(いわゆる排日移民法)を指している。「青島還附」とは、大戦中に日本が獲得した山東省の旧ドイツ権益の処分をめぐり、パリ講和会議で日本と中国が衝突したことに関連している。日本は旧ドイツ権益を継承した後、これを日中間の交渉によって中国側に返還すると主張した。しかし、中国は即時無条件で返還されるべきであると主張し、これにアメリカが同調して問題が紛糾した。日本は「還附」を拒否していたわけではないのだが、日本の「還附」方式に対して米中連合の反対を受けたことが、「還附を強いられた」として天皇の記憶に刻みつけられたのだろう。

近衛の主張は、一九三〇年代の日本の現状打破的な対外行動とその正当化の論理を、第一次大戦が終わった時点で既に予告していたように見える。近衛が三〇年代後半から三度も首相の印綬を帯び、日本の外交・内政を指導する立場にあったことを考えると、なおさらそうである。また、昭和天皇の回想も、日本が英米主導の国際協調体制から離脱する心理的な理由が、第一次大戦後の講和条約と戦後国際秩序そのものに胚胎していたことを示唆している。

だが、本当にそうなのだろうか。当時の日本人は、大戦を現状維持勢力と現状打破勢力の争いととらえ、英米の利己主義と偽善性に反発し戦後秩序を受け容れようとはしなかったのだろうか。人種平等案の挫折から大きなトラウマを負い、そこから生まれた「憤激」が過激な対外行動をとらせたのだろうか。

2 総力戦

よく知られているように、日本では第一次大戦を欧洲大戦と呼ぶことが多かった。参戦はしたものの、ヨーロッパの主戦場から遠く離れ、軍事的関与も小規模にとどまって、戦死傷者等も少なかったことから、一般に大戦は身近には感じられなかったと言ってよい。それでも、当時の有力な出版社、博文館は『日露戦争実記』にならって『欧洲戦争実記』を刊行している。

大戦に最も強い関心を寄せたのは、言うまでもなく、軍人である。大戦の展開につれて軍人たちが最初に注目したのは、当然ながら、戦場に登場した新兵器であった。飛行機、自動車、潜水艦が三大新兵器とされた。これらは必ずしも初めて大戦で使用されたわけではないが、主要兵器として本格的に使われたのは大戦が最初であった。それ以外にも、ある軍人は、手榴弾、迫撃砲、火炎放射器、毒ガス、催涙弾、焼夷弾などを新兵器として紹介している(岸本綾夫少佐「欧洲戦争に於ける新兵器に就て」『欧洲戦争実記』一九一七年一月五日号)。ソンムの戦いに初めて登場した戦車は、「陸上弩艦」として紹介された(陸軍省臨時軍事調査委員「欧洲交戦諸国ノ陸軍ニ就テ」『偕行社記事』一九一七年四月号付録)。

大戦が長期化するにつれ、兵器の発達だけでなく、戦争の様相あるいは形態が大きく変化したことに注目が集まってくる。まず、これまでとは桁外れの兵員と兵器・軍需品が戦場に投入された。戦争は量的な面で驚異的な変貌を遂げ、それは質的な変化につながった。大戦を「四肢五体を活動し所謂全力を挙げて雌雄を争ふ相撲」とすれば、「彼の日清戦争は拇相撲である、而して日露戦争は拇相撲よりも少し大い腕相撲であつた」にすぎないと見られた（吉田豊彦大佐「日本の工業家に希望す」『欧洲戦争実記』一九一七年五月二十五日号）。大戦は、「相対抗する両国民全体が、単に戦争するのみならず、兵器弾薬糧食被服薬品に至るまで、苟くも一国が生存するに必要なる総べての資料が、敵国の夫れと相対抗して戦争する」ものととらえられたのである（長岡外史中将「欧洲戦争雑感」同右、一九一五年八月二十五日号）。

これこそ新しい戦争形態としての「総力戦」であった。大戦後、宇垣一成はその日記に次のように記している。「未来の戦争は軍の交戦、軍の操縦術に止まらずして、国家を組成する全エネルギーの大衝突、全エネルギーの展開運用によりて勝敗が決せらるる」。大戦は、国防ないし安全保障に関する新しい考え方を生み出したのである。

将来の戦争を総力戦と予想するならば、まず重視しなければならないのは、総力戦に投入されるべき資源であった。戦争で使用される軍需品が厖大な量にのぼり、あらゆる物資・資源を含むとすれば、そうした資源の自給自足を確立することが必要である。しかし、日本が自給できる資源には大きな限界があった。こうして大陸の軍需資源に対して、あらためて目が向けられる。

大陸軍需資源への着目という点で興味深いのは、小磯国昭（当時、少佐）が中心となり参謀本部兵要地誌班でまとめた『帝国国防資源』（一九一七年八月）である。小磯は、戦時所要物資の量を予測し、国内生産と備蓄では不足する分を大陸に求めた。日本は戦時に完全な独立経済を営むことができないが、ちょうど隣邦中国は日本が不足する資源の大部分を補ってくれるので、中国の資源の有効利用について平時から準備しておかねばならない、と小磯は主張した。その一方法として、大陸から資源を円滑に輸送するために、九州・朝鮮間に海底トンネルを掘る、という途方もない構想まで提示した。

資源の自給自足という観点から大陸に目を向けたのは小磯だけではない。宇垣もそうである。宇垣は、「現下の帝国版図に於ては如何に努力するも」自給自足に欠けるところがあるとし、「必ずや自給自足の経済範囲は大陸就中（なかんずく）支那に及ぼすの必要あり。日支を打つて経済上の一単位となること肝要なり」と一九一六年の日記に書いている。

このように、大戦を総力戦と把握した軍人たちは、資源の自給自足が必要不可欠であるという結論を導き出した。そして、国内産出資源の不足は、あらためて中国の資源に彼らの目を向けさせることになった。この意味で、大戦の総力戦的理解は、陸軍の伝統的な大陸進出論に新たな根拠を与えたと見ることができよう。

さらに、総力戦は厖大な資源を要請するだけでなく、そうした資源を含む「国内ノ有ラユル諸資源、諸施設ヲ統制按配シテ之ヲ戦争遂行上最有効ニ使用シ得ルノ状態ニ移」すことも要求した（臨時軍事調査委員『交戦諸国ノ陸軍ニ就テ』第四版、陸軍省、一九一八年一二月）。つまり、国家総動員である。軍事的な意味での動員に加えて、産業・金融・運輸の動員、教育・思想の動員すら必要と考えられた。

戦時にこうした国家総動員を可能とするためには、平時からそのための準備を進め、国家のシステム全体を変えなければならなかった。軍人たちは、そのようなシステムを国家総動員態勢と呼んだ。国家総動員態勢の構築には、軍事以外の分野に関する知識や情報を持つことが要求された。こうして、新しい安全保障概念としての総力戦は、軍人たちに軍事以外の分野への進出を促す誘因として作用することとなったのである。

3 国防の国民化

新しい国防概念としての総力戦は、しかしながら、直ちに軍人の非軍事分野への進出、特に政治進出をもたらしたわけではない。軍事以外の分野に強引に進出するよりも、むしろそうした分野に関する知識や情報を求めて、陸軍では、有為の青年将校を帝国大学等の高等教育機関に聴講生として派遣することを始めた。国家総動員態勢の構築も、軍だけでできるものではないと考えられた。

この点は、「国防の国民化」という面での総力戦理解とも関連している。大戦は動員兵力の大きさから人的資源の重要性をあらためて示しただけでなく、軍需生産を支える産業への人的資源の動員もそれに劣らず重要であることを教えた。さらに、大戦中の急速な航空機の発達により、敵機による都市空襲がなされるようになると、いわゆる前線と銃後の区別をなくし、銃後における国民生活の安定維持や国民の戦争遂行に対する支持・協力がいかに大事であるかを痛感させた。

宇垣一成は、こうした面でのドイツの強さを日記の中で次のように述べている。「独逸の戦争に強きは単に軍隊の力のみではない。諸般の国家機関及び諸階級の国民が自国の立場自国の目的使命を自覚して終始不断努力奮闘したる結果の発現と認めねばならぬ。此の美点長所を帝国の諸方面に扶植することは邦家千年の為肝要なり」。大戦末期にも、「今後の戦争は国民のあらゆる智力あらゆる財力あらゆる努力の組織的結合力(文明)の戦ひなり。現戦争における独逸は概ね此の要領によりて戦ひつつあり」と記している。そして宇垣は、ドイツ敗戦の主要な原因を、戦争の最終段階で国民的団結が崩壊したことに求めたのである。

大戦後、宇垣は、「国防の最後の威力は国民に存することは世界大戦の教訓」であるとし、「一国の防衛は国民により国民の為にする国民の国防たらしめねばならぬ」と述べる。「軍人は素より国防の直接責任者なるも、軍人のみが国防の全責任者にはあらずして国民全般が共に国防の責を分つべきものである」、これが宇垣の言う「国防の国民化」であった。

国防の国民化は、国内の大正デモクラシー的状況からも当然視された。国民の理解と支持がなければ、総動員態勢の構築はもちろん、国防自体も十全ではあり得ないと考えられたからである。首相の原敬は陸相の田中義一に対して、「今後は国民の同情後援なくしては何事も成行し得べきものに非ざれば其辺の注意極めて肝要なり」と語った（『原敬日記』第五巻）。軍としては、「国民の同情後援」を有する政党との協力を図ることが得策であり、必要であった。

宇垣のような高級軍人だけでなく、一般の軍人の意識にも目を向けてみよう。宇垣は、戦争に対するドイツ国民の支持・協力を高く評価し、それが戦争末期に崩壊したことにドイツ敗戦の原因を見たが、軍人の中には、大戦の帰趨を決した国民の精神力に関して、そもそもドイツ側よりも英仏側が優れていたのだとする見解があった。つまり英仏の国民は、「国民教育政治知育ト民衆的政治訓練」によって、「確固タル自覚」に基づき「戦争遂行ニ対スル主導力」を発揮し、その点でドイツ側よりも優越していたと見なされた（河野恒吉大佐「欧洲戦争ニ現ハレタル精神力ノ観察」『偕行社記事』一九二〇年八月号）。宇垣の例に見られるように、大戦中、陸軍軍人は一般にドイツ側に共感を示しがちであり、その敗北の原因は、資源の欠乏のために最終段階での経済的困窮によって国民の継戦意志が崩れたことに求められた。ところが、河野大佐は、国民の精神力については最初から自覚のうえに立つ英仏デモクラシー諸国側が優位にあった、と主張したのである。

この頃、軍人たちの議論の中でキーワードの一つとされたのは「自覚」である。これは、大戦の戦訓にも関連していた。大戦では、戦闘単位が小さくなり、分隊以下の戦闘単位で、しばしば下士官や兵の自主的判断が要請された。自主的に判断するためには、将校に盲目的に服従するだけでは不充分であるとされたのである。

後に大東亜戦争の「バターン死の行進」の責任者として刑死した本間雅晴は、青年将校時代に、この点でのドイツ軍の欠陥を次のように指摘している。ドイツ軍は優秀な将校が屈従を苦にしない兵隊を率いているが、これは羊飼いと羊との関係に近い。順調なときは立派に行動するけれども、ひとたび指導者としての将校あるいは下士官を失うと、部隊はバラバラになってしまう。しかも、このような欠陥は、戦闘の場合だけにはとどまらない。ロシア革命やドイツ革命のときの軍隊の動揺や革命への同調は、自覚を欠いた盲目的服従の結果にほかならない。つまり、「盲従、屈従の上に築かれた軍紀は、仮令(たとい)堅牢の如く見えても暴風雨には耐へ得ない」(「思想の変遷に鑑みて軍紀と服従を論ず」同右、一九二〇年六月号)。本間(当時、大尉)は、自覚に基づく服従であれば、戦闘の場面で有効であるだけでなく、思想的にも強靭さを備えることができる、と示唆した。

自覚は、国内のデモクラシー的な社会風潮に対応するうえでも重要であると考えられた。「智識欲ト理解力ノ向上」によって、兵士は「盲従的行動ヲ排シ所謂『何ノ為メニ』『何カ故ニ』等ノ理解的指導ニアラサレハ之ニ服セサル気分著シク濃厚」となったからである。したがって、軍隊教育も従来のように注入的・強制的ではなく、教育を受ける者の自覚を促すことが重視された(村田契麟大尉「近時ニ於ケル国民思想ノ変化及之ニ応スル軍隊教育ノ着意」同右、一九二〇年四月号)。

むろん軍人のすべてがデモクラシーを歓迎したわけではない。しかし、少数ではあっても、デモクラシーを肯定的にとらえ、少なくともこれを時代の趨勢と見なして積極的に対応すべきだと主張した軍人がいたことは注目されよう。ある軍人は、国民の知識や自覚の向上を進歩ととらえ、以下のように論じている。立憲政治のもとで進歩した国民をもって、優秀な兵士や精鋭な軍隊をつくることができない、などという道理はあり得ない。もし国民が進歩したために軍隊教育が困難になり軍紀も弛緩するということがあるならば、それは将校の頭が国民の進歩についてゆけず旧套(きゅうとう)を墨守し、時代や社会に適応できない思想と古い方法で兵士に臨むからだろう、と(M・J大佐「軍隊教育振興」同右、一九二〇年一〇月号)。

本間大尉は、もっと過激であった。彼によれば、軍隊は従来、軍隊自身の空気を社会に拡大することに努めたが、「社会の空気を軍隊に吸収する事を喜ばなかつた」。軍隊自身の「プロパガンダ」は怠らなかったが、「社会の空気を軍隊に入れることを拒んだ」。これでは国民と軍隊との「真の融合」は望み難い(前掲「思想の変遷に鑑みて軍紀と服従を論ず」)。こうした本間大尉の主張にはすぐさま反論が寄せられたことも付言しておくべきだろう。

総力戦は、「国防の国民化」を必要とした。軍隊ではなく国民が国防の主体とならなければならなかった。そのためには、本間大尉の言うように、国民と軍隊との融合が必要不可欠であった。デモクラシーの達成を目指す政治改革あるいは社会のデモクラシー的風潮にも積極的に対応しなければならなかった。その点で、少数意見であったとしても、本間のような主張が将校団の機関誌『偕行社記事』に掲載されたことは特筆されるべきだろう。また、本間の主張をめぐって、陸軍の公的な雑誌の誌上で論争がなされたことも注目されるべきだろう。

大戦直後、一般にはデモクラシーに否定的であったと考えられる陸軍でさえ、これまで紹介してきたような態度や認識、主張が生まれていたのであった。

4 改造

大戦終了前後、陸軍軍人の議論のキーワードが「自覚」であったとするならば、マスメディアでのキーワードは「改造」であった。こころみに大戦終了後から一年半ほどの間、『中央公論』に掲載された論文で、そのタイトルに「改造」という文言を使ったものを抜き出してみよう。吉野作造「何ぞ進んで世界改造の問題に参与せざる」(一九一八年一二月号)、特集(三宅雪嶺、大山郁夫、吉野作造)「講和会議にあらはるゝ世界改造の理想と実際との矛盾と調和」(一九一九年三月号)、鷲尾正五郎「社会改造の二潮流」(同年四月号)、井箆節三「日本改造の第一策として国家教育主義を提唱す」(同年六月号)、中澤臨川「社会改造の哲学と人格的潜力」(同年八月号)、村田勤「妥協か改造か日本の将来」(同年一〇月号)、巻頭言「社会改造論の二大潮流」(同年一二月号)、室伏高信「改造論の一年」(同)、吉野作造「社会改造の第一楷段としての普通選挙」(同)、三宅雪嶺「改造の論議より改造の実行へ」(一九二〇年一月号)、特集（杉森孝次郎、堀江帰一、吉野作造、桑木厳翼、木村久一）「各方面に於ける世界改造の新理想」（同）、姉崎正治「人生の改造と弱者の力」（同年三月号）、堀江帰一「社会改造の見地より観たる新所得税法批判」（同）、米田實「欧洲に於ける改造問題」（同年四月号）。

もちろんこれら以外にも「改造」を論じたり、それに言及したりした論文もあるだろう。また、タイトルに「改造」を掲げてはいても、それを正面から論じてはいない論文もある。はっきりしているのは、大戦終了直後に「改造」をタイトルとした論文が急増したことである。それは、『中央公論』だけでなく、他の論壇誌にも共通して見られる傾向であったとされている。そもそも雑誌『改造』が創刊されたのは一九一九年であった。雑誌だけでなく、図書でも「改造」をタイトルに含むものが急に増えたという（神谷昌史「第一次大戦後の世界秩序と日本の「改造」」武田知己・萩原稔編『大正・昭和期の日本政治と国際秩序』）。

「改造」という文言は、『中央公論』を見る限り、講和会議を契機として登場してきた。つまり、当初は戦後の国際秩序をめぐり、戦争をなくして恒久的な平和を樹立すべき世界の「改造」という文脈で、この言葉が使われた。やがて、それが国内の「改造」、特に普通選挙の実現を含む政治改革にも使われるようになり、さらには社会や経済の「改造」に広がり、哲学、思想、人生のあり方にまで「改造」が及ぶことになった。これから二〇年ほど経った後、「新体制」運動の展開に伴い、日本ではさまざまな分野で「新体制」が語られることになるが、それとかなり似た現象が大戦直後にも生まれていたのである。

『中央公論』を素材として「改造」のそもそもの発端から考えてみよう。注目されるのは、「正義」

の強調である。大戦が終わったとき、『中央公論』の巻頭言は、「聯合与国の戦勝は、力争の成功に因りて獲たものではない」と論じている。戦勝をもたらしたのは「敵国の想はざる崩壊」であり、その崩壊は「彼国人民の正義の覚醒に誘致」されたものである、という。「組織的一大軍国主義の施設に有らゆる専門的技能を利用した独逸は、平和と正義とを熱求する外他意なかつた聯合与国のために負けた」というのである（「大戦の終結を祝す」一九一八年一二月号）。戦勝は「平和と正義」の勝利とされた。

こうした見方からすれば、講和会議が平和と正義あるいは人道に基づく国際秩序の構築、世界の「改造」を目指すことは当然であると考えられただろう。吉野作造によれば、「今度の戦争は固より其直接の起りは利害の衝突であつたけれども、漸次其の性質を変じて正義と侵略との争となつた」。したがって講和会議では「利害の調節」のみにとどまらず、「主として攻究せらるゝのは、永久平和の保障を目的とする世界改造の問題でなければならない」とされた（前掲「何ぞ進んで世界改造の問題に参与せざる」）。しかしながら、実際には、そのような期待は実現されなかった。近衛文麿の予想の正しさが証明されたように思われた。

近衛は、首席全権西園寺公望の私的随員としてパリの講和会議に来ている。彼は講和会議から、「力の支配」という鉄則が依然として生きていることを、強く印象づけられた。「大国の横暴」が目立ち、「正義公道に本づく世界の改造」という期待は裏切られた。特に人種平等案は、「正義に本づきて世界の平和を維持するといふ国際聯盟の精神」からして、聯盟の基礎となるべきはずだったのに、採用されなかった、と近衛は慨嘆する。

しかし、にもかかわらず近衛は、「これを以て直ちに力が万事を決定したりとなす一派の論議に対しては吾人はこれを首肯するに躊躇せざるを得ず」と論じる。彼によれば、民族自決主義がある程度まで講和会議の「中心精神」となり、世界の弱小民族に希望と光明をもたらした。不完全ではあるけれども、平和維持機構としての国際聯盟が発足した。近衛は、「要するに巴里会議の成績を見て理想主義の破滅を宣告するは早計なり」と結論づけたのである（近衛『戦後欧米見聞録』）。

ちなみに、このとき近衛はフランスの戦跡を訪ねている。その破壊のすさまじさを実見した近衛は、次のように述べている。「思へらく国際聯盟の実現したる真に偶然に非ざるなり」。それは戦場を訪れれば、よく分かる。「そこに残れる限りなき疲弊と窮まりなき破壊とは、国際聯盟が人類至深の要求に根ざせることを最も雄弁に最も適切に説明するなるべし」と。講和会議に行く前、国際聯盟にシニカルな目を向けた近衛は、その成立の意義をあらためて痛感させられたのである。

『中央公論』誌上では、保守的な三宅雪嶺でさえ、「当分正義人道は皮相に止まり肉まで変化するは多くの年数を要する。骨まで変化するのは遠き将来に属する」としながら、「余り希望に重きを置けば失望に終る。失望してはならぬ。固より絶望すべきでない」と述べていた（三宅「前途遼遠なるも失望の要なし」前掲・特集「講和会議にあらはるゝ世界改造の理想と実際との矛盾と調和」）。世界の「改造」にはややシニカルであったとしても、三宅がそれを肯定的に見ていたことも疑いない。

リベラル左派と言うべき大山郁夫は、聯盟規約として、国際軍の創設、徴兵制度の廃止、強制的仲裁裁判制度、デモクラティックな政治制度を聯盟加入条件とすること等を提唱し、それが実現しなかったことを遺憾とした。そして大山は、そうした結果に終わった理由を、各国の講和会議代表が「民衆の代表者として」行動せず、「各国内における現在の勢力階級たる資本階級の代表者として」行動したことに求めた（大山「新旧二種の国家主義の衝突」前掲・特集）。この論理からすれば、当面の課題は、聯盟を理想に近づけるために、国内の民主化を進め、「民衆の代表」を聯盟に送ることとなるだろう。つまり、大山は、設置された国際聯盟が中途半端なものとなったことを批判しながら、それに失望・幻滅したのではなく、むしろ世界の「改造」のために国内の「改造」を求めたのである。

こうした発想は、大山だけに限らない。大正デモクラシーのイデオローグたる吉野作造や、宗教学者の姉崎正治も同様の主張を展開していた。姉崎は、「国際的民本主義の実行には、国内に於ける民本主義の実行が其基礎となる」と論じた（姉崎『世界文明の新紀元』一九一九年三月刊、関静雄『大正外交』より再引用）。パリで講和会議を傍聴していたジャーナリストの中野正剛や馬場恒吾は、日本にとって講和会議は失敗であったと断じ、その失敗の原因は日本の利益を損ない世界の大勢を理解できなかった日本の代表団にあると指摘した。そして、こうした失敗から脱却するために、日本の「改造」の必要性を訴えたのである。それは国民あるいは民衆に立脚した政治改革を志向していた（前掲・神谷論文）。

講和会議の結末や国際聯盟の実体について、日本人の間に強い不満や批判があったことは疑いない。だが、だからといって、大戦後の国際秩序に対する幻滅や失望から、それを否定ないし無視しようとしたわけではなかったのである。不満や批判は必ずしもネガティヴな方向を向いてはいなかった。むしろ、世界の「改造」への参加と、その前提としての日本の「改造」というポジティヴな方向を向いていたと言えよう。

近年、ペルシルヴァニア大学のフレドリック・ディキンソン教授は、第一次大戦とそれに続く戦間期の日本について、新しい見方を提起している（Frederick R. Dickinson, *World War I and the Triumph of a New*

Japan, 1913-1930)。同教授は、一九二〇年代の日本を、戦争と混迷の一九三〇年代に至る序曲と見なすのは適切ではないと言う。明治維新によって日本が封建国家から近代国家に変わったのと同じように、第一次大戦の前後に日本は、農業を基盤とした東アジアの小帝国から大衆消費を基盤とした世界的規模の帝国へと転換した。しかも、一九二〇年代の日本は、第一次大戦の衝撃によって欧米諸国が直面したのと同じ課題に立ち向かったのだ、と同教授は論じている。

たしかに、大戦終結直後に「改造」の必要性が強調されたことは、そうした日本の転換や課題と関連している。「正義と人道」を達成できなかった戦後の国際秩序に対する反発やシニシズムよりも、それを実現すべく内外の「改造」を図らなければならないという動きが活性化したことこそ、一九二〇年代の趨勢として注目すべきだろう。

講和会議で日本の主張が抵抗を受けたり挫折したりしたことが、一九三〇年代の日本の対外行動の「変調」に直接つながったわけではない。では、なぜ日本は一九三〇年代に変調をきたしたのか。その問題は、一九二〇年代の趨勢を理解したうえで、新しい視点からあらためて考えてみるべきなのだろう。変調をきたしたとき、あるいは変調によって破綻を招いたとき、講和会議での挫折や国際秩序の不備が、記憶としてよみがえり、それが変調や破綻の理由とされたのか。それとも深層心理の中に埋め込まれていた挫折感や憤懣が無意識のうちに日本人を動かしていたのか。そのあたりも、もう一度検証する必要があるのかもしれない。

第2章 三つの「戦争」——満洲事変、支那事変、大東亜戦争

1 「戦争」の呼称

この小論では、昭和期に日本が戦った三つの「戦争」を歴史的にどうとらえるか、という問題を取り上げる。タイトルの「戦争」にカギカッコを付けているのは、大東亜戦争以外、当時の日本では、法的な意味で戦争とは見なしていなかったからである。この点は、またあらためて触れるとして、まず問題になるのは、呼称、呼び名が一定していないということだろう。

大東亜戦争の呼称の問題については、『防衛研究所紀要』(第一三巻第三号)に庄司潤一郎氏が優れた論考を発表しているので、それを見てほしいが、要は、さまざまな呼称の背後には、それぞれの歴史観、歴史解釈があり、それが多様であるがゆえに、またお互いに相容れない部分があるがゆえに、戦争の呼び名がなかなか統一されない、一定しないのだろう。

呼称の背後に、特定の歴史観、歴史認識、あるいはイデオロギーがある、という点では中国側の呼び方が典型的である。盧溝橋事件(中国側では七・七事変)に始まる日中間の戦争は抗日戦あるいは抗日

戦争と呼ばれ、日本の対米英開戦に伴い、中国が連合国の一員となった後の戦争は、反ファシズム世界戦争と呼ばれる。

私は、こうした呼称に同意しないが、だからといって、中国側に改めるべきだと言うつもりもない。また、当時の日本政府が正式名称とした呼び名、当時の日本人が一般的に使っていた呼称を使いたいと思うので、満洲事変、支那事変、大東亜戦争という呼び名を使っているが、これを他人に強制しようとも思わない。中国人と話すときは、日中戦争、太平洋戦争という呼び名を使う。支那事変という呼び名を使うと中国人は不快感を示すからである。不快感を与えることが分かっている言葉をあえて用い、不快な雰囲気の中で話をしても、また、最初の呼称の問題でつまずいて実のある議論ができなくなっても、つまらないからである。

要は、戦争の呼称が多様であることの背後には、歴史観、歴史認識の違いがあるわけで、その違いを無視して、名前だけを統一しようとしても無理がある。また、歴史観や歴史認識を統一する、同じくすることも、よほどの時間をかけない限り、これまた無理な話である。時間をかけても無理かもしれない。したがって、戦争の名前などは、違っていて当たり前だと考えたほうがよい。お互いに、その呼び名がどの戦争を指しているのかが了解されていれば、それで充分だと思う。

2 連続性と不連続性

そのような立場の私でも、やめてほしいと思う呼称が一つある。それは、「一五年戦争」という呼び方である。なぜ一五年戦争という呼称をやめてほしいかというと、この呼称の背後には、満洲事変、日中戦争、太平洋戦争の三つの戦争は相互に連続し連関しており、満洲事変から日中戦争を経て太平洋戦争へ至る道は歴史的必然であって、満洲事変が日中戦争を不可避的にし、日中戦争が太平洋戦争を避けられなくした、というとらえ方、歴史解釈が存在するからである。

一五年戦争論の立場をとる歴史家は、その後、その見解をややトーンダウンさせたが、三つの戦争が相互に関連し連続しているという、関連性と連続性を強調していることに変わりはない。私も、関連性を否定する者ではない。関連性は大いにあると思う。問題は連続性である。一五年戦争論者が連続性を強調しているのを聞いていると、三つの戦争が必然的な連鎖であるかのように主張しているように聞こえるからである。

しかしながら、よく考えてみると、そもそも三つの戦争は始まり方からして違っている。満洲事変は出先軍の謀略によって始まった。支那事変はおそらくは偶発事件によって始まった。そして大東亜戦争は、国家の正式な意思決定によって開始された。このように始まり方がそれぞれ違う三つの戦争を、必然的な連鎖だと見なすことができるだろうか。

必然的な連鎖ではないとするならば、満洲事変が起きても、その後の日中衝突つまり支那事変を避ける道、回避する可能性はあったことになる。支那事変が始まっても、あるいはそれが長期化しても、大東亜戦争を回避する可能性は存在したことになる。

ところが、実際には、満洲事変の数年後に支那事変が起こり、支那事変の数年後に大東亜戦争が始まった。ということは、当時の政府や軍が、衝突回避の可能性を潰してしまったことを意味する。あるいは、戦争に至る過程の節目、節目で選択を誤って、選択の幅を一歩一歩狭めてゆき、最終的に戦争を選ばざるを得なくなってしまったことを意味する。

なぜ、衝突回避の可能性を潰してしまったのか。なぜ、その後の選択の幅を狭めるような行動を重ねたのか。これを研究することが最も重要であると私は思う。そして、この問題の重要性は、一五年戦争論を否定するところから出発する。そういう意味で、一五年戦争という呼称だけはやめてほしいと思うのである。

また、一五年戦争論は、日本が一五年にも亘る長期戦のための戦略を持ち、その戦略に基づいて長期戦を戦ったかのように考えてしまう。もし日本にそのような長期的な戦略があったとすれば、日本はもっと合理的に、もっと賢明に行動することができただろう。実際の歴史は、日本の行動が行きあたりばったりで、合理性にも戦略性にも欠けたものであったことを示している、と言って間違いはないだろう。この点でも、一五年戦争論は破綻する。

3　アジアの戦争とヨーロッパの戦争

三つの戦争の意味を考える場合、これと、一九三九年に始まったヨーロッパの戦争との関連性を考えることも重要である。しばしば第二次世界大戦という括り方で、アジアで戦われていた戦争も、ヨーロッパで始まった戦争も、同じ戦争の一部でもあるかのように考えられてしまうが、はたしてそうだろうか。

ヨーロッパでドイツのポーランド侵攻によって戦争が始まったとき、既にアジアでは戦争が継続中であった。アジアの戦争がいつから始まったかについては、これまで述べてきたところから明らかなように、論争がある。一五年戦争論からすれば、アジアの戦争は一九三一年九月から、つまり満洲事変から始まっていたことになる。しかしながら、満洲事変は一九三三年五月の塘沽停戦協定によって一応のピリオドを打ち、それから一九三七年七月の盧溝橋事件まで、日中間に本格的な戦闘はなかった。これに対して、一五年戦争論者は、満洲での抗日ゲリラの活動とそれに対する討伐戦が戦争に該当すると論じ、関東軍の内蒙古工作とそれから派生した綏遠事件も本格的戦闘だと言うが、これは軍事的常識に反するだろう。

そうなると、アジアの戦争は一九三七年七月に始まったことになる。中国側が抗日八年と言っているのも、本格的な抗日戦が一九三七年から始まったことを意味している。いずれにしてもアジアの戦争は、ヨーロッパの戦争の少なくとも二年以上前に始まっていた。となると、この二つの戦争、アジアの戦争とヨーロッパの戦争は別物だったと考えるべきではないだろうか。要するに、第二次世界大戦というのは、アジアの戦争とヨーロッパの戦争がそれぞれ別個に始まり、それが一九四一年六月の独ソ戦を経て、同年一二月の大東亜戦争の開戦によって二つの戦争が結合し、文字通りの世界大戦となったものなのである。

では、なぜ二つの戦争は結合したのか。これには、支那事変の長期化が関係していると考えられる。たとえば、蔣介石は、中国単独では日本に勝つことができないので、日本と列国との衝突に期待し、長期抵抗を続けていた。蔣介石は当初、日本とソ連が戦争することに期待していたが、事変長期化の過程で日本が海南島を占領して南進の姿勢を示し、英米との関係を悪化させると、日本と英米との戦争に期待するようになり、そうしたなかでヨーロッパの戦争が始まる。つまり蔣介石は、アジアの戦争に欧米を巻き込むによって、あるいはアジアの戦争をヨーロッパの戦争に結合させることによって、対日戦の勝利をもくろんだと考えられよう。

実は、アジアの戦争とヨーロッパの戦争との結合を考えたのは、蔣介石だけではない。日本もそうだったのである。特に陸軍では、長期化する支那事変を、事変という枠内では解決できないので、言い換えれば日中間の二国間闘争という文脈では解決できないので、いずれ世界に歴史的な大変動が起こるだろうから、それに連動させて事変を解決しようとの考えが強まっていた。つまり、事変は、世界的大変動の一部のはずだから、その大変動の発生に応じて、その文脈に合わせて、解決しなければならない、と考えられるようになったのである。こうした考え方の典型は、当時の沢田茂参謀次長に見ることができる。

この世界史的な大変動は、ヨーロッパでの戦争勃発というかたちで訪れた、と沢田など陸軍軍人たちはとらえた。やがて、一九四〇年前半の西部戦線でドイツ軍が電撃戦によって圧倒的勝利を収めると、これを見た軍人たちは、世界的変動の輪郭も明らかになったと考えた。こうして日本は、日独伊三国同盟を締結してヨーロッパの戦争の一方の陣営と手を結び、武力を伴う南進行動を始めて、ヨーロッパ列強の植民地に足を踏み入れたのである。単純化して言えば、三国同盟と南進によって、日本はアジアの戦争とヨーロッパの戦争を結びつけ、結合させた、と言うことができよう。蔣介石はもともと別物であった二つの戦争を結びつけようとし、日本も別の思惑から二つの戦争を自らの判断で結びつけたのである。

くどいようだが、アジアの戦争とヨーロッパの戦争は、本来、別物であった。ということは、これを別物であるとして、結びつけない選択肢もあり得たはずである。しかし、日本はこの選択肢を選び取らなかったのである。

4 大東亜戦争の意味

私は、アジアの戦争とヨーロッパの戦争が、最終的に一九四一年に結合したとはいっても、もともと別個の戦争であったことを理解することが重要だと考える。大東亜戦争の意味を考えるには、そこから出発しなければならない、と思うからである。

中国では、第二次世界大戦を反ファシズム世界戦争と位置づけ、一九四一年の日米開戦以降、抗日戦も反ファシズム世界戦争の一部となった、という解釈が正統的な解釈になっているようである。だが、もともと二つの戦争が別物であるという前提に立って、アジアの戦争を考えてみると、第二次大戦がデモクラシーとファシズムとの戦い、あるいは民主主義と全体主義との戦いであったという構図が、アジアには必ずしもピッタリとは当てはまらないことが分かる。たとえば、当時の日本と中国を比べた場合、どちらがファシズムに近かっただろうか。もちろん当時の日本の政治体制が民主的だったとは言えない。ただし、蔣介石が独裁的な権力を持つ中国の国民党政権も民主的ではなかった。

要するに、ヨーロッパの戦争は、民主主義対全体主義、デモクラシー対ファシズムの戦いだったのかもしれないが、アジアの戦争にはこの図式は合致しないのである。

では、アジアの戦争の延長上にある大東亜戦争は、どのようにとらえたらいいのか。まず、侵略戦争であったのかどうか、ということから考えてみよう。満洲事変と支那事変が、軍事的侵略行為であったことは否定できない、と私は思う。国際法上、「侵略」の定義がいまだに決まっていないので、これに該当するかどうかの議論はできないはずではないか、という反論もあり得ようが、国際法上の定義が定まらないからといって、侵略がなかったとは言えない。歴史的に見て、あるいは歴史家としての判断からして、満洲事変や支那事変は、軍事的侵略行為に充分に当てはまると思う。

私は、日中歴史共同研究に参加し満洲事変から盧溝橋事件までの期間を担当したが、報告書を書いたとき、その担当期間については、「侵略」という言葉をあえて使わなかった。侵略であったと認めると、中国側は、それならば侵略計画があったはずだ、と主張してくることが明らかだったからである。満洲事変については、石原莞爾たちの謀略計画はあったかもしれないが、国家としての侵略計画などというものは存在しなかった。偶発事件から発生した支那事変については、国家としての侵略計画はもちろん、現地軍の謀略計画なるものもなかった。満洲事変や支那事変は、侵略計画はなかったけれども、結果として日本は侵略行為に走ってしまった、というのが私の見方である。どちらも、主権国家としての中国の領土を武力によって侵してしまったからである。

大東亜戦争はどうか。先に述べたように、大東亜戦争は国家としての開戦決意によって開始されているので、満洲事変や支那事変とは異なると考えなければならない。そして、日本が軍事的に進出した地域は、フランス領インドシナ、イギリス領マレー、シンガポール、ビルマ、オランダ領東インド、アメリカ領フィリピンなどであり、ほとんどが欧米列強の植民地であった。日本は、中国の場合を除けば、アジアの「侵略」されていた地域を「侵略」したわけである。これは、周りの主権国家を侵略したドイツのケースと大きく異なる点である。大東亜戦争に訴えた日本の行為が認められるわけではないだろうが、この違いをよく考えると、大東亜戦争は少なくとも、「侵略」という一面だけでは片付けられない側面を持っているように思う。

では、日本は自存自衛のために大東亜戦争を戦ったのだろうか。大東亜戦争の開戦の詔書には、日本は自存自衛のため、決然たって戦争に訴えざるを得なくなった、という趣旨のことが書いてある。一九四一年後半に入り、アメリカの経済制裁を含む対日圧力が大きくなると、たしかに自存自衛のために戦わざるを得なくなったという一面があったことは理解できよう。しかし、アメリカの対日圧力は、いわば、日本の「動」に対するアメリカの「反動」という性格があったことも重視すべきだろう。

それは、焦点をずらして一九四一年以前の状況にも目を向ければ、よく理解できる。つまり、日本は自らの行為によって、アメリカの圧力を受けざるを得ない状況に自らを追い込んでいったのである。たとえ一九三一年や一九三七年までさかのぼらなくても、一九四〇年以降の日本の動きを見ると、「自存自衛」のために戦争に訴えた、というのは大東亜戦争の一面ではあっても、かなり一面的な見方であると言わざるを得ないだろう。

日本が中国で戦っている限り、日本はアメリカにとって不愉快で厄介な存在であったが、その死活的な利益を脅かしていたのではない。しかし、日本が三国同盟を結び、北部仏印に進駐して南進に踏み切ると、日本はアメリカの死活的利益を脅かすものと見なされるようになってしまう。当時、アメリカの最大の脅威はドイツであり、したがってその国防第一線はドイツと戦っているイギリスであったが、日本が南進によってイギリスとアジア・オセアニアとの連絡を断ち切るおそれが出てくると、それはイギリスばかりでなく、イギリスを支えなければならないアメリカにとっても重大な脅威となった。しかも日本は、世界秩序を暴力的に変更させようとしていたドイツ・イタリアと同盟を結んだ。アメリカから見れば、強大な「ならず者連合」の出現と見えたに違いない。こうしてアメリカは日本の前に大きく立ちふさがるようになったのである。

自存自衛については、開戦時のそれが、今日われわれが考える国家としての存続を意味していたのではない、ということに注意する必要があるだろう。当時の「自存自衛」とは、支那事変の戦果を確保し、帝国としての日本の地位と力を保つことであった。したがって、そのために国家の命運を賭して、勝てないかもしれない相手と戦う必要はない、という選択もあり得ただろう。

さて、それでは、大東亜解放という点はどうだろうか。実は、開戦前の国策文書の中で、大東亜の植民地の被圧迫諸民族を解放するという理念を述べたものは、皆無ではないとしても、きわめて少ない。たしかに大東亜新秩序とか大東亜共栄圏という言葉が盛んに使われてはいたが、その意味内容は甚だ漠然としたものであった。それが、それなりに明確なかたちを取るようになるのは、一九四三年の大東亜会議で大東亜共同宣言が出されたときであったと考えられる。大東亜会議の音頭を取ったのは、外務大臣の重光葵であったが、重光に言わせれば、自存自衛というのは戦う気分の問題で、戦う主義・目的や理念の問題ではないとされ、それゆえ彼は戦争の理念を大東亜会議で謳い上げたわけである。戦後の重光の言い分によれば、大東亜会議が開かれた一九四三年秋の時点で、既に日本が勝てないことは明らかであったので、たとえ戦争に負けても、日本が何のために戦ったかを、戦後への遺産として残そうとしたのだという。

大東亜戦争の目的が最初から大東亜解放、アジア植民地の独立援助にあったわけではない。そもそも日本は、大東亜解放、植民地独立援助のために、アジアの戦争をヨーロッパの戦争に結びつけたのではない。

しかしながら、重要なのは、大東亜戦争の過程で、戦争の途中で、大東亜解放・植民地独立援助が戦争目的、戦争の理念として掲げられたことである。こうして、戦争遂行の過程で、日本と連合国のどちらが植民地独立・脱植民地化の理念に即しているかが、一大争点(issue)になったのである。

5　大東亜戦争の三つの位相

そろそろ結論に入ろう。大東亜戦争とは何であったのか。これを、ヨーロッパの戦争とは別個の戦争としてのアジアの戦争の延長と考えた場合、大東亜戦争はどのようにとらえたらよいのか。

私は、大東亜戦争には三つの位相、あるいは三つの次元、三つのディメンションがあったと考えている。第一の位相は、アジア太平洋地域の覇権をめぐる日本とアメリカの戦いである。アジア太平洋の覇権抗争である。

第二の位相は、東洋対西洋、アジア対欧米という、今日流に言えば文明の衝突である。この戦いで、日本は、アジアのリーダーとして西洋と戦った。ただし、日本がアジアのリーダーとなったのは、あるいは西洋と戦えるまでになったのは、アジアの中で西洋化に最も成功したからであった。何とも皮肉な現象と言うべきかもしれない。

第三の位相は、脱植民地化をめぐる戦いである。それは基本的には、欧米の宗主国対アジアの植民地というかたちで戦われた。日本が大東亜共同宣言で掲げた戦争の理念は、この第三の位相に関わっていた。ただし、問題は、日本はアジアの脱植民地化を支援すると標榜しながら、自らの帝国の内に朝鮮、台湾という植民地を抱えていたことである。さらに、戦争中の占領国と被占領国との関係も、戦後に宗主国と植民地との関係に転化する可能性があったが、そうだとすると、ここでも日本は占領国側に位置するわけで、第三の位相での日本の立場は、きわめて曖昧、あるいは微妙なものだったのである。

冒頭で私は戦争の呼称の違いを扱い、違いの背後には歴史認識、歴史解釈の違いがある、と述べた。日本と戦った諸外国、特に周辺諸国との違いは、ある程度まで避けがたく、仕方なくもある。ただ、日本人の間でも、呼称の違いがあり、歴史認識の違いがある。これも、ある程度まで仕方がない。なにしろ、大東亜戦争に三つの位相があったとすれば、そのどこに焦点を当てるか、どこを重視するかによって、歴史解釈は違ってくるからである。

第3章 第二次世界大戦——アジアの戦争とヨーロッパの戦争

はじめに

アメリカの軍事史研究者モーリス・マトロフの見解によれば、第二次世界大戦は、おおむね第一次世界大戦の武器を洗練したもので戦われ、多くの点で第一次世界大戦の確認と見なされる、とされている。[1] たしかに航空機も、潜水艦も、戦車も既に第一次世界大戦で登場していたものであった。第二次世界大戦の新兵器と言えば、レーダー、V2のようなミサイル、そして核兵器ということになろうが、レーダーを除けば、いずれも遅れて戦場に登場し、戦争の帰趨を左右したわけではない。

第二次世界大戦で確認されたものとしては、大戦が総力戦（Total War）として戦われたことが最も重要である。総力戦は、国民全体を巻き込み、それゆえ国民の平準化、平等化、ひいては民主化を促進したが、これも第一次世界大戦で既に見られた現象である。

では、第二次世界大戦の独自性はどこにあるのか、どんなところに第二次世界大戦の特徴があるのか。本稿では、第一次世界大戦と第二次世界大戦との主要な違いを引き出し、そこから第二次世界大戦の独自性と特徴を考えてみたい。

1　世界大戦の地理的範囲

そもそも第一次世界大戦と第二次世界大戦は、同じ意味での世界大戦と言えるのだろうか。その地理的範囲を考えてみよう。第一次世界大戦は、ほとんどがヨーロッパで戦われた。当時の日本人が大戦を「欧洲大戦」と呼んだのは必ずしも的外れではない。たしかにヨーロッパ以外にも戦争が波及し、中近東や太平洋、さらには東アジアの青島でも戦闘があった。しかし、大戦末期および直後のロシア革命への干渉戦争を別とすれば、ヨーロッパ以外の戦いは、ほとんどすべてヨーロッパの戦いから派生したものである。主戦場はあくまでヨーロッパであった。

だが、第二次世界大戦はこれと異なる。第二次世界大戦のアジアと太平洋での戦争は、ヨーロッパの戦争から派生したものではない。このことは、ヨーロッパの戦争がいつ始まったのかを考えてみれば、よく分かる。ヨーロッパでは大戦間期にスペイン内戦があり、イタリアによるエチオピア侵略があったが、これが第二次世界大戦に直接つながったわけではない。ヨーロッパの第二次世界大戦はやはり一九三九年九月、ドイツのポーランド侵攻によって始まったと見るべきだろう。

これに対して、アジアでは既に、遅くとも一九三七年七月から戦争があった。一九三一年九月から始まっていた、という見解もあり得るだろう。アジアの戦争がいつから始まったのかの論争については、これ以上立ち入らないが、いずれにしてもアジアの戦争は、ヨーロッパの戦争が始まる前から、少なくとも二年以上は続いていたことになる。

　入江昭によれば、第二次世界大戦のヨーロッパの戦争の原因は、アジアの文脈を考慮せずにヨーロッパの文脈だけで理解することができるが、アジア・太平洋地域の戦争の原因は、その地域の文脈だけではなく、ヨーロッパの文脈も考慮しなければ理解できないとされる[2]。入江の言うアジア・太平洋地域の戦争はいわゆる太平洋戦争のことで、本稿で言うアジアの戦争と同じではない。また、彼が強調したのは後段の部分、つまり太平洋戦争の発生がヨーロッパの情勢の変化からいかに大きな影響を受けていたか、ということにある。しかし、ここでは、入江が述べた前段の部分、つまりヨーロッパの戦争が、先に始まっていたアジアの戦争とは直接関係なく発生した、と見なされていることに注目をしておきたい。

　一九九一年、真珠湾攻撃五〇周年を記念して山中湖で国際シンポジウムが開かれたとき、アメリカの著名な歴史家アーネスト・メイは、はやりのWhat If?の手法を使って[3]、つまり、あえて歴史的事実に反する仮定を立て、もし太平洋戦争(大東亜戦争)が起こらなかったなら、二〇世紀末の世界はどのようになっていただろうか、という興味深い考察を行っている。ここでも注目されるのは、メイがそのIfの前提として、ヨーロッパでの大戦の発生を自明としていることである[4]。メイも、ヨーロッパの戦争とアジアの戦争とは、切り離すことが可能であると想定していたと言えよう。

　以上のことから、次のように考えることができる。第一次世界大戦は、世界大戦とは言いながら、実質的にはヨーロッパの大戦であって、主戦場としてのヨーロッパから戦いが世界大に派生していった。これに対して第二次世界大戦は、アジアの戦争とヨーロッパの戦争が別個に始まり[5]、それが一九四一年の大東亜戦争の開戦によって結合し、文字どおりの世界大戦となった。ここで重要なのは、一九四一年に結合したとは言っても、アジアの戦争とヨーロッパの戦争とを一応切り離して考えることができるということである。

2 対立の構図と脱植民地化

では、アジアの戦争とヨーロッパの戦争とを切り離した場合、何が見えてくるのか。まず、第二次世界大戦がデモクラシーとファシズムあるいは全体主義との戦いであったという構図が、アジアには必ずしも当てはまらないことである。たとえば、支那事変(日中戦争)に関し当時の日本と中国を比べた場合、どちらがファシズムにより親和的であったかは容易には判定できない。もちろん日本の政治体制が民主的だったとは言えないだろう。ただし、蔣介石がヒトラーやムッソリーニの政治体制に親近感を持っていたことは疑いない。イギリスの博識の歴史家、クリストファー・ソーンは次のように述べている。「もし『ファシスト』という言葉を一九三〇年代の非ヨーロッパ世界のなかで使うとすれば、中国の国民党政権ほどそれにふさわしい政権はなかった[6]」。一九三九年の日ソ戦争、ノモンハン事件でも、全体主義対民主主義という図式は当てはまらないだろう。

もう一つ見えてくるのは、アジア・太平洋地域の植民地の存在である。これもクリストファー・ソーンが指摘しているとおり、脱植民地化(植民地独立)は、大東亜戦争(太平洋戦争)あるいは彼の言う「極東戦争(Far Eastern War)」の争点(issue)であった。むろん、だからといって、日本の大東亜戦争の目的が最初から大東亜解放、アジア植民地の独立援助にあったとは言えない。[7] しかし、戦争遂行の過程で、たとえ現地住民の支持・協力を得る必要性からではあっても、どちらが脱植民地化の理念に即しているかが日本と連合国との間の一大争点になったことは否定できない。

もし第二次世界大戦がヨーロッパの戦争だけであったなら、脱植民地化が戦争の争点になるということはなかったのではないだろうか。米英が「大西洋憲章」で謳ったドイツに蹂躙された諸国民の解放は、少なくとも当初はヨーロッパに限られていた。いわゆる民族自決の原則も、それまでの解釈ではヨーロッパにほぼ限定されていた。ヨーロッパの戦争にアジアの戦争が加わることによって、民族自決はより普遍的な原則となり、大西洋憲章も実体化されたと言うことができる。

日本は脱植民地化を目指したがゆえに、アジアの戦争をヨーロッパの戦争に結合させたわけではない。日本自体、朝鮮と台湾という植民地を抱えており、その独立を視野に収めていたわけでもない。脱植民地化は日本の意図を超えたものであったかもしれない。ただし、結果的に日本の行動が脱植民地化を促したことは疑いない。ソーンは、インドネシアの民族主義者シャフリルの次のような言葉を引用している。「植民地行政にあたっている経験豊かな年配のインドネシア人官吏は、自分たちのうえにすわった日本の政治的音痴たちに対しては、ただ軽蔑の念を覚えるだけだった。……このような野蛮人に今までの植民地権力のかわりができるのだとしたら、そのような権力がなぜ必要だったのか？かわりにどうして政治を自分たち手に握らなかったのか？」[8]。日本の占領統治に対して厳しい言葉ではあるが、アジアの戦争の過程で、脱植民地化が促された側面をよく表わしている言葉だと言えよう。

アジアの戦争が脱植民地化を促したことに関連して、少し皮肉な見方をすることもできる。それは、同じ侵略国とされているドイツと日本とでは、その「侵略」に性質の違いのようなものがあるのではないか、ということである。つまり、ドイツは周りの主権国家を侵略したが、日本の場合は、中国を除くと、欧米列強によって「侵略」されていたアジアの諸地域を「侵略」したことになる。だからといって日本の行為が免罪されるわけではないが、この点は案外、重要なポイントを衝いているかもしれない。

3 戦争のイデオロギー化

第一次世界大戦と第二次世界大戦との間には、地理的範囲のほかに、もう一つ重要な違いがある。それは、第一次世界大戦に比べると第二次世界大戦では、戦争の争点のイデオロギー性が強くなったことである。言い換えれば、理念をめぐって大戦が戦われる側面が大きくなったとも言える。もちろん第一次世界大戦でも、西欧デモクラシー対ドイツ軍国主義という図式が使われたし、民族自決という理念が掲げられた。しかし、第二次世界大戦では、そうした理念やイデオロギーの占める比重が重くなり、それが果たす役割も大きくなった。

ただし、ここにもアジアの戦争とヨーロッパの戦争との違いがある。ヨーロッパではドイツがナチズムの世界観に基づく独特の理念を振りかざし、連合国はこれに対抗して反ナチズム・反ファシズムを訴えた。戦いのイデオロギー性は、この点でかなり明確であった。ところが、アジアの戦争には、先に述べたように、ヨーロッパの戦争のイデオロギー的性格がそのまま出たわけではなかった。たしかに連合国は普遍的理念としてデモクラシーを掲げ、軍国主義・全体主義の日本による支配を打倒すると標榜したが、中国の政治体制はこの図式に合致せず、また欧米諸国によるアジアの植民地支配の実体も、戦争の理念と必ずしも一致しなかった。

アジアの戦争にイデオロギー性があったとすれば、それは既に述べたように、脱植民地化の理念をめぐる戦いに示されている。アジアの戦争では、日本と連合国、どちらが脱植民地化の理念を実体化できるのかが争われるようになった。連合国のアジア植民地支配は脱植民地化の理念としばしば矛盾し、アメリカはインドの自治・独立問題に並々ならぬ関心を払った。一方、日本が掲げた理念も、八紘一宇の精神であれ、あるいは大アジア主義であれ、しばしば特殊主義的で、普遍性と説得力を欠いた。日本は一九四三年の「大東亜共同宣言」で脱植民地化の理念を謳ったが[9]、そのときにはその理念を実現し得る能力を喪失していた[10]。

戦争のイデオロギー化と関連して、人種の問題についても、ヨーロッパの戦争とアジアの戦争には違いがあるように思われる。ヨーロッパではナチズムが反ユダヤ主義をその核心に据えていたこともあり、ドイツの戦争目的や戦いの理念はきわめて人種主義的であった。アジアの戦争でも、人種主義的な面が多々見られたことは、ジョン・ダワーが明らかにしたところである[11]。ただし、アジアの戦争では、たしかに人種主義的な言論や行動が多くの場面で見られたことは事実としても、日本も連合国もそれを公式の政策レベルには掲げず、戦争の目的や理念には謳わなかったことが注目される。端的に言えば、日本も米英も、ドイツのように人種主義を標榜しなかった。むしろ、双方とも人種主義的と見られることを慎重に避けていたと見ることができる。アメリカはインドがイギリスに反旗を翻したり、中国が日本と和解し手を結ぶことを警戒したが、それはアジアの戦争が文字どおりの人種対立となり、日本に対する有色人種の支持が広がることを恐れたからであった。このような政治的理由や、双方の同盟国に対する配慮のために、アジアの戦争を戦った諸国家が人種主義を戦争の目的や公式の政策にしなかったということは重要である。ここにも、アジアの戦争とヨーロッパの戦争との違いを見ることができよう。

さて、第二次世界大戦が第一次世界大戦に比べてイデオロギー性あるいは理念的性格を強めたということは、さらに二つの大戦に関するもう一つの違いにつながってくる。それは、第二次世界大戦では、いわゆる宣伝戦、心理戦、あるいはイギリス的な表現を用いれば政治戦(political warfare)の果たす役割が重視されたということである。[12] もちろんこれも第一次世界大戦で既に意識的に用いられた戦い方であったが、その比重あるいは役割は第二次世界大戦で飛躍的に高まった。理念やイデオロギーをめぐる戦いであったからには、それもまた当然であったと言えよう。ヨーロッパの戦争で、米英が一九四四年までドイツに対する本格的な反攻に出られなかったことも、心理戦、政治戦の果たす役割を大きくしていたのかもしれない。

心理戦、宣伝戦は、実は対外的に実施されただけではない。国内向けにも行われていたことを見落とすべきではない。特にドイツでは、第一次世界大戦敗北の重大な原因が、国民の継戦意志が崩壊したことにあると考えられたため、国民への宣伝には大きな努力が払われた。[13] 他の国々でも、映画や放送、新聞、雑誌等、さまざまのメディアを使って国内向けに相応の努力がなされたことは、ここで詳しく説明するまでもないだろう。

4 総力戦の深化

宣伝戦や心理戦の比重が増したということは、それだけ総力戦の性格が深化したことを意味する。第二次世界大戦の総力戦としての性格についても、ここで詳しく説明する必要はないが、指摘しておかなければならないのは、第一次世界大戦とは違って、第二次世界大戦の場合は総力戦が予告されていた、あるいは前もって織り込み済みだったことである。つまり、もう一度大戦があり得るとすれば、それが総力戦となることは、主要列国の間では事前に分かっていたことであった。このことは、それが事前には必ずしも充分認識されていたわけではない第一次世界大戦との、大きな違いであった。

そして総力戦となることが事前に明らかであったならば、戦力に転換し得る国力の大きな方が勝利を収める公算が高くなるのは、当然であったと言えよう。多くの歴史家は、第二次世界大戦がTotal Warであるとともに、Industrialized Warであったとも指摘している。大戦がIndustrialized Warであったことは、アジアの戦争でもヨーロッパの戦争でも、いずれも戦いは消耗戦となり[14]、どちらでも最終的に勝敗の決着を付けたのが巨大な産業力を有するアメリカであったことにつながっている。

一九四四年段階での各国の軍需生産能力を比較した統計によれば、アメリカを一〇〇とすると、ドイツは四〇、日本は一五である（ちなみにソ連は三五、イギリスは二五、カナダは五）[15]。むろん、アメリカ本土が戦場にはならず戦火を被らなかったという事情も考慮する必要があるが、それを考慮してもなお、アメリカ単独で日独を合計したものの約二倍の生産能力を持つに至ったという事実は、強烈である。

このことは物量が戦争の帰趨を決めた、ということを意味するわけではない。アメリカは、豊富な資源を有していただけでなく、それを戦力化する能力に秀でていたからである。これも各国の軍需生産能力を比較した統計によれば、一九四四年時点での各国の生産能力を一〇〇とすると、一九四一年時点でアメリカはまだ一一、日本は三二である[16]。したがって、四年間に日本の生産能力は三倍になったが、アメリカは約一〇倍になったということになる。日本はアメリカとの国力の差を理解しながら、その国力が戦力に転換されるまで相当の時間がかかるはずだと計算していたわけだが[17]、アメリカの転換の速度は日本の計算をはるかに上回っていたのである。

ちなみに軍事技術に関しては、ドイツの質的優位が際立っているが、ドイツは優秀さを追求しすぎて時間と努力を浪費した、とも言われている。これに対してアメリカは量的優位を目指し、最善のものではなく、次善のものでもなく、三番目のものを大量生産したという。最善のものは開発が難しく、次善のものは開発できるとしても戦争に間に合わないからであった[18]。こうした技術開発戦略も、アメリカの生産能力の急上昇を支えたのである。

おわりに

冒頭にモーリス・マトロフの指摘として紹介したように、第二次世界大戦では、第一次世界大戦で初めて本格的に使用された戦車、潜水艦、航空機のように、戦争の様相を大きく変貌させるような新兵器が登場し戦局を左右することはなかった。第二次世界大戦の交戦諸国は第一次世界大戦の新兵器を発展させたもので戦ったにすぎない。ただし、そうした兵器を使用した戦い方が、第一次世界大戦のときから大きく変化したことにも言及すべきだろう。機甲戦、電撃戦、海上航空戦、水陸両用戦、防空戦、戦略爆撃等の新しい戦い方が、戦間期からの試行錯誤や第二次世界大戦初期の経験を踏まえて実践され、多くの戦果をもたらした。このような新しい戦い方を、軍事ドクトリンと表現することもできる。[19]だが、こうした軍事ドクトリンが戦争に与えた衝撃は、第一次世界大戦の総力戦や、第二次世界大戦後の核戦略がもたらした衝撃には及ばない。その意味で、第二次世界大戦は多くの点で第一次世界大戦を確認したものである、というマトロフの見解は妥当と言うことができよう。

第一次世界大戦を確認したという点では、総力戦としての戦争の性質が特に強調されるべきであろう。総力戦は、国家のあらゆる資源を動員して戦われ、国家の力を強大にすると同時に、結果として国民の社会的・経済的平準化、平等化、そしてさらには民主化をも促進する。第一次世界大戦で見られたこのような傾向が第二次世界大戦ではさらに徹底された。戦後の世界的な民主化は、したがって、デモクラシー諸国の勝利によるだけでなく、規模を拡大した総力戦そのものが残した遺産と見ることができよう。

第二次世界大戦が第一次世界大戦と異なる主要な点は、大戦が二つの戦争の結合からなり、本来の意味での世界戦争であったことである。また、戦争のイデオロギー性が強くなり、アジアの戦争が加わることによって、民族自決が脱植民地化に拡大・転化したことである。そしてイデオロギー化も脱植民地化も、いずれも第二次世界大戦後における国際政治の主要な要素となるものであった。

第4章 南進と大東亜「解放」

はじめに

日本は何のために大東亜戦争（太平洋戦争）を戦ったのか。よく知られているように、大東亜戦争の宣戦の詔書には、戦争目的として、大東亜諸民族の解放は謳われていない。そこでは、「事既ニ此ニ至ル、帝国ハ今ヤ自存自衛ノ為蹶然起ツテ一切ノ障礙ヲ破砕スルノ外ナキナリ」[1]と、「自存自衛」のために「蹶然」起たねばならなくなった、ということが言われているにすぎない。開戦前に政府で立案・審議された、いわゆる国策文書の中でも、大東亜解放を国策の目的に掲げたものは、皆無とは言えないまでも、甚だ少ないとされている。これに対して、大東亜解放という大義、戦争目的は、ことさら言わなくても誰にでも暗黙のうちに了解されていることだったから、明記されなかったのだ、という反論もある。はたして、どちらが正しいのか。その手がかりは、日本の南進政策の目的に求められよう。この小論では、一九三〇年代後半における外務省の政策文書を材料として日本政府の南進政策の目的を解明し、あわせて最後に、戦争目的を明確に表明しなかったことの歴史的意味も考えてみたい。

1　南進の国策化

最初に検討しなければならないのは、明治以来の南進論である。これについては優れた先行研究があるので、それを参考にしてみよう。先行研究で指摘されている重要なポイントは、明治以降、昭和に入るまでの南進論は、アジア主義的な傾向が希薄で、しかも在野の思想であった、という点である。[2]アジア主義とは、西洋と異なるアジアの文化的・地域的・人種的一体性を強調し、アジア諸民族が連帯して西洋列強の圧迫や支配に対抗することを主張する言説、と定義づけられよう。[3]南進論は明治以来、太平洋諸島を意味する「内南洋」であろうと、東南アジアを意味する「外南洋」であろうと、その地域が日本の対外進出にとって最もふさわしいところであり、その地域に進出して、豊かで未開発の資源を開発し発展させることが日本の使命である、と説いた。だが、そこには、アジア諸民族の連帯を強調する論理は乏しかったわけである。

こうした特徴を持つ在野の南進論が、初めて国策として採用されるのは、一九三六年八月の「国策の基準」と、それと同時に決定された「帝国外交方針」である。[4]「国策の基準」は、「帝国トシテ確立スヘキ根本国策ハ外交国防相俟ツテ東亜大陸ニ於ケル帝国ノ地歩ヲ確保スルト共ニ南方海洋ニ進出発展スルニ在リ」と、南進を北進と併置した。「国策の基準」は、しばしば日本の侵略計画の基本を定めたものと誤解されるが、実際には、陸軍の北進論と海軍の南進論とを並べただけの「作文」であった。ただし、たとえ作文にすぎなくても、南進論がこうした政府の最高レベルの決定に明記されたことは軽視できない。

二つの方針で注目されるのは、南進を、経済的進出を主体とし「平和的」「漸進的」に進めるということが強調されている点である。「国策の基準」では、「南方海洋殊ニ外南洋方面ニ対シ我民族的経済的発展ヲ策シ努メテ他国ニ対スル刺戟ヲ避ケツツ漸進的和平的手段ニ依リ我勢力ノ進出ヲ図」る、とされている。ここでは、「努メテ他国ニ対スル刺戟ヲ避ケ」る、という点も重要である。「帝国外交方針」も、「南洋方面ハ世界通商上ノ要衝ニ当ルト共ニ帝国ノ産業及国防上必要欠クヘカラサル地域トシテ将又(はたまた)我民族発展ノ自然的地域トシテ進出ノ地歩ヲ固ムヘキモ関係諸国ヲ刺戟スルコトヲ慎ミ帝国ニ対スル危惧ノ念ヲ除去スルニ努メ平和的且漸進的ニ発展進出ニ力ムヘシ」と規定している。要するに、南進が国策に取り上げられたことは注目に値するが、それはあくまで経済主体で平和的なものとされ、しかも刺戟を避けるというのであるから、アジア諸民族と連帯し植民地の独立運動を支援して宗主国つまりイギリス、フランス、オランダ、アメリカ、ポルトガルに対抗する、などということは問題外であった。

2　外務省の南方政策

南進に関するその後の外務省の方針を追ってみよう。外務省では、来るべき帝国議会での質問を予想して、毎年「擬問擬答」なる文書を準備していた。いわゆる想定問答集である。そのうち南方政策に関する部分を検討してみる。

一九三九年一二月、支那事変が始まって二年半ほど経った頃、第七五議会のために作成された擬問擬答では、「我国南方政策ノ根本如何」という想定質問に対して、次のような回答が用意されていた。(5)

「南方諸地域中ニハ動モスレバ帝国ノ意図ニ疑念ヲ抱キテ我国ノ平和的経済活動ニ種々ノ制限ヲ加ヘントスルノ傾向ガ見ラレルノハ甚ダ遺憾ト言ハネバナラナイ。然シ是ハ我国ノ真意ニ対スル誤解ニ基クモノデアツテ帝国政府トシテハカヽル誤解ヨリ生ズル無用ノ摩擦ヲ避ケンガ為ニ帝国ノ意図ヲ明ラカニスル必要アリト考ヘル。

抑々南方諸地方ハ寔ニ資源豊カノ土地デアツテ之ガ開発ハ将来東亜ノ文明、進ンデハ世界文化ノ向上並ニ人類福祉ノ増進ニ最モ寄与シ得ル所以ナリト信ズルモノデアル、従ツテ各民族ハ互譲協和ノ精神ニ基キ之ガ開発ニ協力スベキモノト考ヘル。而シテ我国ト南方諸地方トハ民族的ニモ文化的ニモ将又経済的ニモ古来緊密ナル関係ヲ有スル事ハ歴史ノ証スル所デアツテ其ノ地理的近接及ビ両者ノ占ムル経済的地位ニ鑑ミ我国トシテハ南方諸地方ノ資源開発ニ協力スルト共ニ仝方面ニ於ケル我国民ノ経済的活動ヲ希望スルコトハ極メテ自然ノコトト考ヘル。帝国政府ハ此ノ如キ資源開発並ニ経済活動ハ平和的ニ且ツ共存共栄ノ趣旨ノ下ニ行ハルベキハ言フ迄モナイコト、確信スルモノデアツテ、従ツテ南方諸地方ニ於テモ我国ノ平和的意図ヲ諒解シ進ンデ協力ノ実ヲ示スト共ニ我ガ国民的希望ニ対シ理解アル態度ニ出デムコトヲ希望スルモノデアル。」

ここでも中心は経済活動に置かれている。当時、東南アジアでは日本との貿易や日本企業の活動に制限が加えられることが多かったので、そうした事態の改善が重視されている。注目されるのは、日本と南方諸地域とが「民族的ニモ文化的ニモ将又経済的ニモ古来緊密ナル関係ヲ有スル」とされ、それゆえ日本が南方の資源開発に関わることは当然とされていることだろう。しかし、だからといってアジア諸民族の連帯を説いているわけではない。強調されているのは、あくまで資源開発と経済活動の自由であった。

一年後の議会のためには、以下のような回答が準備された。(6)

「帝国ノ南方ニ対スル根本目標ハ南方諸地方トノ交易及是等地方ニ於ケル資源ノ共同開発ヲ増進シ帝国トシテ国防上及国民経済上必要欠クベカラザル原料及食糧等ノ供給ヲ茲ニ確保シ如何ナル外国ノ経済圧迫ニ対シテモ屈スルコト無キ態勢ヲ整フルト共ニ南洋ヲ含ム大東亜ノ諸国、諸民族ヲシテ各々其ノ所ヲ得シメ相互ニ侵略、搾取、圧政無キ共栄圏ヲ確立スルコトニアルノデアリマス而シテ帝国ハ右共栄圏ノ安定勢力トシテ其ノ安定及平和ノ確保ニ任ズルモノデアリマシテ従テ欧洲戦渦ノ南方諸地方ヘノ波及防止ニ努メルコトモ当然デアリマス」

ここでも貿易と資源の共同開発を増進することが根本目標とされている。一年前との違いは、「国防上及国民経済上」必要不可欠の原料と食糧の供給を確保するための態勢整備と、「大東亜諸国、諸民族ヲシテ各々其ノ所ヲ得」させ、「侵略、搾取、圧政無キ共栄圏」の確立を謳っていることである。「大東亜共栄圏」という文言を初めて公式に使ったのは、一九四〇年八月、松岡洋右外務大臣だが、[7]ここにも、外相の考えが反映されていると見られよう。

大東亜戦争開戦直前に作成された擬問擬答は、文言も趣旨も、一年前とほとんど変わっていない。[8]ただ、日本と南方諸地域との関係を「本然ノ姿」に立ち帰らせることが対南方政策の根幹であるとし、また「欧米流ノ弱肉強食ノ如キ政策ハ断ジテ採ルモノデハアリマセン」と強調している点が注目される。さらに、「帝国ノ存立ノ擁護及前述ノ如キ崇高ナル使命ノ達成ニ付テハ常ニ毅然タル態度ヲ持シ如何ナル妨碍ヲモ断乎トシテ排撃スルモノナルコトハ申ス迄モアリマセン」という、これまでになく威勢がよい物言いが付け加えられた。

このように一九四一年末の擬問擬答は、一年前と比べて言葉は威勢がよくなったが、内容には実質的に変化がなかった。交易と開発協力の増進、原料と食糧供給の態勢構築、そして大東亜共栄圏の確立が南方政策の基本的目標であった。

以上、これまで見てきたところでは、外務省の南進政策、対南方政策で優先されたのは、貿易や資源開発といった経済的考慮であり、それにやがて共栄圏という観点が付け加えられてきた、ということになる。

3 第二次欧洲大戦と南方政策

ここで、少し時間を戻して外務省内の政策文書を見てみたい。軍ならば、戦略的な目的を優先して政策文書を作成しただろうが、外務省の場合は、戦略を含む全体的な観点から国策文書を作成したと想定される。そのなかで、どのような目標が優先されていたのか、それを確認してみよう。

一九三九年九月にヨーロッパで大戦が始まったとき、外務省には「欧洲戦対策審議委員会」なる委員会がアドホックに設置された。そこで南方政策を起案したのは、欧亜局第三課である。欧亜局第三課は当時、ヨーロッパ列強の東南アジア植民地を担当していた。そのほか、東南アジアで唯一の独立国タイは東亜局が担当し、フィリピンは亜米利加局が担当していた。

九月上旬、欧亜局第三課は、「当面ノ措置トシテハ我方中立ノ維持及南洋ニ於ケル各国植民地領土権尊重ヲ代償トシテ南洋ノ経済的門戸開放ヲ実行セシムルコトヲ目標ト」すると述べている[9]。すなわち、各国植民地の領土権尊重と引き換えに、経済的門戸開放、つまり日本の貿易や企業活動に対する制限の撤廃を求める、というのが欧亜局第三課の方針であった。言い換えれば、欧亜局第三課の主張は、東南アジアの植民地体制を容認する、ということにほかならなかった。

欧亜局第三課の植民地体制容認の方針はやがて少しずつトーンダウンしてゆく。九月中旬には、以下のように論じている[10]。

「対南方政策ニ於テハ仏領印度支那及緬甸(ビルマ)経由援蔣「ルート」遮断ノ為工作シ且ツ南洋各地資源ノ我国ヘノ円滑ナル供給ヲ確保スルト共ニ我商品ノ南洋市場ヘノ進出並ニ邦人事業ノ発展ヲ促進シ以テ南洋ヲ含ム東亜ニ於テ可及的ニ自給自足ノ経済体制ヲ形成スルコトヲ目標トス…右目的達成上必要已ムヲ得ザル場合ニハ事情ニ応ジ関係国領土尊重ノ問題ヲ考慮ス」

また、一〇月中旬に作成した案では、次のように指摘されている。[11]

「関係国ヲシテ門戸ヲ開放セシメ邦人ノ進出発展ヲ促進シ我所要資源ノ獲得竝ニ我商品ノ進出、邦人関係事業ノ発展ヲ計リ以テ南洋ヲシテ帝国経済自給圏ノ一環タラシム　仏印及緬甸経由第三国ノ援蔣行為ノ遮断其他ノ工作ニ依リ支那事変ノ速ナル処理ヲ幇助促進ス…我方要求達成ノ為要スレバ南洋ニ於ケル関係国又ハ属領ノ領土不可侵ノ問題ニ付考慮ノ用意アル旨ヲ交渉中機宜ニ応ジ関係国当局ニ対シ表明ス」

このように、領土権尊重がトーンダウンし、南洋を日本の経済的自給圏の一環とする、という主張が強調されるようになるが、それでも重点は経済的考慮にあった。

一一月中旬、欧洲戦対策審議委員会は次のような決定を打ち出した。[12]

「東亜新秩序ノ建設ハ南洋ヲ除外シテ其ノ全キヲ期シ難キモノアリト雖モ国際政局ノ現段階ニ於テハ　(イ)関係国ヲシテ邦人ノ進出発展ヲ許容セシメ我所要資源ノ獲得竝ニ我商品ノ進出、邦人関係事業ノ発展ヲ計リ以テ南洋ヲシテ帝国経済自給圏ノ一環タラシム　(ロ)南方諸地方ヨリスル援蔣行為ノ停止工作ニ依リ支那事変ノ速ナル処理ヲ幇助促進ス」

「我南洋政策遂行ノ為場合ニ依リ南洋ニ於ケル関係国又ハ属領ノ領土不可侵ノ問題ニ付考慮スル

コトアリ得可シト雖モ右ハ一．南方亜細亜解放ノ障礙トナルヘカラサルコト　二．特ニ対償(ママ)及保障期間ニ付周密ナル考察ヲ加ヘ軽々シク取扱フヘカラサルコトヲ念記スルヲ要ス」

この委員会決定では、領土権尊重に関し、「南方亜細亜解放ノ障礙」としない、という但し書きが設けられたことが注目されるかもしれない。「南方亜細亜解放」とは、植民地の独立を意味しているようだが、他の部分では経済関係の緊密化を主張し、南洋を経済自給圏の一部とするという点に主眼があることは一目瞭然である。「南方亜細亜解放」という文言はかなり浮いているように感じられる。

以上の南方政策に関する案文は、実は、正式の政府決定には至らなかった。理由は、はっきりとしないが、外務省の記録によれば、内閣が交替したので決定を繰り延べているうちに、またヨーロッパで事態が急変し、あらためて南方政策の再検討が始まったのだという[13]。

要するに、ヨーロッパで大戦が始まって、東南アジアの列強植民地に対する政策の検討がなされたが、結局は従来どおり経済主体の進出を謳うにとどまっていた、と見ることができる。もちろん、経済自給圏に南洋を含むとした点で、南進論の強度は強まったが、それでも軍事的進出論へと質的に転換したわけではない。植民地についても、当初はそれを容認する姿勢が示された。言葉としての「南方亜細亜解放」という文言は出てきたが、まだ浮いた状態でしかなかったと言えよう。

4 対外政策の再検討

その後、一九四〇年五月に、ヨーロッパの西部戦線でドイツの破竹の進撃が開始され、やがてドイツはスカンジナヴィアからピレネーまで、と言われるように、西ヨーロッパのほとんどをその支配下に収めてしまう。上述したヨーロッパ情勢の急変とは、このことであった。

西ヨーロッパ諸国がドイツの軍門に降った結果、東南アジアの列強植民地には、いわば力の真空状態が出現する。そして、それがあらためて南進論を煽ることになる。この点が明確に表れているのは、五月末に欧亜局第三課が作成した以下のような内容の文書である[14]。

「欧洲ノ戦局ハ英仏ノ敗色濃厚トナレルニ依リ我方トシテハ此ノ絶好ノ機会ヲ利用シテ事変処理及新秩序建設ノ促進ヲ図ラザルベカラズ」

「南洋ハ民族的歴史的見地ヨリ観ルモ東亜新秩序建設ニ協力スベキ地域ナルノミナラズ我国ノ必要トスル資源ノ供給及邦人ノ企業的進出等経済的観点ヨリスルモ我国ト共存共栄ノ関係ニ在ルベキ地域ナリ…南洋ハ石油ノ如キ日満支経済「ブロック」内ニ於テハ其ノ産出甚ダ稀少ナル重要資源ノミナラズ、錫、護謨(ゴム)ノ如キ米国スラ産出シ得ザル原料資源ヲ豊富ニ供給シ得ル宝庫ナリ依テ我方トシテハ南洋ヨリ欧米勢力ノ駆逐ヲ図ルト共ニ我方ト南洋トノ政治的経済的関係ヲ緊密化シ殊ニ資源ノ開発等ノ為ノ企業的進出ニ努メザルベカラズ」

ここでは、イギリスやフランスの敗北が予想され、それが「絶好の機会」であるととらえられている。ただし、ここでも南進は、資源開発と企業進出に重点が置かれていることに注意しなければならない。重要資源として、石油が明記されていることも注目されよう。

ヨーロッパ情勢の急変を受けて、外務省では再び欧洲戦対策審議委員会で政策の再検討が始まる。その検討の成果は次のような「帝国外交方針案」にまとめられた[15]。

「南方諸地方ニ対スル我政治経済上ノ指導権ヲ確保スルト共ニ、諸民族ヲ欧米勢力ノ植民地的搾取ヨリ解放シ、其自主独立ヲ扶掖シテ南洋ヲ含ム東亜共栄圏ヲ確立スルコトハ我南方政策ノ目標タリ、欧洲政局ノ新情勢ハ南洋ニ対シ積極的ナル施策ヲ行ヒ、我指導権確保ヲ促進スヘキ好機ナルヲ以テ、国防資源ノ見地ヨリ先ツ経済的発展ヲ計リテ支那事変処理ノ促進ニ資シ、進テ情勢ニ応シ政治的指導権ノ確立ヲ期ス　南洋ノ資源ハ必スシモ独占スルコトナク、第三国ノ公正ナル経済活動ハ之ヲ許容シ、他経済圏トノ有無相通ヲ図ル」

「(イ)仏印ニ対シテハ東亜共栄圏ノ一環トシテ帝国ノ政治的経済的勢力ノ進出ヲ認メシメ、将来ハ之ヲ独立セシメテ帝国ノ指導下ニ置ク、尚仏領ニューカレドニアヲモ将来我政治的指導下ニ置ク　(ロ)蘭領印度ニ対シテハ独、英、米トノ関係ヲ衡量利導シツツ適宜圧力ヲ加ヘテ政治的経済的進出ヲ図ル　(ハ)「ビルマ」ハ英帝国崩壊ト共ニ独立ニ導キ、マレー、英領ボルネオ等ハ我カ政治的指導下ニ置ク」

この方針が作成されたのは、ちょうど第二次近衛内閣が成立し松岡洋右が外務大臣に就任した直後であった。ここでは、東南アジアの資源獲得が強調されるとともに、南方諸地域では日本が政治経済上の「指導権」を握るとされ、さらに「諸民族ヲ植民地的搾取」から解放し、共栄圏を確立する、という目標が掲げられた。ここでは、植民地解放の論理が明確に打ち出されている。

しかし、近衛内閣がこの「帝国外交方針案」の趣旨を採用したかどうかは疑問である。たしかに、共栄圏というコンセプトは、南洋を含む東亜共栄圏であれ、大東亜共栄圏であれ、その後頻繁に使われるようになる。しかしながら、植民地的搾取からの解放とか、この「帝国外交方針案」に示された仏印やビルマの独立といった方針は、少なくとも大東亜戦争が始まるまで、表面から姿を消すのである。好機便乗主義的な南進論の沸騰の中で、国策の中心は、南進実行の時機、進出の方法や範囲をめぐる戦略的な判断に移ってしまう。大東亜共栄圏という理念の意味内容は、あまり議論されず、明確化されなかったのである。

ちょうどこの頃、一九四〇年一一月、外務省には南洋局が設置される[16]。南洋局は、タイ、フィリピンも含む東南アジア全域、オーストラリア、ニュージーランド、太平洋諸島、さらに南極まで担当することになる。南方を担当する南洋局の設置が意外に遅かったことに注目する必要があるだろう。そして南洋局が設置される以前、南方すなわち東南アジアはタイを除いて、欧米列国の植民地として取り扱われていたのである。

南洋局が設置されてから約一年経った頃、大東亜戦争直前に、開戦を控えて南洋局が作成した興味深い文書がある[17]。「南方戦ノ性格、戦争目的ニ関スル一意見」と題したこの文書は、一意見と言っているのだから、政府の決定ではないし、外務省決定でも、あるいは南洋局の決定ですらない。しかし、その内容は当時の当事者の考え方を、かなりストレートに表明しているのではないかと思われる。

まず、この文書は、「戦争ノ基本的性格―必需資源獲得」「軍事行動、治安工作、通貨政策、其ノ他ノ経済的施策等凡テ此ノ性格ニ遵由セシムルモノトス　（註）英米蘭ノ勢力駆逐ハ右基本的性格ニ反セサル範囲ニ於テ之ヲ行フモノトス」と述べている。戦争の基本的性格が「必需資源獲得」というのは、あまりに正直といえば正直、率直である。日本は、資源獲得のために戦争に訴える、という重大なポイントがここに言い尽くされている。

次に注目されるのは、宣言すべき戦争目的である。これについては、「宣言スヘキ戦争目的及其ノ順位ハ左ノ通トス」とされ、「第一、帝国生存権（Right of existence）ノ擁護―自存自衛（Self-preservation）ノ必要上実力ニ依ル敵性国家ノ包囲陣突破　第二、英米蘭ニ依ル援蔣行為ノ抜本塞源的排除　第三、大東亜ノ興隆（又ハ大東亜ノ恒久的平和、安定及興隆）」と、第一に自存自衛、第二に援蔣行為の停止、第三に大東亜の興隆という優先順位が提示されている。この三つのうち、宣戦の詔書で表明されたのは、第一と第二であり、第三の戦争目的は表明されなかった。

三つの目的については、以下のような説明が加えられている。まず、「所謂「自衛権」（Right of sefl-defense）ヲ根拠トスルコトハ余リニ突発的、小乗的ナルノ感ヲ与ヘ南方戦ノ如キ深遠広大ナル意義ヲ有スル大戦争ニ付テハ適当ナラス」とされ、これに対して、「「生存権ノ擁護」ハ戦争性格ヲヨク表現シ且其ノ強調ハ国民ノ理性及感情ニ訴フル力最モ大ニシテ我国民ヲシテ戦争目的ヲ充分納得シ、最後迄一致団結其ノ遂行ニ協力セシムル為絶対ニ必要ナリ」と指摘された。

また、「「東亜新秩序建設」又ハ「東亜共栄圏建設」等ハ余リニ抽象的ニシテ国民ノ理性及感情ニ訴フル力比較的弱ク、…他ノ東亜、南洋諸民族ニ対シ不必要ナル干渉及強制ヲ意味スルカ如キ印象ヲ与フル虞アリ」と、東亜新秩序や共栄圏は抽象的であり、戦争目的として表明すべきではないとされている。

さらに、「「東亜民族ノ解放」ハ利他的ナルノ感ヲ我国民ニ与ヘ国民ノ理性及感情ニ訴フル力弱キノミナラス諸外国、他ノ民族ヲシテ有色人種対白人種ノ抗争ヲ思ハシムル虞アリ」という。東亜諸民族の解放が利他的な意味を帯びるので国民に訴える力が弱いとか、戦争が人種抗争という印象を与えるので好ましくない、といった点はかなり注目されるべきポイントだろう。

これに対して、「「大東亜ノ興隆」ハ概念上東亜ノ恒久的平和、安定及東亜諸民族ノ解放及繁栄等ヲ凡テ包含シ、他ノ東亜民族ニモ訴フル雄大ナル魅力アリ」と、大東亜の興隆には、諸民族の解放も含まれるとされたのだが、この目的はそもそも第三位でしかなく、必ずしも優先して表明すべき戦争目的とは見なされなかった。

なお、付随的ながら、「最モ適当又ハ必要ナル時機ニ戦局ヲ収拾シ得ル様戦争目的ノ宣言〔ニ〕付予(あらかじ)メ裕(ゆと)取リヲ取リ置クノ要アリ後日引込ノツカヌ戦争目的ノ宣言ハ之ヲ避ケサルヘカラス」と指摘しているのも興味深い。来るべき戦争は、中途で妥協によって終結し得るものと考えられていた。

要するに、この文書から汲み取ることができるのは、大東亜戦争の基本的性格あるいは本来の目的が資源獲得であると考えられていたことであり、大東亜解放は、否定されていたわけではないが、戦争目的の優先順位としては、相対的に低かったということであろう。

ここで、最初に掲げた問題に戻ってみることにしよう。開戦前に政府で立案・審議された、いわゆる国策文書の中で、大東亜解放を国策の目的に掲げたものは、なかったわけではない。たしかに、そうした政策案は、それなりに存在した。しかしながら、そうした理念を謳った政策案は、政府の決定には採用されなかった。それは、明記しなくても了解されている自明のことだったから、という理由によるものではない。何らかの現実的な理由があったからである。当初は、植民地宗主国との関係を損なわないよう配慮した。南進が具体的措置として実行可能になると、関係者の目はもっぱら資源獲得に注がれた。開戦直前にも、大東亜解放は国民にあまりアピールしないと判断された。

そもそも明治・大正期の南進論は民間中心ではあったが、アジア主義的な要素が希薄で、大東亜諸民族の解放という理念を謳うことが少なかった。昭和に入って、南進が国策化されたときにも、重点は経済進出に置かれた。一方、そのあたりから、民間では南進論がアジア主義的な傾向を帯び始めていたことは疑いない。その影響が、外務省の国策文書にもしばしば反映された。しかし、それは政府の政策としては採用されなかったのである。

むすびにかえて——戦争の呼称と戦争の理念

「南方戦ノ性格、戦争目的ニ関スル一意見」と題する文書で興味深いのは、戦争の名称を明記していないことである。「南方戦」という表現が使われている。開戦直前というのに、「大東亜戦争」と認識されてはいないのである。

実は、戦争の名称に関しては、開戦前に、陸海軍の間に論争があった。当初、海軍は、「太平洋戦争」とか「対米英戦争」といった呼称を提案したが、陸軍は、支那事変を含むことと、新秩序建設という政治的意味を込めることにこだわった[18]。実際には、開戦直前になってようやく、戦争は支那事変を含んで「大東亜戦争」と呼ばれることに決まる。一九四一年一二月一二日、開戦の四日後に、内閣の情報局は、「大東亜戦争と称するは、大東亜新秩序建設を目的とする戦争なることを意味するものにして、戦争地域を大東亜に限定する意味にあらず」と説明している[19]。

戦争の呼称に関する論争の背後には、戦争目的に関する考え方の違いがあったと見ることができる。海軍は、戦争目的をあくまで「自存自衛」に限定しようとした。これに対して、陸軍は、「自存自衛」に加えて「大東亜新秩序建設」あるいは「大東亜共栄圏」も戦争目的にしようとした。自存自衛のためには、大東亜に新秩序を建設しなければならないと、陸軍は考えたのである。しかし、大東亜新秩序建設が、大東亜解放、大東亜諸民族の独立に結びつけられていたかどうかは、かなり曖昧であったように思われる。大東亜新秩序は、直接的には長期不敗態勢の構築に結びつけられていたにすぎなかった。

日本のグランド・ストラテジーは、南方の戦略的な重要地点、交通連絡線、重要資源地帯を確保して長期不敗態勢を築き、その間、重慶の蔣介石政権を屈服させるか、あるいはドイツと協力してイギリスを屈服させるか、どちらかによってアメリカに戦争継続の意志を失わせる、というものであった[20]。大東亜新秩序は、このグランド・ストラテジーを成立させる柱の一つ、すなわち長期不敗態勢を支えるものであったと言ってよい。言い換えれば、大東亜新秩序、大東亜共栄圏は、大東亜諸民族の解放を直接の目的としたのではなく、日本の戦争遂行を支えることに本来のねらいがあった。

大東亜戦争は開戦直後、予想を上回るほど順調に進み、陸海軍は広大な占領地を分担して軍政を布いた。海軍は、「自存自衛」に戦争目的を限定していたこともあり、純軍事戦略的な理由に基づき、占領を担当した地域に独立を与えることには消極的であった。これに対して、「自存自衛」に加えて「大東亜新秩序建設」も戦争目的とした陸軍は、海軍よりは柔軟で、占領地域の独立にも一定の理解を示した。しかし、それも長期不敗態勢を築くため、占領地住民から日本の戦争遂行に対する協力を引き出す、という一定の枠内に限定されがちであった。

開戦後に、日本が独立を容認したのがフィリピンとビルマだけだった、というのは、こうした事情によるものだったと考えられる。最も重要な資源地帯とされたジャワ、スマトラ、セレベスなど今日のインドネシアには、当面、独立を容認しなかったのである。

第二次世界大戦には、力の戦いという側面と並んで、理念の戦いという側面があった。しかしながら、日本は、戦うために理念を活用しようとはしなかった。ファシズムと戦うための戦争、自由とデモクラシーのための戦争という理念を謳った連合国に対して、日本は、大東亜諸民族の解放という理念を押し出すことができたかもしれない。たとえそれが偽善であっても、政治戦略として、その理念をフルに駆使することができたかもしれない。だが、日本は、開戦前、そして開戦後もしばらくの間、そうしようとはしなかった。

戦争が理念の戦いでもあるということを、よく理解していたのは、一九四三年四月、東条内閣の外相に就任した重光葵である。重光は、「自存自衛のために戦ふと云ふのは、戦ふ気分の問題で主義の問題ではない」と指摘している。[21]宣戦の詔書を見れば分かるように、「自存自衛」は、米英と戦わざるを得なくなった日本人の主観、認識をよく言い表してはいるが、戦争目的としては、理念的性格が弱い。このように考えた重光は、外務省内で戦争目的を再検討し、一九四三年一一月、大東亜会議を開催して、大東亜共同宣言を発表した。[22]

大東亜共同宣言には、それまで日本政府の文書や宣言に見られた、日本が大東亜の盟主であるとか、指導国であるといった文言はない。自主独立の尊重、各民族の伝統と創造性の尊重、人種差別撤廃、文化交流と資源開放などが謳われ、普遍的な内容を持つものとなっている。[23]この大東亜宣言によって、それまでしばしば曖昧に語られ、ときによっては矛盾する内容を与えられてきた大東亜共栄圏、大東亜新秩序の目指すものが、明確に打ち出されたのである。

ただし、このときの日本には既に、こうした理念を具体化し実現させてゆく力がなくなっていた。皮肉な言い方をすれば、日本は、もはや出来もしなくなったことを戦争目的に掲げたのである。それゆえ実際に、これを実現させるための努力も、中途半端に終わった。現場では、この戦争目的・理念に縛られず、戦争続行を図ることに汲々としていたというのが実態であった。

大東亜共同宣言に盛り込まれた戦争の理念あるいは目的は、敗色濃厚となった時期になってようやく表明された。開戦前には明確に表明されなかったのである。もし開戦前あるいは開戦時に、日本がそのような目的を明確に掲げていたら、その後の歴史はどのように動いただろうか。少しは歴史が変わっただろうか。

第Ⅱ部 軍人はいかに考えたのか

第5章 朝鮮駐屯日本軍の実像——治安・防衛・帝国

はじめに

軍隊の主要な機能は、外的脅威に対する安全保障と国内の治安維持にある。帝国主義時代の列強の軍隊には、これに「帝国拡張の先兵」という機能が加わる。このことは、植民地軍についても基本的には変わらない[(1)]。ただし、植民地軍の場合、対処すべき外的脅威とは必ずしも植民地自身にとっての脅威ではなく、本国にとっての脅威を意味する。また、国内の治安の維持とは言うまでもなく本国にとっての治安の維持、すなわち植民地体制の維持である。帝国拡張という場合の「帝国」も本国にほかならない。

では、植民地朝鮮に駐屯した日本軍の場合はどうだったのだろうか。三つの機能のうち、どれが最も重視されたのだろうか。それぞれの機能はどのような場面で、また、いかなる形態で実行されていたのだろうか。本稿は、このような観点から、植民地統治との関連を意識しながら、朝鮮駐屯日本軍の特徴を明らかにすることを目的とする。

朝鮮駐屯日本軍の歴史は、実質的には一九〇四年三月、日露戦争勃発とともに編成された韓国駐箚軍から始まる。それ以前にも、公使館護衛あるいは居留民保護・電信線保護のために小規模の軍隊を駐屯させたことはあるが、駐屯軍と植民地統治との関連性は、韓国駐箚軍の設置以後に明確になったと言ってよい。一九一〇年八月、韓国駐箚軍は日韓併合に伴い朝鮮駐箚軍に改編され、一九一八年六月、朝鮮軍と改称した。それと前後して、それまでの本国派遣一個師団による二年駐屯交代制から二個師団常備制に変わり、常駐師団として一九一六年四月に第一九師団、一九一九年四月に第二〇師団が設置された。しばらくこの編制で推移したが、大東亜戦争(太平洋戦争)開戦後に戦時の要求に応じて師団が増設され、一九四五年二月、朝鮮軍を廃して、野戦部隊として朝鮮の防衛を担当する第一七方面軍と、補充・教育等を担当する朝鮮軍管区が設置された。敗戦とともに朝鮮駐屯日本軍はいずれも復員、解体された。

以上の約四〇年に及ぶ朝鮮駐屯日本軍のうち、本稿では、日韓併合以後の朝鮮駐箚軍の時期と朝鮮軍の時期に焦点を当てる。この時期に焦点を当てるのは、駐屯日本軍が植民地統治にどのように関わっていたかを考察するためである。併合以前については、いわば前史として扱うだけにとどめたい。また、大東亜戦争開戦後、特に戦争末期については、敗戦必至という特殊状況下にあったことを考慮し、直接の考察の対象とはしない。

以下、第1節では、朝鮮駐屯日本軍の編制、兵力規模、配置、演習等の推移をたどり、そこから、その役割の重点を検証する。対外防衛、治安維持、帝国拡張のうち、どこに重点が置かれていたのか。部隊の編成や配置の状況から、その重点を探ってみる。第2節では、朝鮮駐屯日本軍の軍事行動を考察する。日本軍は植民地朝鮮で実際にどんなことをしていたのか。これを解明することによって、その機能の重点を確認する。第3節では、一九二〇年代から議論され一九三八年に導入された朝鮮人志願兵制度に着目し、その制度採用までの経緯や制度実施後の実態から、朝鮮駐屯日本軍と植民地統治との関わりを考えてみたい。最後に、以上の三つの節を整理して結論をまとめることにする。なお、朝鮮には、鎮海要港部など海軍の部隊も駐屯していたが、ここでは陸軍部隊だけに限定する。

1　駐屯軍の変遷

前述したように、朝鮮駐屯日本軍の先駆けとなったのは、一九〇四年三月日本で編成され同年四月にソウルに設置された韓国駐箚軍である。当初は後備兵五個大隊で構成され、同年九月、日露戦争の進展に伴い一部強化されて軍司令官は天皇直隷となった。対露作戦の後背地であり兵員と武器弾薬の輸送ルートである韓国での治安の維持と日本軍への協力確保が、その主たる任務であった。一八九六年以来、韓国で軍用電信の保護にあたっていた臨時憲兵隊も、韓国駐箚憲兵隊と改称して駐箚軍司令部の指揮下に入り、軍事警察権を行使するようになった。

日露戦争終了後の一九〇五年一〇月、戦争中に新設された第一三師団と第一五師団が駐箚軍司令部の隷下に入った。その任務は、対露再戦に備えることと、韓国保護国化を進めるにあたって治安を確保することであった。第一三師団は現役兵中心で、樺太守備、台湾守備に従事した後、韓国に派遣され、咸鏡道に駐屯した。第一五師団は応召補充兵中心で、咸鏡道以外の各地に分散駐屯した。[2]端的に言えば、第一三師団は対露再戦に備え、第一五師団は治安維持を担当したということになろう。

一九〇六年八月、韓国駐箚軍司令部条例が定められ、同駐箚軍は戦時編制から平時編制に転換した。翌一九〇七年二月には、駐屯師団を一個師団とし、これに応じて第一五師団が本国に帰還した。平時編制への転換や駐屯師団の削減が実施されたのは、日露再戦の危険性が遠のいたことと、韓国での治安がそれなりに確保されたと判断されたことによるものと考えられる。しかし、同年七月、いわゆるハーグ密使事件をめぐって日本が韓国皇帝を退位させ、さらに韓国軍隊を解散させると、義兵運動と称する反日武力抵抗が繰り広げられ、これに対処するため日本は本国から歩兵一個旅団と騎兵四個中隊を臨時に派遣し、さらに歩兵二個連隊を増派して警備の強化を図らねばならなかった。

注目されるのは、この頃、駐箚憲兵隊の人員が急膨張していることである。一九〇六年に三〇〇人弱であった駐箚憲兵隊の人員は、一九〇七年に約八〇〇人、一九〇八年には約二四〇〇人へと急増した。さらに、一九〇八年六月には朝鮮人の憲兵補助員の募集も始まり、これを加えると、憲兵隊の人員数は六六〇〇人を超えた(3)。憲兵隊の増員も補助員の募集も義兵運動に対処するためであった。

一九〇九年五月、臨時韓国派遣隊の制度が定められた。臨時派遣隊は、それまで臨時に増派されていた部隊に代わるもので、本国の各歩兵連隊から一個中隊(約一五〇人)を抽出し二個連隊が編成され(一個連隊は三個大隊、一個大隊は四個中隊)、毎年半分(三個大隊)が交代した。またこのとき駐屯師団は二年ごとに交代することになった。この時点での部隊配置は概略次のようなものである。師団司令部(当時は第六師団)は龍山に置かれ、そのうちの一個旅団は司令部を羅南に置いて咸鏡道に駐屯、もう一個旅団は司令部を平壌に置いて咸鏡道以外の韓国北部に駐屯、臨時派遣隊は大邱に司令部を置いて韓国南部に駐屯した。[4] いずれも担当地区での分散配置であり、治安維持に重点が置かれていた。

翌年、日韓併合の実行に際し、武力抵抗の高まりを恐れた陸軍は、二年間の駐屯任務を終えた第六師団の本国帰還を遅らせ、新たに派遣されてきた第二師団と重複駐屯させて、一時的に二個師団と臨時派遣隊の兵力で、治安を確保しようとした。分散配置されていた部隊の一部は、ソウル近辺に集中され、不測の事態に備えた。統監府は韓国の警察機関を接収した。さらに憲兵隊が軍事警察だけでなく、普通警察の機能を担当することになり、統監府の警務総長を憲兵隊司令官が、地方各道の警務部長を各地の憲兵隊長がそれぞれ兼任した。日本からは一〇〇〇名の憲兵が増派され、憲兵隊の総数は補助員を含んで約七八〇〇人となった。

併合に伴い、韓国駐箚軍は朝鮮駐箚軍に、臨時韓国派遣隊は臨時朝鮮派遣隊に、韓国駐箚憲兵隊は朝鮮駐箚憲兵隊にそれぞれ改称された。憲兵隊は継続して普通警察の職務も担当し、朝鮮各地には憲兵派遣所や出張所が網の目のようにはりめぐらされた。一九一四年現在で、憲兵隊一三、憲兵分隊七八、分遣所九九、派遣所三一七、出張所五二八に及んでいる。[5] これらの憲兵駐屯地は、軍事基地の所在地、国境地区、「暴徒」が出没する可能性のある「山間僻陬」に設けられた。[6] 当時、補助員を含む朝鮮駐箚憲兵隊の人員がほぼ八〇〇〇人（うち正規の日本人憲兵は約三五〇〇人）であるのに対して、日本本国の憲兵の総数は一〇〇〇人を少し上回る程度である。[7] 併合前後の時期の朝鮮で、憲兵隊の存在と比重がいかに大きかったかがよく分かる。ただし、日本軍に常時これだけの憲兵がいたわけではなかったから、下士官・上等兵から憲兵希望者を募り臨時に速成教育して配置したと言われており、[8] その質のほどはあまり高くなかったと推測される。

ところで、この頃、陸軍は朝鮮での二個師団増設を強く要求し、それが一九一二年に政治的危機を引き起こしたことはよく知られている。一九〇七年に定められた帝国国防方針の中で、陸軍の所要兵力量は平時二五個師団（戦時五〇個師団）とされたが、日露戦争中に臨時増設した四個師団を常設化し、さらに戦後二個師団を増設しつつあった陸軍にとって、当面はこの一九個師団体制で充分であるはずであった。ところが、ドレッドノート艦の出現に驚いた海軍が主力艦の近代化のために予算拡大を求めると、それに刺激されたかのように陸軍も師団増設のために予算拡大を要求し始めたのである。[9]その根拠とされたのは、シベリア鉄道複線化や黒龍江鉄道の建設に示されたロシアの脅威増大の可能性であり、辛亥革命後の中国情勢の流動化であった。[10]

増設すべき二個師団を朝鮮に置く理由については、以下のように説明されている。朝鮮に二年交代で一個師団の守備隊を派遣する現行体制は、まずその交代に莫大な費用がかかる。部隊は一〇〇ヵ所以上に分散配置されているので、建制（本来の基準に基づく編制）が崩れており、平時の教育・訓練に重大な障害がある。また有事には、動員・集結に支障をきたし、初期の作戦に用いることができない。日露が衝突した場合の作戦地域として、従来は北部朝鮮と北満洲が考えられたが、中国の不安定化のために、それに加えて蒙古や華北の直隷平野をも考慮せざるを得なくなってきた。つまり、現状でも国防に要する兵力に重大な欠陥があるのに、将来はそれがさらに大きくなる危険性がある。[11]

このように、師団増設の理由はもっぱら対露戦のための戦略上の必要性に求められた。その後、一九一五年にようやく朝鮮二個師団増設が認められ、本国の各師団から部隊を抽出して、一九一六年四月に第一九師団の主力と第二〇師団の一部を、一九一九年四月から一九二一年四月にかけて、その他の部隊を編成することになった。[12] 以後、両師団の兵士は日本全国各地で徴兵されることになる。

両師団の配置を見てみよう。第一九師団は師団司令部を羅南に置き、同地に第三八旅団司令部、第七三連隊、第七六連隊を、咸興に第三七旅団司令部と第七四連隊を、会寧に第七五連隊を置いた。第二〇師団は司令部を龍山に置き、同地に第四〇旅団司令部（同旅団は当初、臨時朝鮮派遣隊を再編して編成された）、第七八連隊、第七九連隊を、平壌に第三九旅団司令部と第七七連隊を、大邱に第八〇連隊を置いた。第一九師団が咸鏡道に配備され、第二〇師団が平安道およびその他の地域に配備されたことになる。やや単純化すれば、第一九師団が豆満江沿いの国境防衛、第二〇師団が鴨緑江沿いの国境防衛とその他の地域全般の治安維持にあたる体制であったと見ることができよう。なお、この間、一九一八年五月末に朝鮮軍司令部条例が制定され、朝鮮駐箚軍は朝鮮軍に、朝鮮駐箚憲兵隊は朝鮮憲兵隊に改称された。

こうしたところに発生したのが、一九一九年三月のいわゆる万歳事件、三・一独立運動である。二個師団はまだ編成の途上にあり、しかも教育の便を図るため部隊の集中を進め、従来の分散配置を撤廃しつつあった。編成間もない一個師団半の兵力は、訓練も不充分であった。結果的に日本軍はその虚を衝かれてしまったのである。

ときの原内閣は、事件の反省を踏まえ、朝鮮統治にいくつかの改革を施し、「武断政治」からの軌道修正を試みた。そのひとつが同年八月の朝鮮総督府官制の改正である。これによって、総督の任用資格が武官から文官へも拡張されたが、[13] 文官の総督就任の可能性をにらんで、それまで総督に委任されていた朝鮮駐屯軍の統率権は消滅した。その代わり総督には、朝鮮の安寧保持のため兵力の使用を請求する権限が認められた。

憲兵隊についても大きな変化があった。朝鮮憲兵隊は普通警察の職務から外れ、軍事警察に専念すべきものとされたのである。これに伴い、補助員を含んで八〇〇〇人を超えていた人員は、一九一九年末には約一二〇〇人（うち憲兵補助員は憲兵補と改称され約三〇〇人）に激減した。朝鮮憲兵隊には国境保護という独自の任務が与えられていたが、これも一九二二年五月の制度改正によって廃止され、同年末に人員は七〇〇人に減少した。[14] 憲兵隊の削減は、「武断政治」に代わる「文化政治」を象徴するものとなった。もちろん一九一九年の時点で憲兵と警察官の合計一万四〇〇〇人強であったのが、一九二〇年には警察官だけで二万人を超え、日本人警察官が大量に採用されたことは軽視できない。[15] また、補助員を含む憲兵から警察官に転じた者も多かった。朝鮮統治が、強力な警察力を背後にした強権的な植民地支配であるという本質を変えたわけではなかった。しかし、憲兵隊という軍隊が統治の前面に出なくなったことの意味は、けっして小さくはなかったと言えよう。

朝鮮警察は、軍隊式訓練が施され、国境警備を重視し、銃器も警察としては強力なものを持っていた。しかし、それでも、特に国境周辺で発生する「反乱」事件に対処するには充分ではないと判断された。そのために、二個師団隷下歩兵連隊の定員増加がなされた。[16] その後、本国の軍備整理（軍縮）に伴い、一部では増加定員による守備隊を撤去するところもあったが、国境守備の部隊には定員増加が継続して認められ、一九二四年現在で、定員増加は第七四、第七五、第七六、第七七、第七八の五個連隊で合計約二〇〇〇人を数えた。[17]

一九二六年現在で、国境地帯には六つの守備隊が置かれているが、それは上述した五個連隊と第七三連隊から派遣されたものである。第一九師団の第一から第四までの守備隊は慶源、茂山、恵山鎮に本部を置き（第二守備隊には本部なし）、第二〇師団の第一守備隊は江界に、第二守備隊は新義州に本部を置いた。[18]

だが、これでも朝鮮の兵力は不足していると見なされたのである。「文化政治」を標榜した総督斎藤実（予備役海軍大将）は、就任（一九一九年八月）まもないときから師団増設を本国に求めている。斎藤によれば、万歳事件以来、朝鮮各地の民心は安定を欠き、日本人に対する態度は「傲慢」となった。朝鮮人は民族自決の風潮に影響され、独立あるいは自治を主張し、日本に対する復仇を唱えている。したがって、朝鮮統治の実を挙げるためには、「帝国の威風」を示しつつ善政を施すことが必要である。このような論拠に基づいて斎藤は、「帝国の威風」を示すために内地から若干数の師団の朝鮮移転を提議した。[19] 斎藤の要望は認められなかったが、在朝鮮歩兵連隊の高定員化継続は、こうした総督の要求に応えたものでもあった。

斎藤総督は、この四年後の一九二三年にも師団増設を要求している。第一九師団は対ソ国境防衛に備え、第二〇師団は主力を京城に置き、平壌以南の各地に部隊を配置しているが、中国と国境を接し「朝鮮庇掩ノ墻壁」たる平安北道の兵力は手薄になっている、したがって、ここに一個師団を増加して配置することが必要である、と斎藤は主張した。[20] 斎藤は一九二五年にも師団増設を求め、歩兵師団が無理であれば、騎兵旅団でもいいから速やかに朝鮮に移転させるよう「切望」した。[21]

朝鮮の師団増設の必要性を主張していたのは、斎藤だけではない。一九二四年二月、朝鮮を旅行した関東軍司令官白川義則中将も、朝鮮には四個師団を置き、それに加えて騎兵旅団等の部隊を配備すべきである、との所見を述べている。そのような兵力増強は、朝鮮統治のためだけでなく、満洲での作戦上の要求に応じるためにも必要である、と白川は論じた。(22)

師団増設を求める声は朝鮮の民間にもあった。もちろんその主体が日本人居留民であったことは疑いない。たとえば、必ずしも師団増設要求ではないが、部隊の常駐を要望する動きが万歳事件以前にも見られた。常駐部隊がない全州では、一九一八年一月、一個旅団を設置・駐屯させてほしい、そのためには五万円拠出してもよい、との陳情がなされている。(23)平壌では、一九二四年、商業会議所を中心として西鮮師団設置期成会なる団体がつくられ、鴨緑江岸での「不逞鮮人」の跳梁による脅威に対処するため、師団設置を求めた。(24)その後、師団増設運動は一時下火となったが、一九二八年二月、新聞に増師の観測記事が掲載されると再燃し、平壌、元山、大田、全州、大邱などで師団増設あるいは兵備充実、部隊常駐を陳情する動きが展開された。朝鮮軍司令官や朝鮮総督は、こうした動きに好意的に反応したようである。(25)

以上の経緯から、師団増設要求が、主として治安維持の観点からなされたことが分かる。特に一九二〇年代前半は、西間島から鴨緑江に浸透してくる反日武装勢力の脅威に対応することが、そうした要求を促す最も大きな要因であった。また、そうした具体的な脅威への対応だけでなく、斎藤総督が示唆したように、増師による強大な軍事力のデモンストレーション効果で、朝鮮人を畏服させることも期待されたと言えよう。

よく知られているように、一九二〇年代は日本の軍縮の時代であり、この点からすれば、朝鮮での増師を含む軍備拡張は、たとえ本国からの移転であっても、財政的あるいは政治的に無理であったろう。

ただし、いくつかの点で兵備充実が図られたことも事実である。一九二五年、第二〇師団に飛行第六連隊が新設され、しばらく時をおいて、一九三五年に第一九師団に飛行第九連隊が設置された。翌年にはこの飛行二個連隊によって第二飛行団が編成された。二つの師団には高射砲連隊も設置された。一九三五年には、第一九師団の国境地区の守備隊が改編され、従来の守備隊は朝鮮軍内で了解された非公式の編制であったが、このときの改編で陸軍中央からも正式に編制が認められた。

この改編について師団参謀長は、第一九師団が長年の懸案であった戦力増強を実現し、「名実共ニ国境第一線師団タルノ実力ヲ具備スルコト」になったと述べている。[26] 彼は、師団が対ソ戦に備えた態勢を整えつつあると言いたかったのであろう。実は、第一九師団と第二〇師団は、朝鮮警備のため、一九二九年度まで陸軍の動員計画には組み込まれていなかったのである。[27] また、毎年本国で実施される特別大演習に参加できなかったばかりか、一九三〇年まで師団対抗演習すら実行したことがなかった。[28] その前年の一九二九年、朝鮮軍は、朝鮮防衛上の教訓を得るため師団対抗演習を行いたいと参謀本部に上申したが、却下されている。[29] 翌年、ようやく京城・水原間で初めての師団対抗演習が実施され、[30] 一九三五年に湖南平地で二回目の同演習が行われた。これも、国境防衛、対ソ戦に備えた動きと見ることができる。

そして、一九三八年から、朝鮮軍は鴨緑江・豆満江岸の国境守備隊の大部分を、朝鮮・満洲・ソ連の国境地区に位置する琿春に移駐させ始めたのである。[31] 既に満洲事変のときから朝鮮軍は琿春に臨時派遣隊を駐屯させていたが、国境守備隊の移駐による駐屯兵力の規模拡大が、対ソ防衛をにらんでい

［別表］朝鮮軍の編制（支那事変前）

朝鮮軍司令部（京城）
朝鮮憲兵隊司令部（京城）
鎮海湾要塞司令部（一九〇五年設置）
馬山重砲兵大隊（当初は第二〇師団隷下）
永興湾要塞司令部（一九〇五年設置）
羅津要塞司令部（一九三六年設置）
第一九師団（羅南）
歩兵第三七旅団（咸興）
歩兵第七三連隊（羅南）
歩兵第七四連隊（咸興）
歩兵第三八旅団（羅南）
歩兵第七五連隊（会寧）
歩兵第七六連隊（羅南）
騎兵第二七連隊（羅南）
山砲兵第二五連隊（羅南）
高射砲第五連隊（羅津）
工兵第一九連隊（会寧、一九三六年工兵第一〇大隊を改編）
第二〇師団（龍山）
歩兵第三九旅団（平壌）

たことは疑いない。

朝鮮に常設された二個師団は、もともと対露防衛を根拠として増設されたものであったが、朝鮮国境内外の不穏な情勢のために、主たる努力を治安維持に向けてきた。それが一九三〇年代の半ばに至って、本来の目的である対ソ国境防衛に転換し始めたのであった。

支那事変（日中戦争）前の朝鮮に駐屯する陸軍部隊の編制は上掲の別表のとおりである。(32)なお、当時、平時編制一個師団の人員は約一万二〇〇〇であったから、在朝鮮陸軍部隊の兵力は約三万ほどであったと見られる。

2 軍事行動

ここでは、一九〇七年夏から本格化した抗日武装闘争、いわゆる義兵戦に対する鎮圧の時点から、朝鮮駐屯日本軍の軍事行動を考え

歩兵第七七連隊（平壌）
歩兵第七八連隊（龍山）
歩兵第四〇旅団（龍山）
歩兵第七九連隊（龍山）
歩兵第八〇連隊（大邱）
同第三大隊（大田）
騎兵第二八連隊（龍山）
野砲兵第二六連隊（龍山）
高射砲第六連隊（平壌）
工兵第二〇連隊（龍山、一九三六年工兵第二〇大隊を改編）
第二飛行団（会寧、一九三六年設置）
飛行第六連隊（平壌、一九二五年第二〇師団隷下に設置）
飛行第九連隊（会寧、一九三五年第一九師団隷下に設置）

ることにする。

義兵闘争に対する日本軍の鎮圧記録によれば、「反乱分子」との武力衝突は一九〇七年（八月以降）三二三回、一九〇八年一四五一回、一九〇九年八九八回、一九一〇年一四七回、一九一一年（六月まで）三三回であり、一九〇七年九月から一九〇九年九月まで毎月五〇回を超え、そのうち一九〇七年一一月から一九〇九年六月までは毎月一〇〇回前後を記録している。ピークは一九〇八年五月から七月にかけてであった[33]。

衝突は韓国各地で発生したが、一九〇七年は江原道が中心で、一九〇八年にはそれに加えて黄海道、京畿道、慶尚北道、全羅南道で頻発し、一九〇九年には全羅南道が最も多くなった。日本軍が交戦した義兵の規模の平均は、一九〇七年一四〇人前後、一九〇八年五〇人弱、一九〇九年三〇人弱と、小集団化の傾向が著しかった。日本軍は当初、情報不足に悩み、編成規模が比較的大きかったので敏捷性に欠け、義兵を捕捉することが難しかったと言われる[34]。「討伐」行動は苛烈で、村落が義兵を支持したり匿ったりした場合は、「責ヲ現犯ノ村邑ニ帰シテ誅戮ヲ加ヘ若クハ全村ヲ焼夷スル等ノ処置ヲ実行シ」た[35]。

当時、韓国に駐屯していた第一三師団は、全国を四つの守備管区に分けて部隊を配置していた。南部(ソウルに駐屯、以下カッコ内は駐屯地)、西部(平壌)、中部(北青、咸興)、東部(鏡城、会寧)の四管区であり、明らかに北方に重点が置かれていた。韓国各地で展開された義兵闘争への対応が難しかったのは、このためでもあった。一九〇七年七月下旬、韓国軍隊解散に伴う不穏な情勢に備えて本国から歩兵第一二旅団が派遣され、さらに武力蜂起が始まった後の九月下旬には四個中隊の臨時派遣騎兵隊が増派された。第一三師団自体も年末に部隊配置を変更して、南北二つの守備管区だけとし、それぞれの管区を細分化して部隊を配置した。従来は中・小隊以上の単位で駐屯していたが、分隊レベルで駐屯するケースも出てきた。[36]

翌一九〇八年三月、日本政府の推薦によって韓国政府外交顧問を務めていたアメリカ人のスティーヴンス(Durham White Stevens)がサンフランシスコで韓国人に暗殺されると、それに刺激されたためか、韓国内の武力蜂起が活発となったので、これに対処するため、あらたに二個連隊(歩兵第二三連隊、同第二七連隊)が派遣された。合計約三三〇〇の兵力増派であった。

一方、分散配置に転じた駐屯師団や増派部隊で対処できないところは、憲兵隊の増強によって補完された。韓国に駐屯する憲兵隊は日露戦争後、一時、第一四憲兵隊と改称し、軍事警察任務に専念するものとされていたが、一九〇七年一〇月、あらためて韓国駐箚憲兵隊に再編され、増強された。隊長には、日露戦争でロシアの革命派援助など諜報任務に活躍した明石元二郎少将が就任した。明石の起用が、武装闘争の思考・行動様式を知り尽くした彼の経験と手腕に期待したものであったことは疑いない。一九〇八年六月には、前述した憲兵補助員の募集が始まった。四〇〇〇人を超える補助員の活動によって、情報不足は徐々に解消されたと言えよう。

憲兵隊の義兵との衝突回数は一九〇八年五月から増え始め、同年一〇月には第一三師団を中心とした守備隊の衝突回数を上回るようになった。小集団化した義兵運動に対しては、憲兵によって対処するほうが効果的であった。こうして義兵鎮圧の主体は守備隊から憲兵隊に移行したのである。遅れていた第一三師団の本国帰還がようやく同年一〇月から一一月に実施されたのも、「討伐」の主体が憲兵隊に移ったからであろう。第一三師団に代わって第六師団が駐屯し、翌一九〇九年に第一二旅団、臨時派遣騎兵隊、第二七連隊（第二三連隊は第六師団所属なのでそのまま駐屯）が臨時韓国派遣隊と交代したことは前述したとおりである。

日本軍の調査によれば、一九〇六年から一九一一年まで、日本側（守備隊、憲兵、警察を含む）の死者は一三六人、負傷者二七七人、これに対して義兵側の死者一万七七七九人、負傷者三七〇六人、捕虜二一三九人とされている。[37]日本側は、苦しんだわりには、被害が少なかったと言えるかもしれない。義兵側の被害の大きさは、主として、武器の貧弱さに理由があった。[38]

以上のような義兵闘争の経験もあり、一九一〇年の日韓併合に際しては、ソウル近辺に兵力を集中し、首都の暴動に備えた。歩兵一個連隊しか収容できない龍山の兵舎に、歩兵一五個中隊、工兵一個中隊が集められた。工兵中隊が配置されたのは、「嘗テ暴徒暴発ノ際韓国在来ノ城壁等ヲ利用シ討伐隊ニ抵抗ヲ試ムルコト多カリシヲ以テ之カ爆破ノ為」であった。[39]

ただし、併合時には警戒したほどの武力抵抗は生じなかった。そしてその後、「武断政治」と呼ばれる強圧的な統治が行われ、憲兵を主体として治安の維持が図られた。その結果、平穏とは言えないまでも、大規模な暴動が発生したり、武力抵抗が頻発するような事態ではなくなった。この頃の二個師団増設が対露戦備の充実を第一の論拠としていたのは、このような朝鮮の治安状況があったからである。そして、その二個師団編成の途上に、一九一九年三月、三・一独立運動が発生したのであった。

このとき長谷川好道(元帥)朝鮮総督は、「朝鮮将来の統治上悪影響を及さしめざる為」軍隊の使用を京城周辺の騒擾区域だけにとどめようとしたが、独立運動が朝鮮各地に広がる様相を見せたので、これを未然に防ぐことを朝鮮軍に指示した。[40] これを受けて宇都宮太郎(中将)朝鮮軍司令官は、一時的に分散配置をとることに決し、城津、北青、元山、春川、公州、安東、忠州、裡里、松灯里、晋州などにそれぞれ一個中隊を分駐させた。その際、宇都宮は、暴動に加わっている群衆は一時の思い違いか、あるいは煽動や脅迫によって付和雷同しているに過ぎないので、「騒擾を鎮圧するに当りては成るへく穏和的手段に依り武器使用の如きは絶対に之を制限し真に止むを得さる場合に限らさるへからす」と訓示した。[41]

しかしながら、独立運動の広がりを抑えることはできず、鎮圧する側も抵抗する側も、しばしば激しい手段に訴えた。当初、武器使用の制限を訓示した宇都宮軍司令官は、ひと月も経たないうちに態度をほぼ一八〇度転換させ、「此際軍隊の行動慎重に過ぐるときは彼等暴民をして却て増長せしむるやの虞あり」とし、命令をきかずに抵抗する場合は「軍隊は断然所用の弾圧手段を用ひ彼等をして畏服屏息せしむる」べきであると指示するに至った。[42] 独立運動の広がりに対処するため、陸軍は本国から歩兵六個大隊、憲兵および補助憲兵約四〇〇人を朝鮮に派遣した。

朝鮮憲兵隊の調査によれば、同年三月と四月、独立運動の「騒擾」が発生した場所は六一八ヵ所、回数は八四七回、官憲側の死者八人（憲兵六、その他の軍人〇、警察官二）、負傷者一五八人（憲兵九一、その他の軍人四、警察官六一、その他二）、「暴民」側の死者五五三人、負傷者一四〇九人、「普通民」の死者一人、負傷者二八人とされている。[43] 朝鮮人の犠牲者の数が過少であることは言うまでもないが、この数字からは、鎮圧にあたった主体は憲兵であったことが分かる。

三・一独立運動は国外の朝鮮独立運動に強い影響を与え、活性化させた。その中心となったのは、満洲吉林省の西部で住民の八〇パーセントを朝鮮人が占める間島地区である。[44] 日本のシベリア出兵により、沿海州の朝鮮人反日武装勢力も間島に集結し、間島は抗日独立運動の一大拠点となった。その武装勢力は豆満江あるいは鴨緑江を越えて朝鮮国境内に浸透し、国境守備隊や警察署、親日的な地方官吏を襲った。いわゆる「不逞鮮人」によるテロ活動である。朝鮮軍二個師団の高定員化が図られ、その増員分が主に国境守備隊に振り向けられたのは、このためであった。

こうしたなかで一九二〇年九月と一〇月、間島地区の琿春を馬賊が襲い、二回目のときは日本人居留民が殺害されるという事件が発生した。同年三月、沿海州ニコラエフスクで起きた日本人居留民大量殺害事件（尼港事件）の記憶がまだ生々しい時期であった。日本政府は、居留民保護と「不逞鮮人ノ禍根ヲ一掃スル為メ」、間島への出兵を決定した。[45]

派遣を命じられたのは第一九師団である。シベリア出兵から帰還中の第一四師団の一個旅団も第一九師団の指揮下に入れられたが、その任務は「不逞鮮人ニ対スル示威行動」とされ、[46] 戦闘に従事したのはもっぱら第一九師団であった。

第一九師団は、馬賊だけでなく、否むしろ馬賊よりも「不逞鮮人」の討伐に力を注いだ。討伐は一一月末までに実質的に終了したが、朝鮮人の集落を襲撃するなど、それが「禍根ヲ一掃」すべく徹底的に、苛烈なまでになされたことは疑いない。翌年二月に同師団がまとめた調査報告によれば、討伐による死者は朝鮮人五二二人、中国人九人であった[47]。おそらくこの数字は過少であろう。討伐の実質的終了後、第一九師団は逐次撤退を始め、一九二一年五月に撤退を完了した。

上述した間島出兵によって、間島地区の朝鮮独立運動が鎮静化すると、その運動の中心は奉天省西部の西間島(住民の一五パーセントが朝鮮人)に移った。西間島から鴨緑江を渡って浸透してくる「不逞鮮人」が増えたのである[48]。また前述したように、一九二四年、朝鮮を視察旅行した白川関東軍司令官は、この点の危険性を強調している。一九二四年、同年に平壌の商業会議所を中心として師団増設の陳情がなされたのは、この脅威のためであった。しかし、この頃の西間島を根拠地とする独立運動は、その規模も激しさもかつての間島のものほどではなくなった。朝鮮軍は、国境地帯での「不逞鮮人」の動きに警戒を緩めることはなかったが、危機感は若干和らいだと思われる。もちろん、朝鮮人一般の植民地統治に対する不満や反感が弱まったと判断していたわけではない。朝鮮軍のある幕僚は、次のような観察を述べている。「鮮人ノ民族的意識ハ年ト共ニ旺盛ニシテ、民族ノ解放、朝鮮独立ノ念願ハ文化ノ進歩ト共ニ益々熾烈ナリ。親日ト称シ排日ト称スルモ五十歩百歩ニシテ、各人ノ思想ヲ窮極スレハ畢竟ハ朝鮮民族ノ独立ナリ。其ノ鮮内ニ在ルト鮮外ニ在ルトヲ問ハス、思想ハ共通ニシテ機会アレハ帝国ノ羈絆ヲ脱センコトヲ焦慮シアルヤ確実ナリ[49]。」

こうした状況のなかで重視されたのが軍隊の存在そのものが持つ威圧効果であった。前述したように、一九二〇年代後半の師団増設要求には、この効果に対する期待が含まれていたように思われる。

一九二九年秋に開催された朝鮮博覧会に陸軍館と海軍館を設け、日本軍の軍備の威容を展示したことにも、そうしたねらいが含まれていたと見られよう[50]。

一方、一九二〇年代後半に入ると、中国情勢の危機的状況に対処するために、朝鮮軍が使用される例が目立ってくる。それは、中国における日本の権益を守るために、あるいは日本帝国の拡張のために、朝鮮軍が用いられたケースであった。一九二五年一二月、華北にあった奉天軍閥の将領、郭松齢が叛旗を翻して満洲に攻め込み、張作霖の命脈が尽きるかと思われたとき、内地から混成一個旅団が派遣されるとともに、朝鮮軍からも歩兵二個大隊、野砲兵二個中隊が送られ奉天に布陣した。ただし、このとき日本軍は戦闘に従事するまでには至らなかった。

一九二八年五月、蔣介石による北伐再開に対して日本が第二次山東出兵を実施し、日中両軍が済南で衝突したとき、政府は満洲から混成一個旅団を山東に増派するとともに、その補充として朝鮮軍から第四〇旅団を基幹とした混成旅団を満洲に派遣した。混成第四〇旅団は奉天等に駐屯した後、九月に朝鮮に引き揚げた。このとき朝鮮軍の第六飛行連隊にも派遣命令が下り、臨時編成の飛行一個中隊が臨時派遣飛行隊として済南に派遣され、五月から一〇月まで、主に偵察任務に就き、一一月に平壌に帰還した[51]。朝鮮軍では、いくつかの非常事態を想定して、師団レベル、混成旅団レベル、連隊以下のレベルという三種類の出兵計画を作成していたと言われているが[52]、それはこうした満洲等への派遣の経験に基づいていたと考えることができる。

さらに、そのような出兵計画には、陸軍中央からの命令に迅速に対応するというねらいだけでなく、朝鮮軍自体の思惑も絡んでいた。この頃、満洲でのいわゆる排日行為の高まりに伴い、後の万宝山事件に代表されるように、当時の日本臣民たる朝鮮人も被害を受けるケースが増え、朝鮮軍としてはこれに対処するための出兵構想を持つようになっていたのである。一九二七年末、朝鮮軍司令官金谷範三中将は、「支那官民ノ在満鮮人圧迫ニ就テハ帝国ハ正々堂々強硬ニ抗議シ已ムヲ得サレハ威力ニ訴ヘテ速ニ之ヲ解決スルヲ要ス」と意見具申し、(53)それに加えて、「多年誤レル文化政治ニ狎レ悪思想ニ化セラレツツアル鮮人ニ対シ此ノ際断然権威アル政治ヲ行フノ支持タラシムル為有形無形上朝鮮軍ノ権威ヲ増大スルノ必要ヲ認ム」と論じた。(54)出兵は、朝鮮軍の「権威」を示し、その威圧効果を発揮するためにも必要とされた。

一九三一年九月、満洲事変勃発の際に、朝鮮軍が見せた出兵への積極性には、以上のような背景があったのである。謀略によって事変を引き起こした関東軍幕僚と朝鮮軍幕僚との間に、事が起こった場合の連繫・協力について事前の合意があったことはよく知られている。軍司令官林銑十郎中将の独断越境は、そのために強行された。最初に派遣されたのは、混成第三九旅団と独立飛行二個中隊である。その後、独立飛行一個中隊と第二〇師団司令部、そして第一九師団から混成第三八旅団も派遣された。派遣部隊は、関東軍を援護すべく満洲南部の警備と「匪賊」の掃討に従事し、チチハル近辺の戦闘にも参加した。暴動にまぎれて廃帝溥儀が天津から連れ出された後、一部の部隊が天津に送られている。その後、錦州攻略に参加し、一九三二年五月、朝鮮に帰還した。第二〇師団の戦死傷者は五七人とされている。(55)混成第三八旅団は、その後、北満で「匪賊討伐」に従事し、同年一〇月に帰還した。

実は、満洲事変に際して朝鮮軍が望んでいたのは、間島への出兵であった。謀略に関して関東軍幕僚と連繫していた朝鮮軍の幕僚によれば、「鮮内鮮人の不平の安全弁を与へる意味で、間島を朝鮮に編入すること」を満洲事変と並行して実現したいと考えていたという[56]。林軍司令官は、「間島ハ民族ノ声トシテ朝鮮ニ併合ヲ希望セシメ、全然之ヲ朝鮮ノ一地方ト化セシメ」ることを第一目標としていた[57]。

しかしながら、事変勃発当初、間島出兵は、政府と軍中央によって抑えられた。謀略によって間島で暴動を起こし出兵を引き出そうとする構想もあったが、実行には至らなかった。林軍司令官は次第に慎重になり、血気に逸る第一九師団の動きにブレーキを掛けた。一九三二年四月、居留民への危険が迫ったとして、ようやく間島への出兵が実行されるが、それは中国軍による攻撃から朝鮮人・日本人を守るための出兵であり、間島を朝鮮に編入あるいは併合することを目的とするものではなかった。間島には第一九師団から歩兵第七五連隊本部と歩兵二個大隊、慶源守備隊を基幹とする間島臨時派遣隊が派遣され、主に居留民保護、「匪賊討伐」にあたったが、村落を攻撃したり民家を爆破するなど「鮮人ニ対スル態度慎重ナラザルモノ」もあったようである[58]。同派遣隊は約一年後の一九三三年六月に原隊に復帰した。

一九三二年の間島出兵は、一九二〇年の間島出兵とやや性格が異なる。後者は「不逞鮮人」討伐のためであったが、前者は居留民つまり居住朝鮮人と日本人の保護のためであった。ただし、一九三二年のときにも、一部には、間島を併合あるいは編入することによって直接コントロール下に置き、朝鮮独立運動を根絶するという思惑があったことは疑いない。さらに、併合や編入を目標としたことには、帝国の拡大という動機も潜んでいたと見るべきであろう。これに加えて、間島出兵には対ソ作戦上の思惑も絡んでいた。満洲事変が始まった二ヵ月後の一九三一年一一月、陸軍中央は、対ソ作戦計画の一環として、第一九師団に間島・琿春地区を領有させ、対ウスリー作戦を容易にする、という構想を示していた[59]。

この点で注目されるのは、間島出兵の過程で歩兵二個中隊を基幹として編成された琿春派遣隊である。これによって、琿春地区の防衛は朝鮮軍が担当することになったが、当初、「匪賊討伐」に重点を置いていた同派遣隊は、やがて対ソ作戦上の役割を重視してゆく。その背景には、満洲事変によって日本の軍事的脅威を痛切に感じたソ連が、極東地域での軍備強化に乗り出し、そのために戦力面での日本の対ソ劣勢がますます大きくなってゆくという事情があった。満洲事変後の対ソ作戦計画は、東正面で沿海州のソ連軍を撃破した後、西正面に対して兵力を集中し主作戦を実施する、というものであったが、その沿海州でのソ連の軍備強化がきわめて著しかったのである。こうして、琿春は対ソ作戦上の重要拠点となった。前述したように、一九三八年に朝鮮軍が鴨緑江・豆満江の国境守備隊の大部分を琿春に移駐させ始めたのは、このためであった。

そこに、同年七月、豆満江下流の山岳地域で国境線をめぐり日ソ両軍が衝突する事件が発生した。張鼓峰事件である。その頃、支那事変(日中戦争)の泥沼にはまり込んでいた陸軍中央は、この事件の処理にあたり、ソ連が支那事変に軍事干渉をするつもりのないことの確証を得るために、ソ連軍に一撃を与えようとした。いわゆる威力偵察である。このため、対ソ攻撃に使用される兵力は第一九師団だけに限定され、飛行機や戦車は使用せず、火砲も師団現有のものだけとされた。また、迂回包囲や追撃といった戦術上の必要があっても、国境線を越えてはならないという厳重な制限が加えられた。

その結果、第一九師団は近代的装備を有するソ連軍との激戦で甚大な被害を出した。投入した兵力約七〇〇〇、死傷者は約一五〇〇(うち戦死五〇〇強)、死傷率二一・三パーセントという数字がその戦いの実相を物語っている。(60)

張鼓峰事件の後、朝鮮軍は琿春での居留民保護の任務を解かれ、今度は関東軍が豆満江下流地域の対ソ防衛を担当し、朝鮮領内の国境地帯に部隊を置くことが許されるようになった。満洲事変後、ようやく治安維持の任務を軽減された朝鮮軍は、本来の対ソ防衛の任務を果たそうとしながら、それに充分貢献することができなかったのである。

なお、一九三七年七月に支那事変が勃発したとき、第二〇師団はすぐ華北に派遣され、二年半に亘って中国戦場で戦い、一九四〇年初頭に復員した。その後、大東亜戦争の末期、一九四四年三月に再び動員され、フィリピンのミンダナオ島で戦い、一部はレイテ島で米軍と戦った。第一九師団は同年一一月に動員されてフィリピンに送られ、ルソン島で戦った。

3 朝鮮人志願兵制と徴兵制

日本の植民地軍には、欧米の植民地軍と基本的に異なる点がある。それは日本軍が、かなり遅い時期まで、植民地人を将兵として採用しなかったことである。(61) この点は、他のアジア植民地、たとえば、イギリスのインド兵(英印軍)、フランスのヴェトナム兵(仏印軍)などと際立った対照をなしており、植民地統治のあり方とも深い関係があるように思われる。

ただし、朝鮮軍が最初からまったく朝鮮人を含んでいなかったわけではない。一九〇七年に韓国軍(約七七〇〇人)が解散させられたとき、将校の大多数は免官となったが、約一〇〇人が残り、そのうち半数近くが一九〇九年、韓国政府の軍部廃止と同時に予備役または休職となった。残った数十名の将校は、併合後、日本軍の将校に準じた待遇を受け、一九二〇年に正規の日本軍将校となり、日本軍と同じ階級名を付与された。[62]朝鮮軍に属する朝鮮人将校は、一九二五年現在で、わずか三〇人ほど(後述する朝鮮歩兵隊の将校を含む)であった。

このような朝鮮人将校の一部は、朝鮮(駐箚)軍司令部付あるいは憲兵隊司令部付や、朝鮮の王公付武官に任じられた。日本の陸軍士官学校(陸士)出身で韓国軍将校となり、併合後、李垠公付武官、李王付武官を務めた魚潭(のち中将)がその代表である。

また、李王家と王宮の警護のために、併合後に朝鮮人のみによって朝鮮歩兵隊と朝鮮騎兵隊が編成されていたが、その指揮官も旧韓国軍将校であった。一九一三年、歩兵隊は半分となり、騎兵隊は廃止された。[63]残った朝鮮歩兵隊は本部と二個中隊、人員合計三〇〇人強(うち将校四〇人強)だけであった。[64]その後、財政難等を理由として人員を削減され、一九二二年には合計約二〇〇人となり、一九三〇年に廃止された。除隊者の多くは警察官、官吏、学校職員等になったとされている。[65]

なお、前述したとおり、憲兵隊では併合前から、補助員として韓国人が雇用されていた。当初、約四〇〇〇人を採用したとき、その二〇パーセントが解散した韓国軍の兵士であった。補助員制度には、旧韓国軍兵士対策という意味もあったわけである。[66]憲兵補助員は一九一九年に憲兵補と改称され、陸軍の平時編制定員の中に加えられた。一九二〇年代に入り、憲兵補はわずか五〇人強にすぎなかった

が、志願者は募集者の数十倍に達し、その三分の一は中等学校卒業程度の学力を有していたという。(67)

一方、旧韓国軍に属し、日本軍の将校に転じた別のケースもある。洪思翊(のち中将)は、韓国武官学校を中退して、併合前に日本の中央幼年学校予科に編入され、併合後に中央幼年学校を経て陸士に入校した。陸士卒業後、陸軍大学校も卒業して、日本陸軍のエリートとしての道を歩んだ。彼はきわめて例外的な事例に属するが、朝鮮軍に配属されることはなかった。

それ以外に、併合後の朝鮮人青年が日本陸軍将校になる道もないわけではなかった。だが、しばらくの間、その道を歩む可能性はゼロに等しかった。法規上、問題はなかったのだが、陸軍の将校養成学校(幼年学校、士官学校予科)に朝鮮人と台湾人の入校を認めるという決定が出されたのは一九二四年であり、応募者を受け付けたのは一九二五年からである。そしてその後、陸士予科についてみると、一九二八年までの各年、朝鮮人の応募者はそれぞれ一人、一一人、一二人であったが、一般採用率(採用者数を応募者数で除した比率。採用者一人あたりの応募者数は一九二六年以降それぞれ二九人、三四人、二二人)に満たなかったため、結果的に一人も採用されなかった。(68)

陸軍の当局者によれば、将校生徒(士官候補生)の採用について日本人と朝鮮人との間には本来差別を設けるべきでないのに、それを一九二四年まで決定できなかったのは、部内に「異論者」がいたからだという。(69)ここで注目すべきは、一九二〇年代半ばになって、そうした「異論」を抑えて、差別を設けるべきではないとの見解が強くなっていたことである。これは同じ頃、朝鮮人の徴兵制や志願兵制が議論され出したことと何らかの関係があるのかもしれない。

早くも一九一八年、先に紹介した全州の有志が一個旅団の常駐を陳情したとき、その請願は当局が朝鮮人の徴兵を決定したという、誤った情報に基づいていた。それは、地元の徴兵で編成した旅団を駐屯させてほしいという要望だったのである。[70]また翌年、朝鮮軍は、三・一独立運動の反省を踏まえて、治安維持のための独立守備隊の編成を提案し、さらにその中に朝鮮人部隊をつくることを提起したが、それは将来の徴兵令施行の準備にもなると説明された。[71]

一九二六年、陸軍で兵役法の審議が進められたが、その際、これを植民地にも適用するかどうかが問題となった。このとき朝鮮軍は、兵役法の採用をにらんで朝鮮歩兵隊の戦闘訓練を行いたいと、次のように陸軍中央に具申した。朝鮮人を兵役に服させ「規律節制アル国民的訓練」を施すことは、統治上の見地から適当と思われるが、直ちに兵役法の全部を朝鮮人にそのまま適用するのは不可能だろうから、それに準じた志願者採用制度を導入することを考慮し、その前提として、朝鮮人が軍人としていかなる素質を持っているかなど、兵役法適用の可否を判断するために、朝鮮歩兵隊に日本軍と同等の実戦的訓練を施して、その判断の材料を得るべきではないか、と。[72]

だが、このとき陸軍中央は兵役法の植民地に対する適用を時期尚早として退けた。陸軍省徴募課は、法制や民情、風俗習慣などの面で内地と植民地との間にある大きな相違を考えると、兵役義務を一般的に強制するのは「甚タシク先走リノ感アリ」と結論づけたが、その中で注目されるのは、この問題を次のように植民地人への参政権あるいは自治権の付与と関連づけていたことである。「兵役義務ノ重大性ニ鑑ミレハ之ヲ課スヘキ道程トシテハ朝鮮台湾人ニモ参政権ヲ与ヘ其ノ民意ヲ代表スヘキ者ヲ議政壇上ニ送リ得ル状態ト為リタル暁ニ於テ兵役義務ヲ課スル如ク立法スルコトハ最モ穏健且合理的方法ナリトス」。もちろん、時期尚早の理由はこれだけに限らなかった。そのほか、国防上考慮すべき問題として、植民地人と内地人との間には、国家・天皇に対する忠誠に差があること、戦闘組織の構成分子として植民地人にはまだ見劣りがすること、第一次世界大戦でドイツ軍は新領土のアルザス・ロレーヌで徴募した部隊の戦線から崩壊し、オーストリア軍は多民族から構成されていたがゆえに戦闘力がきわめて劣弱であったこと、欧米諸国ですらアジアの領土の現地人に兵役義務を強制してはいないこと、などの諸点が挙げられている。そして、植民地人に兵役義務を課すことは時期尚早としながらも、「熱烈忠誠ナル志願者」を採用することは原則的に問題ないとし、「現在ニ於テモ志願兵員ノ種類ニ応シ一部其ノ途ヲ啓キ将来ニ於テモ軍ノ成立ニ危害ヲ及ホササル程度ニ於テ漸ヲ以テ適当ニ其ノ志ヲ伸ヘシムル如クスルノ考慮ヲ有ス」と徴募課は論じた。陸軍大臣(宇垣一成)も、兵役法案審議のために設置された審議会の席で、同じ主旨の主張を展開している(73)。

その後、朝鮮軍では一九三二年以来、朝鮮人の兵役問題を検討していたとされているが、具体的な動きが出るのは一九三七年に入ってからである。同年六月、陸軍中央から同問題について意見を求められた朝鮮軍は、将来の兵役法の完全実施(徴兵制適用)を数十年後に想定し、それに至る過渡的措置として志願兵制度の採用を提案した(74)。この提案では、志願兵制度に期待される効果として、朝鮮人に対して「内鮮一如無差別的待遇」を示し、国土防衛の責務分担によって「祖国愛」を昂揚させ、除隊後に郷党の中堅的存在となる兵士を通じて朝鮮人青壮年に望ましい影響を与えることができる、といった点が指摘されている。朝鮮人志願兵を日本人兵士とともに戦闘部隊に混入した場合の問題については、それまでの朝鮮人警察官や憲兵補助員(憲兵補)が「匪賊討伐」で示した実績に照らし、戦闘力が低下するとは考えられないとされた。また、同一部隊内での朝鮮人と日本人との感情の疎隔についても、在朝鮮部隊の日本人将兵は日常的に朝鮮人に接して彼らの生活をよく知っており、朝鮮人も最近は「献身的奉公ノ至誠」を発揮しているので、指導監督に宜しきを得れば、軍が「内鮮融和」の模範となることもできる、と判断された。反対に、朝鮮人志願兵だけの部隊を編成することは、「内鮮一如」の原則に背馳し、志願兵制度創設の効果の大半を失わせてしまう、と論じられている。なお、徴兵制の適用を見据えて志願兵制度を導入する条件として、朝鮮軍は朝鮮総督府に教育の刷新を申し入れた。つまり、小学校を整備して朝鮮人児童の完全就学を目指すこと、教育の内容として「国体ノ透徹セル理解ト旺盛ナル国家的意識ノ涵養」を図ること、志願兵訓練所を設置して現役将校・下士官による約六ヵ月の予備教育を行うこと、が求められた。

以上のような提案にまとまるまでには、いくつかの異論もあったようである。たとえば、前年に総督に就任した南次郎(予備役陸軍大将)は志願兵制度の導入にきわめて積極的であったが[75]、これに対して、朝鮮軍司令官の小磯国昭(中将)は消極的であった。小磯によれば、軍としては人的資源に困っているわけではないし、朝鮮人の教育程度や日本人との差別などの面で、たとえ志願兵制度であっても、まだその前提条件が整っていないと判断された。彼は、参政権の付与のほうが先決であると考えていたという[76]。一方、朝鮮軍司令部の当初の意見では、志願兵制度のねらいは、あくまで日本との一体化を目指す「半島民心ノ善導」と、日本の対外作戦を実施するうえでの大兵站基地たる「朝鮮ノ防衛」にあり、単なる人的資源の補足とか朝鮮人の「平等権獲得熱」に迎合するような「浅薄ナル御都合主義」に堕してはならない、と論じられている[77]。

結局、一九三七年一二月、支那事変が始まって約半年経った頃、閣議は以下の四項目を決定し、朝鮮人志願兵制度の導入が確定した。

①朝鮮ノ学校教育ヲ刷新シ…皇国臣民タルノ自覚ト資質トヲ強化向上セシム

②朝鮮人志願兵制度ヲ採用シ内鮮一体ノ国防ニ寄与セシム

（但シ之カ為朝鮮人ノ参政権ヲ拡張スルノ意志ヲ有セス）

③神社崇敬ノ念ヲ涵養シテ我カ国体観念ヲ明徴ナラシメ…国語ヲ普及シテ思想ノ善導ヲ図ル…

④半島在住ノ内地人ノ増加定着ヲ図リ…内鮮ノ融合ヲ強化スル…[78]

この閣議決定を見れば、志願兵制度を含む兵役問題が、単なる軍事的施策というだけでなく、朝鮮統治全体に関わる意味を持っていたことが分かる。志願兵制度の実施は、朝鮮人の参政権付与を伴わないことや、「朝鮮ノ日本化」「内鮮融和」を進め、教育の刷新、日本語の普及を図ることとワンセットのものとされたのである。

朝鮮の志願兵制度は、一九三八年二月に公布された陸軍特別志願兵令に基づき、同年から実施された。[79]志願兵の資格は、年齢一七歳以上で、六年制の小学校卒業もしくはそれと同等程度以上の学力を有し、「思想堅固」かつ強健であり、軍隊に入っても一家の生計に支障のない者とされた。また、採用後、朝鮮総督府陸軍志願者訓練所で六ヵ月の訓練を経た後（一九四〇年度から四ヵ月に短縮）、部隊に入営することになった。

募集数と応募者数は、一九三八年度四〇〇人に対して約二九〇〇人、一九三九年度六〇〇人に対して約一万二三〇〇人、一九四〇年度三〇〇〇人に対して約八万四四〇〇人、一九四一年度三〇〇〇人に対して約一四万四七〇〇人、一九四二年度四五〇〇人に対して約二五万四三〇〇人、一九四三年度五三三〇人に対して約三〇万三四〇〇人であった。[80]倍率は当初の約七・五倍から一九四三年度の五〇倍以上に高まっている。小磯朝鮮軍司令官によれば、自発的に志願した者は少なく、総督府の指示のもと各道が競い合い警察官を使って勧誘した結果だという。[81]時流に迎合した者もあったようである。[82]だが、上からの強い勧誘だけでこれほどの応募者数の増大を説明することはできない。志願者に対する優遇措置が果たした役割も大きかっただろうし、また憲兵補の応募倍率が高かったのと同様、朝鮮人青少年が軍人のキャリアに何らかの魅力を感じたことも軽視できない。

一九三九年、二回目の募集を終了した時点での点検では、「一般ノ成績ハ概ネ良好」としながらも、「中流以下ノ生活ヲ営ム家庭ノ者」が多く、学力も尋常小学校卒業程度の者が大部分を占めていることに注意を喚起している。除隊後、志願兵が郷党の「中堅」となって「内鮮融和」のために貢献することに対する期待が大きかった朝鮮軍としては、この点は物足りないところであった。[83]一方、朝鮮人の側では、軍人のキャリアに対する魅力は、「中流以下」の青年の間で特に強かったのである。

なお、訓練所での訓練を経た後、志願兵が入営するのは一九四〇年度までは朝鮮軍の部隊であったが、翌一九四一年度以後は、朝鮮軍以外の部隊にも配属されるようになった。兵種は当初、歩兵、高射砲兵、輜重兵・特務兵だけだったが、一九四一年度から野砲兵、山砲兵が加わり、一九四二年度には騎兵、野戦重砲兵、工兵、一九四三年度には防空兵も加わって、ほぼ全兵種に開放された。また、朝鮮人への徴兵制適用が確定した一九四三年には、高等専門学校・大学在学中の朝鮮人徴兵適齢者に対し、志願すれば訓練所課程を免除して入営を認め、幹部候補生への道を開く臨時特別志願兵の制度が実施された。同年度には約三〇〇〇人が採用された[84]。

ところで、ここで注目されるのは、一九三九年度まで、志願兵の募集数がそれほど多くはなかったことである。これにはいくつかの理由が考えられる。たとえば、一定数の応募者を確保することについての不安があったので、募集数を低く抑えたという考慮があったかもしれない。また、そもそも朝鮮人の軍事能力に対する期待があまり高くなかったということもあり得よう。さらに、小磯が回想しているように、当初は、人的資源の不足を朝鮮人志願兵によって補おうという発想がそれほど強くなかったからではないかとも思われる。この点からすれば、志願兵制度導入のそもそもの主たるねらいは、「内鮮一如」の実体化や、除隊者を朝鮮社会の「中堅」として育成することにあったと言えよう。

しかしながら、支那事変の長期化に伴い、日本陸軍は人的資源の不足を痛感し、その補完策の一つとして朝鮮人志願兵に着目するようになる。一九四〇年度から募集者数が六〇〇人から三〇〇〇人と五倍に増えるのはそのためであろう。こうして志願兵制度の目的は転換してゆく。

これと並行して、現実性を帯びてくるのが朝鮮への徴兵制導入であった。前述したように、そもそも志願兵制度は将来の徴兵制導入を見据え、そのための過渡的措置として実施されたが、そのときは、徴兵制は数十年後に実現されるものと見なされていた。ところが、支那事変の長期化により、そんな悠長なことは言っていられなくなったのである。そして、志願兵への期待を上回る応募者数の大きさは、徴兵制の実現可能性を高める方向に作用した。

既に一九三八年末、朝鮮軍は、二三〇〇万人に及ぶ朝鮮人の人的資源を軍事的に利用することを提案している。支那事変のための動員によって日本軍の組成と壮丁数とが調和を失いつつあるので、もはや朝鮮人兵役問題の可否を議論すべきときではなく、一気に兵役法を制定して軍の需要を充たすべきである、と朝鮮軍は主張した。その際、特に重視されたのは日本語の理解能力である。男子の適齢者(約二〇万人)の二〇パーセントは日本語を解するだろうから、合格率を六〇パーセントとすると、二万四〇〇〇人を徴集することができると計算された。[85] 朝鮮軍は、兵役法制定に時間がかかるならば、現行の志願兵制度を拡大すべきであると論じており、前述した志願兵募集数の増加はこうした要望にも基づいていたのであろう。

なお、徴兵制導入の理由について、朝鮮軍は上記のほかに、以下のような興味深い論理も用いている。朝鮮人は「今ヤ文化逐次向上シ見識アリ活動力アル人物続生シツツ」あるが、彼らが朝鮮内の諸機関にのみ「深ク進入膠着スル」ようになると、朝鮮の統治や防衛上「寒心スヘキ状態ニ陥ル」危険性がある。したがって、「国外雄飛ノ要ヲ注入シ内地人ト共ニ東亜大陸ニ活歩セシムル如ク施策」することが重要であり、「之カ為ニハ速ニ徴兵ヲ布キ大ナル活力ヲ与ヘ国軍ト共ニ大陸経営ニ邁進セシムルヲ要ス」と。[86] この文脈からすれば、朝鮮軍の徴兵制の主張には、国内に閉じ込めておくと問題を起こしかねない朝鮮人のエネルギーを国外に向けて発散させる、という意味も込められていたと言えるのかもしれない。

このとき朝鮮軍は徴兵問題を慎重に取り扱い、絶対極秘とした。そして、この問題は大東亜戦争の開戦後まで動きを見せなかったのである。一九四二年五月、閣議は朝鮮への徴兵制施行を決定したが、朝鮮総督府にとってそれは意外であったという。[87] また、当時、陸軍省で兵役問題を担当していた軍人の回想によれば、朝鮮の徴兵制施行は挙国一致を強化する政治的意味が強かったとされている。[88]
徴兵検査は一九四四年度と一九四五年度の二回実施された。徴集された朝鮮人兵士は大部分が朝鮮の部隊に配属されたが、日本、満洲、中国などの部隊に配属された者もあった。入営した朝鮮人兵士は、日本語を解さない者も少なくなく、兵営生活に慣れないため、逃亡する者もあったという。[89]

戦後の調査では約二一万人の朝鮮人が陸海軍人として動員され、そのうち六四〇〇人ほどが死亡した。[90] 日本本国の動員率に比べれば相対的に低いとはいえ、絶対数としては小さくない数字である。先に紹介した一九三八年末の朝鮮軍の計算よりもかなり大きな徴集数となっている。日本語を解さない者が少なくなかったのも、けだし当然であった。

日本は植民地人を志願兵として採用する点では列国よりも遅かった。けれども、植民地に徴兵制を実施した点では稀有の例でもあった。志願兵制度導入は、当初から徴兵制への過渡的措置とされたが、そこには、軍事的に人的資源を補完するというねらいよりも、むしろ「内鮮一如」を目指すという植民地統治上のねらいが込められた。しかし、大東亜戦争開戦後に予定よりも早く徴兵制が実施されたとき、当面のねらいは軍の人的資源の補完に置かれていたのである。

むすび

朝鮮駐屯日本軍は、対露戦に備える対外防衛の役割と、「反乱分子」を討伐する治安維持の役割を付与されて出発した。併合後の二個師団増設要求を見ると、当時は前者が主で、後者が従と位置づけられていたと考えられる。しかし、実際には一九三〇年代後半に至るまで、朝鮮軍の行動の重点は治安維持に置かれた。対ソ防衛が本格的に考えられるようになるのは一九三〇年代に入ってからである。ソ連の誕生間もない一九二〇年代には北方の脅威が大幅に軽減していたので、このことが治安維持に専念する余裕を生んだとも言えるかもしれない。郭松齢事件、済南事件、満洲事変、支那事変での中国や満洲への派遣は、帝国拡張の先兵としての役割を果たしたものと言えようが、朝鮮軍がつねにそのための軍事力として計画・準備・訓練されていたわけではない。むしろ地理的に近かったがゆえに、応急的に派兵されたという側面が大きい。イギリスのインド軍が遠く離れた中国やアフリカに派遣されたようなケースとは、明らかに異なっている。

植民地軍が植民地の治安維持を重点とするのは、実はどの植民地でも同じである。「反乱分子」を暴力的に弾圧し鎮圧するために駐屯軍を使うのも、日本の朝鮮支配に限ったことではない。鎮圧する側と抵抗する側との間に、しばしば暴力と憎悪の増幅作用が展開されるのも、同様である。ただ、治安維持に割いた兵力や期間が当初のもくろみより大きかったとすれば、それだけ植民地支配への抵抗が強かったとは言えるだろう。この点で朝鮮の場合は、間島の「不逞鮮人」討伐に朝鮮軍が大きな関心と労力を振り向けたことが、あらためて注目されよう。

もうひとつ注目されるのは、「不逞鮮人」討伐に苦労しながら、朝鮮軍がそれに対処する有効な方法を開発しようとはしなかったことである。今日的な用語を使えば、counter-insurgency operationsのドクトリンを、朝鮮軍は持たなかった。[91] 鎮圧行動がときとして苛烈となったのは、こうしたところにも原因があったと言えるだろう。

最後に、日本による朝鮮統治の理念と駐屯軍との関連性に目を向けなければならない。この点が浮き彫りになるのは、志願兵制や徴兵制の採用をめぐって、「内鮮一如」という統治理念との関係が議論されたときであった。志願兵制や徴兵制はこれまで、朝鮮人に対する強制や人的資源の収奪という側面ばかり強調されてきたが、日本が植民地支配に関して掲げた理念の具体化の試みとして、あるいはその理念と実態との乖離の実例として、新たな視点から再検討する必要がありそうである。

第6章　帝国在郷軍人会と政治

はじめに

戦前日本の帝国在郷軍人会（以下、適宜、在郷軍人会という）は、従来、「軍国主義」を支えた社会的基盤という見地から注目されてきた。たしかにその本来の使命や機能からすれば、在郷軍人会が、徴兵制を通じた軍による「地方社会」指導・教化のための強力な装置であったことは疑いない。そしてこの点に関しては、既に少なからぬ研究の蓄積がある(1)。

実態があまりよく分からないのは、在郷軍人会の現実政治との関わりである。在郷軍人会は約三〇〇万人の会員を擁すると称し、その規模だけからしても、政治的に無視できない社会集団であった。しかも、陸海軍大臣の監督を受けていた在郷軍人会は、軍が政治的影響力を行使する際の重要な武器ともなり得た。では実際に在郷軍人会は政治にどのように関わり、いかなる影響を与えたのか。

有力な社会集団としての在郷軍人会が戦間期の日本政治にどのように関わったのかを考察するため、ここでは、その具体例として、一九二三年に浮上した兵役終了者に対する選挙権付与の要求と、一九三五年に全国で展開された国体明徴運動での活動を取り上げたい。前者はいわゆる大正デモクラシー的状況を背景として、在郷軍人会員のなかから自然発生的に出てきた要求であった。それが在郷軍人会の組織のなかでどのように取り扱われたかの解明を通じて、政治との関わりが分析されよう。後者の国体明徴運動は天皇機関説排撃を掲げ当時の政治状況を大きく揺るがしたものであったが、そのなかで在郷軍人会はいかなる政治的活動を展開したのか。それは軍中央が政治に圧力をかける道具であったのか。それとも、軍中央のコントロールから逸脱しかねない自立的エネルギーを持っていたのか。こうした点が分析のポイントになろう。

以下、まず第1節では、組織としての在郷軍人会の特徴を概観する。そこでは在郷軍人会の目的、事業、組織、制度、規模、成員等を整理し、政治との関わりを考察するための準備作業を行う。第2節では兵役終了者への選挙権付与要求を、第3節では国体明徴運動での活動を考察する。最後に、むすびでは、これら二つの事例から、政治をめぐる在郷軍人会と軍との関係の実態をとらえてみたい。

1　在郷軍人会の概要

皇族を総裁に戴く帝国在郷軍人会が創設されたのは一九一〇(明治四三)年である。それはまったくのゼロからの出発ではなく、既に各地に存在していた退役軍人の団体をいったん解散して、全国的に統合したものであった。

そもそも退役軍人の団体は明治二〇年代、各地に自然発生的に結成された。会員の親睦や武芸教練の稽古がその目的であった。日清戦争後、陸軍は在郷軍人の重要性を認め、あらためて在郷軍人団体の結成を奨励した。実施すべき事業とされたのは、入営者の予備教育、入退営者の送迎、簡閲点呼の予行演習、軍隊の慰労、戦死者の弔祭、遺族に対する救護などである。全国各地の在郷軍人団体数は日露戦争後の一九〇六年に四〇〇〇を上回り、帝国在郷軍人会が発足する直前には一万一〇〇〇を超えた。(2)

各地の在郷軍人団体を全国的に統合し軍中央が一律に指導監督する必要性は、かなり前から認識されていたようだが、その実現を強く促したのは日露戦争の経験であった。大量の戦時動員を可能にするために、平時からの予備戦力の充実が要請されたのである。さらに、日露戦後に国民風潮が「頽廃」しつつあると見られたとき、在郷軍人を「地方良民の模範」(3)とし、そうした社会風潮の「悪化」に対処しようとするねらいもあった。

帝国在郷軍人会の事業は、昭和初期の規約によれば、以上のようなものとされている。①勅諭の奉読式・三大節の遙拝式を行う、②軍人精神の鍛練、演練・体育を行う、③創立記念日(一一月三日)の式典を行う、④戦役を記念し戦死者の祭祀を助け遺族や戦傷・戦病兵を優遇する、⑤応召準備を整え召集事務を支援し徴兵検査・簡閲点呼の際の指導に協力する、⑥入営者の事前軍事教育を行い入退営者を送迎する、⑦青年訓練所の訓練を助け青年団員・少年団員の指導に協力する、⑧「風教の改善に協力し、社会公益事業を幇助し」、非常時における救護事業を援助する、⑨会員の親睦を図り、「社会の融和協調の美を助成し」、相互扶助の道を講じる、⑩会員とその家族および現役兵の家族を扶助し、遺族を慰藉する、⑪精神修養、軍事知識や一般知識の増進等のため講演を行い、雑誌・図書等を発行する。(4)

注目されるのは、在郷軍人会が軍事的な事業だけでなく、非軍事的な事業も営んでいたことである。それは、在郷軍人を「地方良民の模範」に位置づけた論理に基づいていた。たとえば一九一六年、寺内正毅会長は、「本会員たるものは、努めて産業上の知識を涵養して、躬行率先他を誘導し、郷党の信頼を厚くし、以て農村の振興、地方の開発に貢献すべきなり」と訓示した。(5) 在郷軍人会本部が農業知識の普及や勤倹貯蓄を奨励したことに加えて、地方末端の組織では、災害時の救援、道路や潅漑の補修、公共労働奉仕(田植え、稲刈り等)などを実施した。(6) 在郷軍人会が非軍事的な事業をも営んでいたことは、列国の在郷軍人団体と異なる際立った特徴であった。(7)

会員の構成も諸外国の例には見られない特徴を持っている。その特徴を一言で言えば、軍隊勤務を終了した者だけが会員ではなかったことである。つまり、現役に適する者のうち徴集されなかった補充兵役にある者は、戦時に召集されない限り軍隊経験を持たなかったが、彼らにも在郷軍人会の会員資格があったのである。(8)

一九三一年四月現在の正会員数は約二六三万、うち陸軍が二五七万で海軍が六万であった。海軍出身者はわずか二・五パーセントであり、(9) 圧倒的割合を陸軍出身者が占めていた。陸軍出身者のうち、将校および準士官が五万、下士官が六万、既教育兵が一二二万、未入営兵が一二四万である。(10) 会員の半数近くが軍隊経験を持っていなかったのである。

組織に目を転じてみよう。海軍や外地の組織を除外して単純化すれば、まず、末端の単位として市町村に分会が置かれ、その上に郡または市(複数の分会を有する市の場合)あるいは区(区制を布く大都市の場合)ごとに連合分会が置かれた。連合分会の上位単位は連隊区ごとの支部であり、全体を統轄する機関として東京に本部が置かれた。その後、工場にもその規模によって分会や連合分会が設置されるようになり、一九二五年には支部の上に師管ごとに連合支部が置かれることになった。一九三六年段階で連合支部は一九、支部は八四、連合分会は八四一、分会は一万四一七四を数えた。[11]

注目されるのは一九二五年の規約改正で、決議機関としての評議会に代議制を導入したことである。これは当時の大正デモクラシー的状況を反映していた。[12] この規約改正によれば、連合支部長には師団司令部付少将、支部長には連隊区司令官が就き、本部、連合支部、支部の役員の一部にも特別会員と呼ばれる現役将校が就任した。これによって在郷軍人会に対する軍の指導を担保したわけだが、他方では代議制を導入して正会員すなわち在郷軍人の自覚と自治を引き出そうともしたのである。

たとえば本部評議員は原則として、各支部の評議会により同評議員と支部副長（いずれも正会員）から選挙で選ばれた。東京で毎年一回開かれる本部の評議会では、年度予算の審議や事業計画の立案などが行われ、在郷軍人会全体に関わる重要な案件が審議され決議された。やや意外なほど民主的な制度であった。

しかし、やがてこれには批判が加えられるようになる。「評議会偏重主義」が「主権在会員の思想」を生む懸念があり、また各単位の長の指導力を阻害している、と批判されたのである。[13] こうして一九三六年、勅令団体になったときの組織改革で、選挙制や支部以上の評議会は廃止されるに至った。

一九二五年すなわち兵役終了者に対する選挙権付与の要求が盛り上がった直後、評議会に代議制が導入され、一九三六年つまり国体明徴運動の翌年に評議会が廃止されているのは、在郷軍人会の政治との関わりの変化を象徴しているようである。

2 兵役終了者への選挙権付与要求

在郷軍人会は非政治的団体と規定された。創設後間もなく会長の寺内正毅は、「苟も本会を標榜して政治に干与し、若くは地方行政に容喙するが如きは、断じて許すべからざる事」であると訓示した。しかしながら、現役軍人でない限り、政治への関与を禁じられているわけではなかったし、なかには選挙権を有する在郷軍人もあったはずである。したがって、在郷軍人会員に一律に政治関与を禁じるのは国民の権利を剥奪するに等しいのではないか、との批判が早くからあった。[14]

こうした批判に対し、在郷軍人会は、会員個人の権利行使としての政治関与は許されるが、同会の団体としての勢力を利用して政治に関与することは許されない、との立場をとった。警戒されたのは、選挙の際に在郷軍人会が選挙運動に利用されることである。実際、地方の在郷軍人会の役員が選挙運動に絡んで疑惑を招く例は少なくなかった。在郷軍人会本部は、選挙のたびごとにそうした事件の防止を訴えた。[15]

だが、選挙権が拡大するにしたがって、在郷軍人の有権者数が増え、それゆえ特に分会や連合分会レベルで在郷軍人会が選挙運動の標的にされる可能性も高まった。他方、頻発する小作争議に在郷軍人が関わる例も少なくなかった。一九一八年の米騒動では、四五一人の在郷軍人が検挙された。[16] 在郷軍人会の機関誌『戦友』は、会員が小作争議の渦中に巻き込まれることのないよう訴えた。[17] 大正デモクラシー的状況のなかで、在郷軍人会と政治との接触面は広がりつつあったのである。兵役終了者への選挙権付与要求は、こうした背景のもとで突発する。

そもそも、兵役終了者に選挙権を与えるべきだとの主張はかなり前からあった。一九〇六年と〇七年には、その趣旨の法案が帝国議会に提出されたが、いずれも審議未了となった。その後一九一九年、野党国民党が議会に提出した選挙法改正案に兵役終了者への選挙権付与が含まれたが、この法案は否決された。

法案が実現しなかったため、次いで兵役終了者への選挙権付与を求める請願がなされた。一九二〇年、愛媛県人約一〇〇名が軍隊教育を受けた在郷軍人に選挙権を与えるよう請願したところ、衆議院はその趣旨を認め請願の採択を議決した。陸軍省はこれを受けて、他日衆議院議員選挙法を改正する際に内閣に審議を要求することとし、海軍省の了承を得て主務官庁の内務省との内交渉に入ったが、内務省は「軍隊教育ハ特殊ノ訓練ニシテ国民ノ選挙能力ヲ判定スヘキ適当ナル標準ト為スニ足ラス」とし、この請願は認められなかった[18]。

こうしたなかで、選挙権付与要求は在郷軍人会そのものを動かす運動として浮上してくる。最初の動きは神奈川県で発生した。一九二三年三月、同県小田原町で開かれた足柄下郡在郷軍人連合分会の会合で真鶴村分会長(後備伍長)が、在郷軍人への選挙権付与を主張し、これを主務大臣に請願しようと決議文案を読み上げて、一〇〇〇人を超える参加者に訴えた。しかし、この会合では請願運動は個人で行うべきものとされ、連合分会としての決議は見送られた。その後、主旨に賛同した有志が集まって会合を持ち、四月には「在郷軍人参政同盟」と称する団体を結成した。彼らは、全国の在郷軍人に訴えて各地に同種の団体を設立させ、地区ごとに選出衆議院議員に働きかけ、次の議会(第四七議会）前に全国代表者会議を開催して、議会に請願を行うとの計画を立てた。こうして参政同盟は、地元選出の森恪衆議院議員（政友会）に賛同を求め、政友会関東大会で決議するよう申し入れたが、受け容れられなかった。

五月に入り、小田原に本拠を置く参政同盟は宣言文を作成して印刷に付し、全国各地に郵送した。「宣言」は在郷軍人に選挙権を付与すべき理由を以下のように論じている。現行制度は納税負担の額によってのみ選挙権を認めているが、在営兵役という血税を払い、除隊後も演習召集など重い負担を負っている在郷軍人にとって、これは不公平である。兵役終了者は軍隊教育を通じて、選挙権を行使するに充分な訓練を受けている。穏健な思想を持つ在郷軍人が選挙権を行使すれば、混沌とした社会に「清涼剤」として大きな刺激を与え、議会の空気も「一新」させる効果がある。在郷軍人が平時にあって社会奉仕に範を示し地方自治振興の中堅として国力の充実に貢献するためにも、選挙権の行使は最善の手段である。在郷軍人への選挙権付与要求は「正義人道自由」を高唱する時代にあって、誰も否定できない「妥当ノ要望」であり、普通選挙の当否とは別個に実現させるべきものである[19]。

このような「宣言」に呼応して、もっとも積極的な動きを見せたのは京都である。六月下旬、上京連合分会の懇親会開催に際し、梅屋分会の副会長（後備上等兵）が宣言文を配布し参政同盟の結成を呼びかけた。その動きを警戒した京都連隊区司令部は、上京および下京の連合分会有力者を集めて「軽挙妄動」を戒めたが[20]、七月一日、二つの連合分会から三〇名ほどが集まって参政同盟の結成を申し合わせるに至った。このときの会合には、連隊区司令部から派遣された現役の大尉が立ち会い、無言の圧力を加えていたにもかかわらず、結成が決められたのである。その後、有志の間で数回会合が開かれ、名称を「京都在郷軍人選挙権促進会」として八月一日に発会式を開催すること、在郷軍人会本部や軍当局が反対しても組織結成を断念しないこと、発会式に地元代議士の出席を求めること、などが合意された。発会式は市公会堂で予定どおり開催された。参加したのは約一二〇〇人で、神奈川の参政同盟からも代表が駆け付けた。参政同盟のものとほぼ同文の「宣言」と決議が採択され、予備陸軍少将・細野辰雄の「時勢は在郷軍人の沈黙を許さず」と題する講演と、地元選出代議士三名の演説がなされた。同時に、在郷軍人会本部や軍当局に働きかけるため東京に派遣する委員が選出された。

京都に続いたのは神戸である。同市の印刷工組合長の元海軍一等水兵は、かねて小田原の参政同盟から支部設置を求められていたが、京都の促進会発会式に参加した後、参政同盟の「宣言」と細野少将の講演を印刷に付し運動を始めた。彼は数万枚のビラを印刷して市中に撒布し、八月中旬から下旬にかけて三回の演説会を催した。聴衆は八〇ないし一五〇人で、小田原の参政同盟、京都の選挙権促進会からの代表が演説し、三回目のときには細野少将や神戸選出の代議士も演壇に立った。京都、神戸のほかには熊本、長野でも参政同盟結成の動きがあったようである。

以上の動きは主として下士以下の在郷軍人を中心とした運動であったが、これとは別に在郷将校からも選挙権付与を求める声が上がった。たとえば、東京千駄ヶ谷分会長の後備一等主計正は「血税ヲ払ヒタル在郷軍人ニ参政権ヲ与フルハ普通選挙ニ先立チ焦眉ノ急ナリ」と主張し会員の賛同を得ていたという[21]。従来、軍人恩給の増額運動に従事してきた在郷将校団体の「軍人恩給研究会」が、下士以下の加入も認める「在郷軍人協会」に改編されると、参政権付与の要求が重要な課題として検討の対象となった。在郷軍人協会の京都支部発会にあたっては、下士以下の役員から参政同盟への合併が提起された。

やや異質なのは名古屋の場合であった。同市には数年前から九〇人ほどの会員を擁する在郷将校の「将校懇談会」という懇親団体があったが、六月中旬これを母体とし下士以下も会員として、「政党政派ヲ超越シ是々非々主義ノ下ニ行動スヘキ政治的色彩アル在郷将校ノ社交団体ヲ組織シ市民ノ中堅タルヲ期ス」[22]との主旨により、一〇月末に「北斗会」なる団体を発足させた。これには、在郷将校の有力者を県会議員選挙等で応援するという思惑が絡んでいたとも言われる。北斗会はその発足にあたり、在郷軍人への選挙権付与を決議した。このように、在郷軍人への選挙権付与は、下士以下だけでなく将校からの要求ともなっていたのである。

以上のような選挙権を求める地方の在郷軍人団体が東京の本部や軍当局にどのような働きかけを行ったのか、よくは分からない。ただし、本部や軍当局がこうした動きを注視していたことは疑いない。六月中旬、本部は全国の各支部長に通牒を送り、選挙権付与問題については本部でも研究中であるとしたうえで、在郷軍人が団体をつくって「軽挙運動」するようなことは将来に禍根を残し在郷軍人会設立の主旨にも悖る、と警告した[23]。七月初め、本部は、現役終了者への選挙権付与を求める請願を陸海軍大臣に提出する案をまとめた。請願という形式については、在郷軍人会が政治団体化しているのではないかという誤解を与えるおそれがあるので、在郷軍人会長から陸海軍大臣に上申する「意見」という形式に改められた[24]。

七月一〇日在郷軍人会長は「意見」を正式に陸海軍大臣に上申し、八月に入り、陸海軍大臣は内務大臣の同意を得たうえで、これを慎重審議のため法制審議会に諮問するよう内閣総理大臣に移牒した。

「意見」の主旨は、以下のように展開されている。[25]兵役の義務は納税の義務よりも負担が大きいのに、選挙権が納税資格に基づいているのは不合理である。列国では、兵役義務と参政権とを連動させ、兵役終了者に年齢の面で選挙権取得の優遇措置を講じている。納税資格は、一定の財産を持つ者は知識階級に属し、それゆえ選挙能力があるということを前提としているが、選挙能力として重要なのは、中途半端な知識よりも国家に対する忠誠心と責任観念であり、これこそ軍隊教育によって養成されるものである。現役終了者に選挙権を与えれば、兵役義務心の向上を通して国防に寄与し、「忠良ナル」選挙民を増やして政治にもプラスになるだろう。また、現役終了者に選挙権を付与しても、軍の存立に何ら危険をもたらすことはない。

ここまでは、参政同盟の「宣言」の論理と大差ないと言っていいだろう。ただし、「意見」は選挙権付与が認められなかった場合の問題をやや誇張して次のように述べている。その場合、一部の地域に発生しつつある在郷軍人の選挙権獲得運動が全国に広がり、それを押さえ付ければ、かえってその反動が大きく、在郷軍人全体が動揺し、在郷軍人会は分裂の危機にさえ瀕するかもしれない。それゆえ、そうした事態を招かないためにも、選挙権付与を早期に実現すべきである。このような「意見」の結論には、誇張が含まれているとはいえ、在郷軍人会本部や軍当局が参政同盟等による地方の選挙権獲得運動をどのように見ていたかが反映されていた。

ところで、選挙制度改革を協議すべき法制審議会は七月下旬から暑中休暇入っており、九月に関東大震災があったことに加え、内閣が交替したため新内閣の態度が決まるまで休会を続けていた。そして発足したばかりの山本権兵衛内閣は一〇月中旬、普選導入を内定し、一一月に山本首相はその方針を公表するに至った。[26] こうして、政府の普選実施方針の公表により、在郷軍人の選挙権獲得運動は一気に下火となったのである。

こうした状況のなかで京都の細野少将は、普選は時期尚早であるから、まず在郷軍人に参政権を与え、その後に漸進的に実行すべきであると論じた。熊本では、八代郡連合分会長の海軍予備中佐が、普選実施によって無産階級の労働政党が政界に進出し、在郷軍人の多くもこれに吸収されるおそれがあるので、それを防ぐため在郷軍人を基礎とする政治団体を組織することが急務ではないか、と述べた。だが、このような主張に追随する動きは生まれなかった。

注目されるのは、もはや普選実施を所与のものとしたうえで、兵役終了者に対する優遇措置として、一般の選挙資格取得年齢(二五歳)より前に(現役終了時)に選挙権を与えよ、という要求が出てきたことである。この方式は既に、在郷軍人会長から陸海軍大臣に上申された「意見」のなかで、イギリスやイタリアの制度として紹介されていた。それがあらためて具体的要求として掲げられたのである。たとえば、名古屋の北斗会ではこの要求を掲げた陳情書を首相・陸相等に提出しようということになった。帝国議会でも第四七議会に同趣旨の建議案が出された。[27] 小田原の参政同盟では法制審議会への請願書を作成したが、その請願の主旨はこの要求であった。しかし、普選実施が既定方針となった後、在郷軍人にのみ特権を認めよ、という主張はもはや説得力を持ち得なかったのである。

在郷軍人の選挙権獲得運動はそれ自体としては成果を生まなかった。普選実現の陰に隠れて、歴史的には今や忘れられたエピソードでしかない。だが、もしこれが現実化していたらどのような事態が生じただろうか。一九一九年の選挙法改正で有権者の数は倍増し約二八六万人となっている。その頃、在郷軍人と並んで選挙権付与が検討されていたのは中等学校卒業者だが、これが実現しても有権者は一八万人程度増えるだけにすぎないのに、兵役終了者に選挙権を与えると一五〇万人は増加したという。[28]普選実現がもう少し先送りされ、その間に一五〇万の在郷軍人が有権者として登場していたら、政治過程に相当大きなインパクトを与えただろう。

それはともかく、ここで重視されるのは、選挙権要求が在郷軍人会のいわば草の根レベルで展開されたことである。選挙権要求運動の前には、一般の在郷軍人の間から金鵄勲章年金増額運動が起こり、また高級在郷軍人は軍人恩給増額運動を展開した。いずれも一定の成果を収めて収束したが、この成功経験が選挙権獲得運動にも何らかの影響を及ぼしたと考えられよう。[29]また、時代の風潮を反映し、在郷軍人会の末端組織の一部が、自己主張する社会集団としての傾向を帯びていたことも無視できない。たとえば、京都で選挙権付与運動をリードした梅屋分会は、入営中の一年志願兵(静岡県警視)[30]が新兵教育係の上等兵に暴行を働いたにもかかわらず軍法会議に付せられず単なる懲罰で済まされたことについて、帝大卒の官僚エリートを優遇するものとして憤慨し、全国に檄を飛ばそうとした。[31]他方、小田原の参政同盟の代表は吉野作造を訪問して運動への助言を求めたともいう。[32]

在郷軍人会本部や軍当局が警戒したのは、こうした傾向である。選挙権付与の必要理由として、これを拒否した場合の在郷軍人会末端の政治化や動揺を回避することを挙げていることが、それをよく物語っている。『帝国在郷軍人会三十年史』によれば、「普選問題をめぐる会員指導上の苦心たるや、実に惨憺たるものがあつた。寧ろ戦々兢々として薄氷を履むの概なしとせなかつたといふのが、佯らざる真相である」とされている。[33]ただし、当時の軍当局や軍人会本部が在郷軍人の自治や自発性をまったく否定的にとらえていたわけでもない。それは、評議会に代議制を導入した一九二五年の規約改正や、それを提案した副会長、田中義一の論理にも見られるところである。[34]軍当局としては、在郷軍人の自発性を引き出しながら、それを評議会のなかに吸い上げ、コントロールしてゆこうとしたと言えよう。

3 国体明徴運動

普選実施後、在郷軍人会が政治過程に深く関わったのは、一九三一年に始まる国防思想普及運動である。これは、軍縮に抵抗する陸軍当局の意向を受け、それを側面的に援助するキャンペーンとして展開されたものであった。満洲事変勃発の追い風もあり、講演会等の集会を中心としたこの運動は在郷軍人会の存在と動員力を強く印象づけた。[35]やがて陸軍自体の政治化と政治への介入に伴い、在郷軍人会も政治への関与の度合いを強めてゆく。そのもっとも顕著な例が国体明徴運動であった。[36]

国体明徴運動にはさまざまの思惑が絡んでいた。たとえば、右翼方面では、岡田啓介内閣を打倒するとともに、同内閣を支持する「現状維持勢力」を失脚させて「革新勢力」の挽回を図ろうとする策動があった。[37]これと連動して、陸軍内で勢力を弱めつつあった皇道派を立て直そうというねらいもあった。また政友会の一部では、党略的な倒閣運動に利用しようとする動きが見られた。[38]こうして「現状維持勢力」対「革新勢力」、政府対野党、政府対陸軍、陸軍の「統制派」対「皇道派」といった複合した対立関係が複雑に絡み合った。ただし、ここではこの運動の全貌を解明するのが目的ではないので、あくまで在郷軍人会がいかなる政治活動を展開し、政治過程にどのような影響を及ぼしたかに視座を据える。

まず、国体明徴運動の推移を概観しておこう。その発端は一九三五年二月一八日、貴族院本会議の質疑で男爵菊池武夫（陸軍予備中将）が東京帝国大学教授美濃部達吉の憲法学説を国体に反するものとし、その取り締まりを要求したことにある。統治権の主体を国家とする美濃部の学説に対しては、神聖不可侵の天皇を国家の「機関」になぞらえる国体破壊の妄説だとして、かねてから批判があった。当時、その急先鋒は原理日本社の蓑田胸喜であり、菊池はそれに同調する代表的な政治家の一人であった。二月二五日、貴族院議員でもあった美濃部は本会議で釈明の演説を行ったが、これに対して衆議院では政友会所属の江藤源九郎（陸軍予備少将）が美濃部を攻撃し、その著書を不敬罪で東京地裁検事局に告発した。こうしていわゆる天皇機関説が政治問題化し始める[39]。

三月二〇日、貴族院では政教刷新建議案が上程可決され、二三日衆議院でも国体明徴決議案が可決された。当初、それほど強硬ではなかった陸海軍大臣も事柄の性質上、軍は深い関心を寄せるものであるとして、機関説排撃を岡田首相に要望した。四月六日には真崎甚三郎教育総監が機関説は国体に反するという主旨を全軍に訓示した。司法省刑事局は美濃部の取調べを行い、九日にその著書を発売禁止とした。

しかしながら、それで問題は落着せず、右翼団体主体ではあったが、機関説反対運動が全国的に広がる勢いを示す。この頃になると、機関説排撃を明示する政府声明、美濃部の処分、機関説論者としての一木喜徳郎枢密院議長と金森徳次郎法制局長官の処分などが要求され、岡田内閣の退陣を求める動きも露骨となった。一木や金森は打倒すべき「現状維持勢力」の象徴的存在と目されたのである。各団体は機関説排撃の大会や講演会を開き、競って決議や宣言・意見書を政府首脳らに送付した。運動は強さと広がりを増し、政府では警戒感が強まった。

八月三日、圧力に押されて政府はついに国体明徴に関する声明を発表する。しかし、これで運動は収まらなかった。政府声明は統治権の主体が国家ではなく天皇にあることを明示しなかったと批判され、また声明と同時に発表された首相談話が、一木や金森には問題がないと述べたため、これも批判の対象となった。九月一七日検事局は江藤代議士が告発した件に関し美濃部を起訴猶予処分とし、これに応じるかのように美濃部は声明を発表して貴族院議員を辞職した。ところが、検事局の説明と美濃部の声明との間に矛盾があるとして、機関説排撃の運動はかえって激化した。美濃部は自分の声明を取り消したが、効果はなかった。かくして政府は、一〇月一五日、第二次声明を発表することになる。第二次声明は、統治権の主体が天皇にあることを明示し、天皇機関説は国体に悖るのでこれを「芟除(さんじょ)」することを表明した。再声明後も、一木や金森の辞任を求める動きが見られたが、在郷軍人会や軍中央が再声明を受け容れ沈静化を図ったため、徐々に国体明徴運動は収束に向かったのである。

では次に、在郷軍人会の活動に焦点を絞ってみよう[40]。地方レベルの在郷軍人会が機関説問題を取り上げるようになるのは、二月末以降である。各地の連合分会等では、機関説排撃の講演会を開いたり決議・宣言等を採択してそれを関係大臣に送付した。東京市連合会(東京市内の連合分会の連合体)有志協議会では蓑田や江藤が招かれて講演した。久留米の連合分会代表者会議は、「美濃部博士ノ学説就中今次議会ニ於ケル演説ハ我国体ヲ冒瀆スル事甚シ、断乎タル処置ヲ以テ国民ノ向フ処ヲ誤ラシメザラン事ヲ望ム」との電報を首相と陸相宛に打った。[41] 講演会等を開き、そこで決議・宣言を採択し、それを関係機関に送りつけるという方式は、国防思想普及運動以来、在郷軍人会が採用してきたものであった。[42]

こうした地方の動きに対し在郷軍人会本部は三月一二日、総務理事が通牒を全国の連合支部長・支部長に送り、本部としての態度を明らかにした。この通牒は「天皇機関説ハ我国体ニ悖ル法理論ニシテ特ニ吾人軍人ノ伝統的信念トハ絶対ニ相容レザルモノ」とし、講演等によって会員の国体観念を確実にせよと述べながら、「個人ヲ排撃シ政治ヲ是非シ当局ニ進言又ハ政争ノ渦中ニ入ル等ノコトナキ様注意」を促した。政争に巻き込まれることを注意した本部の態度がやや微温的に見えたためか、折から東京で開催中の全国(本部)評議会では、本部の態度明確化を求める緊急動議が出され、一六日付であらためて評議会議長名の声明書と、『皇国の国体に就て』と題する本部名のパンフレットが全国に送られた。[43] 当初それほど強硬ではなかった陸相の態度が変わるのは、このような在郷軍人会の動きのためであったと見られよう。[44]

その後、各地の連合分会等では本部の通牒や声明書が配布されるとともに、講演会が開かれて決議・意見書が採択され、それらは首相・陸相・海相等に送付された。目立った動きをしていたのは、松本に本拠を置く信州郷軍同志会なる団体である。これは在郷軍人を政治的に組織するため一九三二年に結成されたもので、形式的には在郷軍人会とは別個の団体であったが、メンバーはかなり重複していた。陸軍中央からの援助もあったと言われる。[45] 四月中旬、信州郷軍同志会は菊池に同調する貴族院議員の井上清純(海軍予備大佐)や井田磐楠(陸軍予備少佐)などを講師に招いて県下一四カ所で講演会を開いた。さらに四月二五日、軍服を着た会員一〇〇余名が上京、明治神宮・靖国神社を参拝し（明治神宮では美濃部の著書を燃やすという計画があったが、神域を汚すということで中止した）、鈴木荘六在郷軍人会長から訓示を受けて解散した。翌日代表五名が首相・陸相官邸、海軍・内務・文部・司法の各省に陳情書あるいは決議を提出し、美濃部には「速に自決の上一切の公職を拝辞」すべしとの勧告書を郵送した。次いで同志会は、海軍記念日（五月二七日）に長野県下各地の神社で国体明徴の祈願祭を挙行すべく、松本連隊区司令官や諸団体に協力と援助を求めたが、受け容れられず、最終的には在郷軍人会松本支部が同志会に代わって祈願祭の実行を担当した。祈願祭には県下三四四の在郷軍人会分会と連合分会が加わり、在郷軍人四万人を含む約七万人が参加した。(46)

一方、陸軍中央では、政治的になりがちな在郷軍人団体に対して、警戒の目が向けられるようになる。退役軍人団体は本来「修養団体」として在郷軍人会の後援団体であるべきであり、政治目的を持つものはそうした修養団体に変わることを望むが、政治的目的を解消できない団体に対しては在郷軍人会として関係してはならない、とされたのである。(47) 実際、この頃、退役軍人を有力メンバーとする政治団体の活動が活発となり、在郷軍人会への働きかけも目立つようになっていた。

そうした政治団体でもっとも警戒されていたのは、小林順一郎（陸軍予備大佐）を常務理事とする三六倶楽部である。三六倶楽部は、海軍軍縮条約が失効するいわゆる一九三五・三六年の対外危機に対処するため一九三三年に結成された団体で、井田磐楠、井上清純、菊池武夫もその理事や会員に名を連ねていた。陸軍中央は、国体明徴問題が持ち上がるとほぼ同時に三六倶楽部の動きを注視し、「軍部ト何等関係ナキニ拘ラス其ノ有スル目的遂行ノ為恰（あたか）モ軍部ト関係アルカノ如ク流布宣伝」したり

「何等カノ企図遂行ノ為特ニ軍部軍人ヲ利用セントスルモノ」の一つとして、既に三月あたりから三六倶楽部を名指ししていた(48)。

実業家でもあった小林順一郎は、大森一声が主宰する直心道場(一九三五年二月結成)にも資金を提供し(49)、直心道場は各地で信州郷軍同志会にならった郷軍同志会の結成を促した。注目されるのは、三六倶楽部が陸軍皇道派と近く、直心道場が、皇道派支持の青年将校運動に影響を与える西田税と関係していたことである(50)。皇道派は、こうした右翼団体の機関説排撃運動と呼応して動いているかのようであった。たとえば、皇道派の真崎教育総監による機関説非難の訓示がそうであった。

反皇道派が大勢を占める陸軍中央は、国体明徴問題で現役および在郷軍人を煽動するかのような真崎の言動に警戒を強める。右翼団体とのつながりも、彼に対する嫌悪と反感を促したであろう。それが理由の一つとなって七月一六日、真崎教育総監は罷免されることになる。むろん陸軍中央も国体明徴そのものに反対ではなかった。在郷軍人会の強硬な要求に対しては、なにがしかの成果を示すことによって過激な運動の収束を図る必要があった。一方、岡田内閣は、皇道派を排除して陸軍の統制を確立しようとする林銑十郎陸相の手腕に期待をかけていたが、そのためにも陸相が要求する機関説批判には何らかの妥協に応じなければならなかった。その妥協の結果が八月三日の第一次政府声明であった(51)。ところが八月一二日、いわゆる統制派の首魁と目され真崎罷免の中心人物と見られた陸軍省軍務局長の永田鉄山が、皇道派の将校によって白昼、執務室で惨殺されるという事件が起こり、その責任をとって九月五日には林陸相が引責辞職してしまう。

在郷軍人会本部は、部外団体による煽動を懸念する陸軍中央に牽制されて、しばらく積極的姿勢を見せなかったが、七月に入ると、これに対して地方組織から批判的な動きが出るようになった。たとえば東京市連合会の緊急幹部会では、本部を鞭撻し国民大衆に蹶起を呼びかけるべきである、との意見が表明された。また、福岡県小倉連合分会は本部に対し、全国連合分会長会議を召集するよう要請した。こうして七月下旬、本部は各支部に対し、八月二七日に機関説問題に関する全国大会を開催するとの通知を送ったのである。

岡田内閣と陸軍中央との妥協の産物であった政府の第一次声明は、全国大会開催通知後に出されたが、在郷軍人会の動きにブレーキを掛けることはできなかった。全国大会の二週間ほど前に開かれた東京市連合会の臨時大会では、政府声明に対する不満が声高に表明されている。この臨時大会は会員一二〇〇名、来賓等一〇〇名の参加者を数え、菊池武夫、井上清純等が講演を行った。採択された決議は「国家ヲ以テ統治権ノ主体ナリトスルガ如キ総テノ兇逆ナル反国体ノ学説思想ヲ徹底的ニ排撃スルヲ要ス」と述べている。(52) 全国大会開催までには、各地の連合分会等からも首相以下の関係大臣、在郷軍人会長あてに決議、意見書等が送付された。

全国大会は各地の代表等一二〇〇名の参加者をもって開催された。林陸相の訓示、鈴木会長の訓示、岡田首相の挨拶(代読)があり、決意宣明と題する決議文を可決・採択し、これをもって首相・文相・内相・宮相・法相の各官邸と枢密院に代表が陳情に向かった。決意宣明は「政府ノ声明ハ統治権ノ主体ヲ闡明(せんめい)セス頗ル吾人ノ期待ニ反ス」と批判した。(53)

この頃、三六倶楽部や直心道場による在郷軍人会への働きかけが一段と強まってくる。三六倶楽部は、在郷軍人会全国大会に向けて「裏面的策動」を試みていたが、(54) 大会後には『軍部と国体明徴問題』と題するパンフレットを数万枚、全国に頒布して岡田内閣打倒を訴え、小林順一郎が各地で講演し、「此際蹶起せざれば郷軍の存在意義なし」と煽動した。直心道場によって結成を促されていた各地の郷軍同志会では、九月中旬から下旬にかけて、新潟、姫路、北九州等で、首相以下閣僚の「引責処決」を要求した(55)。

在郷軍人会自体も強硬であった。しかもこの頃、永田暗殺の衝撃と陸相交替によって、陸軍中央の統制力が一時的に弱まっていたことが、在郷軍人会の強硬姿勢に通じていた。九月中旬、司法省の美濃部不起訴処分と美濃部の辞職声明との矛盾が問題視されると、在郷軍人会本部は通牒を発して、美濃部本人の処分如何にかかわらず国体明徴問題はまだ解決されていないと主張した(56)。地方でも、たとえば神奈川県の横須賀市連合分会は、「国民特に軍部を愚弄せる政府の責任を糾弾し引責処決要望」の決議を可決し、広島県の第五師管連合支部は国体明徴運動のため各支部から代表を上京させた。首相以下の辞職を求める進言書を関係方面に送付する地方組織も少なくなかった。

地方組織のなかでその動向がもっとも注視されていたのは東京市連合会である。これに加盟する同市三五の連合分会長のなかには三六倶楽部のメンバーも含まれていた。同連合会はあらためて全国大会を開くことを検討するとともに、一〇月一日、声明書を全国の在郷軍人会に郵送した。その声明書は、「本問題に関しては政府当局にのみ信頼する能はさるを以て在郷軍人会独自の立場に於て国体明徴の強化徹底の為奮起せさるへからす」と主張した(57)。

ちょうどその頃、九州や広島から三六倶楽部系の在郷軍人たちが関係当局鞭撻のため上京していた。彼らをまじえて開かれた同倶楽部の懇談会では、「軍部は本問題に限り今日の如き立場に於ては大いに進んで倒閣の責を負ふべきものとす。此際における躊躇は明かに軍人の本分に反し軍本来の使命を無視せるものなり」といった過激な発言が聞かれた。[58] 一〇月一一日、この上京中の在郷軍人たちを招いて東京市連合会も懇談会を開いた。そのとき、「本部及東京市連合会が本問題に対し消極的なるは遺憾なり」との批判があり、政府の再声明の内容如何によっては第二回全国大会開催を実現するための運動を展開する、との申し合わせがなされたという。[56]

しかし、一〇月一五日の第二次政府声明[60]により、在郷軍人会の動きは大きく変化する。陸軍中央の指導に基づき、本部が運動の沈静化を図るのである。一八日、陸海軍大臣は在郷軍人会長に通牒を発し、第二次政府声明によって在郷軍人会全国大会で宣明された決意の趣旨は採択されたので、「在郷軍人ニ対シ克ク当局ノ意ノアル所ヲ徹底セシメ其ノ言動ヲ慎重ニシ官民一体トナリ之カ実績ヲ収ムル様」指導されたい、と指示した。在郷軍人会本部は大臣通牒の主旨を各地に打電するとともに、第二回全国大会開催を見送ることを決め、その代わり全国連合支部長会議を開くこととした。[61]

全国連合支部長会議は一〇月二一日に開かれた。そこでは、国体明徴問題の今後の処置については軍部大臣に信頼するとし、在郷軍人会としては他の退役軍人団体と一切提携せず、郷軍同志会のように在郷軍人会と紛らわしい類似の名称を持った退役軍人団体に反省を求める、といった方針が合意された。前述したように、連合支部長は師団司令部付の現役少将であったから、大臣通牒に反する意見が表明されるはずもなかったのである。同月末、本部総務理事から各連合支部長に、あらためて指導要綱が送られ、「如何ナル場合ニ於テモ直接倒閣ヲ標榜スルガ如キ言動ハ会員トシテ充分慎マシムルコト」が指示された。[62]

これに対して、三六倶楽部側は、「軟弱なる［在郷軍人会］会長は陸相に弾圧されたり」「連合支部長の如き現役将官のみの会合を以て表面を糊塗し、火の如き我等の憂国の至情を無視したり」と激しく反発したが、同倶楽部会員である在郷軍人の多くは在郷軍人会の方針に従う方向に傾き、少なくとも在郷軍人会と類似の団体名で活動することはやめようということになった(63)。

それでも、まだ地方レベルの揺れは収まらなかったようである。一一月四日、東京市連合会の連合分会長会議は強硬分子の主張により、一木、金森、美濃部に対する辞職勧告書を決議し、同連合会長がこれを持って枢密院、法制局、美濃部私宅を訪れた。三六倶楽部系の地方在郷軍人のなかには、全国大会あるいは全国評議会の開催を求める者もあった。だが、一一月六日、陸軍省で在郷軍人会を担当する徴募課長は各支部長に書簡を送り、陸軍中央にも軍人会本部にも全国大会あるいは全国評議会を開催する意思がないことを表明し、外部団体の「策動」に乗ぜられぬよう注意を促した。また、講演会等に講師を招聘する際には、必ず事前に陸軍当局に連絡するよう指示した。在郷軍人会本部では同月下旬、東京市連合会所属の連合分会長を招いて懇談し、あらためて本部の方針を説明し自重を求めた。

一方、これまでとはやや異質の動きも見られた。それは、在郷軍人会とは別に全国在郷将校会なるものを結成しようとする動きである。これは一〇月下旬東京で始まり、九州にも広がった。一二月八日、全国から六〇〇名の参加者を集めて国体明徴在郷将校大会を開催したが、協力を求められた在郷軍人本部は、これを三六倶楽部と同様のものとして支援を与えなかった。その頃、九州の在郷軍人会の一部では江藤源九郎と提携して請願運動を展開しようとする動きがあったが、これに対しても本部は、総務理事の名で通牒を発し、関与せぬよう注意した。かくして、在郷軍人会の国体明徴運動は、ごく一部の過激分子を除いて、沈静化してゆくことになる。

国体明徴運動が収束してまもなく二・二六事件が突発した。在郷軍人会が外部団体によって利用されることへの警戒はいっそう強まった。事件発生のほぼ一ヵ月後、陸軍中央は在郷軍人会への指導方針を定め、在郷軍人の政治活動への関わりをあらためて強く抑制しようとした[64]。

一九三六年九月、勅令「帝国在郷軍人会令」が公布され、それまで任意団体であった在郷軍人会は勅令団体となった。勅令団体となることは地位の向上を求める在郷軍人会の年来の願望であった。しかしながら、軍当局の監督が実質的に強化されたことも否めない。新しい会則では、前述したように、役員の選挙制が廃止され、決議機関としての評議会も支部以上には設けないことになった。それは従来から改革が検討されていた部分ではあったが、国体明徴運動の経験がさらにその改革の必要性を痛感させたのである[65]。勅令団体となったときの軍中央の指導方針では、一部の在郷軍人のなかには満洲事変以来高まった在郷軍人会の評価を背景として影響力を乱用し会の信用を傷つけている者があることや、国家の指導層のなかに最近の在郷軍人会の動向に不満を感じている傾向が見受けられることが指摘され、その是正が求められている[66]。いずれも、在郷軍人会の「政治化」への警戒を示していた。

国体明徴運動は、しばしば「合法無血のクーデター[67]」と位置づけられる。天皇機関説という明治憲法体制の正統的学説が異端として追放された点で、憲法改正にも匹敵する大きな政治変革であったとも解釈される[68]。一方、最近の研究では、政治的な力関係に大きな変化があったわけではないことや、陸軍中央が政府に対して妥協的であったことなどを指摘して、従来の解釈に疑問を呈するものもある[69]。

ここではこの歴史的評価をめぐる論争には立ち入らないが、どの研究でも一致しているのは、在郷軍人会が国体明徴運動の主導的勢力であったことである。議会で天皇機関説が問題とされた直後から、在郷軍人会の地方レベルでは活発な機関説排撃運動を開始した。それは、政府に対して強い圧力として作用した。三六倶楽部のような右翼団体や陸軍皇道派が、在郷軍人会を政治的に利用しようとする場面もあった。むろん陸軍中央も在郷軍人会の活動を政府に対する圧力として使おうとしたことは明らかである。しかしながら、それと同時に陸軍中央は在郷軍人会の「政治化」を危ぶみ、外部勢力によって乗じられることを警戒した。ただし、いったん動員された在郷軍人会のエネルギーにブレーキを掛け沈静化を図ることは、最終的には達成されたものの、それほど容易ではなかったのである。陸軍中央や在郷軍人会本部から出された数多くの通牒が、それを如実に物語っていた。

むすび

一九二三年の選挙権付与要求のとき、運動の中心は分会長レベルにあり、その大半は退役した下士卒であった。これに対して、一九三五年の国体明徴運動では中心が連合分会長レベル、退役将校であったと言われる。(70) また、前者は具体的な政治的権利を要求した運動であり、後者は政治的価値あるいはイデオロギーに関する要求であったと見ることができる。さらに、選挙権付与要求が、ほとんど自然発生的に草の根レベルから発生したのに対して、国体明徴運動では当初、陸軍中央や本部からの働きかけがあった。しかし、やがて地方レベルの運動は中央の思惑を超え、一部では過激な主張が展開された。

興味深いことに、選挙権付与要求に際しては「参政同盟」、国体明徴運動の際には「郷軍同志会」という在郷軍人会とは別組織の活動が目立った。在郷軍人が政治的活動に関与するためには、そうした別組織によらざるを得なかったからである。[71] ただし、いずれも在郷軍人会と分離して運動を展開しようとはせず、むしろ在郷軍人会自体を動かすことに当面の活動の重点を置いた。また、メンバーも重複していたため、軍中央が在郷軍人会に自重を求めると、別組織であっても独自に運動することは困難となった。

在郷軍人会が、自らを非政治的団体と位置づける限り、その政治的行動に限界があったことは当然である。ここで考察したケースでは、いずれも最終的には、自重と抑制を求める軍中央の方針に従った。

しかしながら、注目されるのは、二つのケースで最終的には軍中央が運動の過激化を抑え沈静化を図ることに成功したとはいえ、在郷軍人会の活動がしばしば中央のコントロールから逸脱しそうな軌跡を描いたことである。在郷軍人会は必ずしも軍中央が充分にコントロールし、その政治的道具として容易に操作し得る集団ではなかった。軍中央は、政府等に対する圧力行使の手段として在郷軍人会を使おうとしても、その自立的エネルギーの表出がコントロールの外に出る可能性に対して、つねに警戒を払わねばならなかった。

三〇〇万の会員を擁すると称した在郷軍人会が、軍にとって重要な政治的支持母体であったことは疑いない。だが、これを政治的に動員すると、予期せざる結果を招くリスクが大きかった。平時には

「地方社会」の安定化と補備的軍事教育、戦時には軍事動員の補助、という本来の目的を損なう危険性があった。そして政治への過剰な関与は、集団内部に分裂を持ち込み、他の政治団体によって利用されることを懸念させたのである。

第7章　日本陸軍の中国共産党観——一九二六〜三七年

はじめに

日本陸軍は中国共産党をどのように見ていたのか。

本来、たとえ隣国の中国であっても、ある政党が政権党でもない限り、あるいは中国の国防政策に大きな影響を及ぼし得る勢力を持っていない限り、日本陸軍がその政党にそれほど強い関心を寄せるはずはない。この点で、中国共産党(以下、単に共産党と呼ぶことにする)は一九二〇年代および三〇年代に政権党ではなかったし、国家の国防政策に大きな影響を及ぼし得る存在でもなかった。

にもかかわらず日本陸軍は、早くから共産党に関心を寄せ、その動向を分析の対象としていた。それは国共合作以来、共産党が国民党とともに広東国民政府の内部で有力な位置を占め、国民革命ひいては北伐でも積極的に行動していたからである。国共分裂後は、辺境ではあっても独立地方政権を維持し、自前の軍事力を有する共産党の動きを、日本陸軍は無視できなかった。それ以上に重要なのは、共産党がソ連あるいはコミンテルンの強い指導力の下で活動していると見られたことである。仮想敵国ソ連の指導下にある共産党を、日本陸軍は重視しなければならなかった。

では、実際に日本陸軍は国民党と共産党との関係をどのように観察していたのか。ソ連・コミンテルンの影響力・指導力をどの程度のものと分析し、共産党をどれほど自立した存在と見なしていたのか。本稿は、こうした点から日本陸軍の共産党観を追跡してみたい。

本稿は、以下のような順序で考察を進める。第1節では北伐時に広東武官を務めていた磯谷廉介(当時中佐)の報告から、第2節では磯谷の前任者で国民党に共感と支持を表明したユニークな軍人、佐々木到一の著作から、それぞれ彼らの共産党観を抽出する。磯谷も佐々木も現地で共産党を実見した「支那通」軍人であった。第3節ではソヴィエト政権が瑞金から延安に移るまでの期間、陸軍軍人が共産党をどのように観察していたのかを、第4節では「防共」政策や西安事件をめぐる陸軍の認識・分析を、それぞれ陸軍将校団の機関誌『偕行社記事』に掲載された論説や、参謀本部が作成した『支那時局報』などを材料として検証する。最後のむすびでは、陸軍の共産党観の特徴をまとめて結論としたい。

1　磯谷廉介の場合

一九二〇年から二二年までと二五年から二七年までの二度広東武官を務めた磯谷廉介は、第一次世界大戦後の民族自決に象徴される「世界的思想の変遷」を積極的に評価し、半植民地的境遇からの脱却と自立を求める中国の動きに共感を寄せた。しかし、磯谷は国民党には批判的であった。国民党の要人が、口に革命を唱えながら、私利を図り私益を追求していると見たからである。国民党が連ソ容共・国共合作によって共産党員を党内に入れ、コミンテルンから派遣された顧問団の指導下にあることにも、磯谷は批判的であった。

磯谷は次のように言う。国民党の一部が「包共聯露」の政策によって国民革命達成を唱導しながら、「革命の美名に匿れて私腹を肥し権勢を獲得し」、その間「共産党の魔手を随時随所に瀰漫せしめた」ことは、「支那四億民衆の一大禍根」をつくっただけでなく、「東亜平和」のためにも「一大不祥事」と言わなければならない、と。[1] 磯谷の批判は、「共産党の魔手」それ自体よりも、むしろそれを容認し利用しようとしてきた国民党に向けられた。

むろん磯谷も、広東での共産派と反共産派との「軋轢暗闘」に注目し、ソ連の広東政権に対する「援助懐柔」が中国共産党員の活動と結びついて「益々深刻」となりつつあることに警戒を示している。しかし、彼の分析は、共産・反共産の対立が依然として「暗闘」のレベルにとどまっていることに重点があった。[2]

北伐の進行について、磯谷は次のように述べている。国民党は広東で「共産党を包容し」その協力とソ連の後援のもとに広東・広西両省に政治的勢力の根拠を得、さらに労働者等を煽動して宣伝の「お先棒」に使い、「民衆思想の推移を利用」しつつ北方軍閥の対立・分裂に乗じて、長江一帯にその勢力を進展させた。しかし、これは、「毒薬の一時的効果による反応に等しきもの」である、と。[3] ここでも共産党に対する直接の批判よりも、危険な共産党を引き入れ利用しようとしてきた国民党が批判の対象とされている。

磯谷にとって、共産党の危険性はあまりにも当然であって説明を要しないことだったのだろう。しかも磯谷は、「支那は遂に赤化すべき素質なし」と、中国の国民性と政治的伝統が共産主義に合わないと判断していた。しかしながら、中国には「彼等共産党的妖魔の浸潤跋扈し得る間隙」が至るところにあり、「共産党一派の陰謀」はその根元をすぐ刈り取ることができるものではなかった。(4) そして、これまでの経緯からすれば、「国民党内部の自利的軋轢盲動は又共産党をして乗ずべき間隙を得せしめたるものに外ならず」、また香港でのストライキに見られた過激な労働運動の黙認や農民団の組織化など、広東国民政府の態度や政策は、「支那に於ける共産党に対し其使用に供すべき武器を隠然製作し」「而も之を利用する機会を与へたるもの」である、と磯谷は断じた。(5) ここでも磯谷の批判は、共産党そのものよりも、その危険性を深く考えず安易に抱き込んで利用しようとした国民党に向けられたのである。

　国民政府が広東から武漢・南京に移った後の二七年一二月、広州では共産系の勢力が武装蜂起したが、これについて磯谷は以下のように分析している。暴動の目的は政権獲得ではなく、秩序破壊をねらったパルチザン方式の行動であり、しかも共産党の「演出」によるものでもない。その「煽動使嗾(しそう)を受けたる無恥無頼の徒の盲動による行為」にすぎない。これら無頼の徒は国民党の政策によって「隠然養成」され、共産党に「利用煽動」されたものであり、これをもって「共産的思想の醞醸(うんじょう)」とはまだ断定できない、と。(6) 共産党の危険性は、革命政党が主導する体制変革よりも、むしろ「無頼の徒」を煽動する秩序破壊にある、と磯谷は見ていた。

2 佐々木到一の場合

佐々木到一は、二二年から二四年まで広東武官を務め、その後参謀本部勤務を経て、二六年に北京、二七年には南京に駐在した。佐々木は磯谷と同じく新しい世代の支那通軍人に属したが、磯谷と異なり、孫文はじめ国民党の指導者を高く評価した。国民党要人は、革命に身を捧げ、私利私欲のない、人格高潔な指導者群と見なされた。佐々木は国民革命に共感を寄せ、北伐の進展に拍手を送った。当初、佐々木は共産党の脅威をそれほど深刻にはとらえなかったようである。彼は孫文から直接、ソ連と握手したのは他のどの国も自分を援助してくれなかったからであり、国民党は断じて共産主義を採用しない、と聞いたという。(7) 佐々木は次のように述べている。

「私は支那人が赤くなるものとは思はない、唯何となくさう思ふ、だから国民党の赤化といふことは当らぬと思ふ。…目下支那でやつてゐる所謂赤い仕事の背後には、多分国民党の一部の人々や赤い露西亜の手が動いて居るであらう、それは事実かもしれない、支那に同情を得て居る人々は、それは軍閥を仆(たお)す為の手段であり資本主義強国の干渉を排斥するための手段である、覚醒した支那の為には已み難い欲望の発現だと云つて居る。(8)」

佐々木は孫文の死後、中国の排外主義が国民党のコントロールから逸脱して過激化することに懸念を示した。しかし、それ以外の点では、「赤化」と見られる行動の背後にソ連の画策があるとしても、そうした行動は「覚醒」した中国としては避けがたいものだと示唆したのである。

しかし、その佐々木も北伐の進行の過程で過激な排外運動が頻発すると、共産党に対する見方を変えざるを得なくなる。佐々木によれば、香港での反英ストライキなどにより国民党の赤化という声が高くなったが、それは国民党内部の赤化というよりも、外面的な赤化にすぎなかった。ところが、蔣介石が権力を掌握するために国民党右派を放逐し共産党との合作を緊密化するに及んで、国民党内部の赤化が明確となった。かつて国共合作が始まったとき、共産党は「国民党の肺臓に、ヂストマの巣を作つた」が、「是に於て乎肺臓に巣食つてゐた、ヂストマは猛然として深紅の血を吐いた」と佐々木は表現している。(9)

佐々木は、中国に対するソ連の思想的影響を「侵略」であると言う。「「万国のプロレタリアート結合すべし」の標語を振り翳し、人の国に迫るは之れ侵略である、ソウヱートロシヤの思想上の侵略主義である、武力或は経済上の侵略に代ふるに、思想てう武器を使用するものに外ならない」と。(10) また、共産党はコミンテルンの支部であって、「支那国の分子でなく世界のプロレタリアの合子である」とされる。こうした共産党が国民党を乗っ取ろうとしていることは事実であるが、佐々木によれば、「国民党は共産党の指揮に甘んずるものでない」。いかに共産党の背後に「赤化的帝国主義の後援」があるとしても、「聡明なる中華民国人」がいつまでも利用されるはずがない。合作が必要であるうちは合作するが、その必要がなくなれば両者の対立が顕在化するだろう、(11) というのが二七年に入った頃の佐々木の観測であった。

やがて佐々木の共産党に対する見方は陰鬱となる。二七年に刊行された著書『武漢乎南京乎』には

「共産党の亡状」という副題が付けられた。そこでは共産党が「国民党の看板を巧に利用して、ついに其の牙城を乗取つた」という認識が語られている。共産分子は「国民党の肝臓に癌となつて巣くひ、…一瀉千里の勢を以て国民党の精神と肉体を蝕んだ」。そしてついに共産党は国民党を「征服」した、と。[12] 佐々木によれば、「此の獅子身中の虫、人体を蝕む所の癌腫は、其の結束の鞏固と、其の猛勢なる毒素と、其の無限の機動力とに因つて、革命工作上常に母体を凌駕する力を持つてゐる」。共産党はコミンテルンのエージェントだから、国民革命は「共産党の牛耳る限り」コミンテルンの意思によって左右されることになる。[13]

佐々木の共産党に対する非難は以下のように激烈であった。

「共産党の唯一の武器は、民衆を煽動し、欺瞞し、譎詐を教へ、奸計を授け、「地位と生活の向上」なる眼前の小利を示して之を誘惑し、遂に之を暴民と化し、暴民作戦の兵士、即ち暴力戦闘に於ける散兵線の消耗品たらしめるのである。」[14]

「救国愛民を以て天と人と己を欺き、主義を売物にして、其の実は、盗品を横領し、すりのうわ前を撥（は）ね、汎ゆる悪徳を、被圧迫階級解放てう正義の蔭に匿くして居る者である。彼の人を殺して腹部を割き、内蔵を抓（つま）み出し、肝を取つて食ふあの物凄き悪魔の形想を想像せよ、…共産党は実に、斯くの如き冷酷無残なる、鬼畜の選ぶなき非人間である。」[15]

このように佐々木は共産党を激しく非難したが、二七年半ばに華中の状況を実見し、「共産党の末路が見え始めた」と言い始める。[16]共産党は、いわばやりすぎて墓穴を掘ったからであった。蔣介石が本気で共産党弾圧に取り掛かり、列国も受忍の限度を超え武力介入する可能性があるとされた。佐々木は蔣介石に期待をかけた。だが、蔣介石が権力を掌握し共産党を弾圧しても、排外主義的活動、特に排日運動はおさまらなかった。佐々木は、済南事件で中国兵士から暴行を受けるという個人的体験もあり、かつての主張を逆転させ、もっとも強く反蔣介石・反国民党を論じることになる。[17]

3　瑞金から延安へ

現地の磯谷や佐々木に比べると、当初の陸軍中央での共産党認識はやや危機意識過剰であったように思われる。たとえば、二六年一月参謀本部は、国共合作の内情に関し「国民党は今や正に共産非共産の公然たる内訌を暴露し来り」と指摘し、東アジアの共産主義撲滅のためには、国民党内の非共産派の利用に着眼すべきである、と論じたが、前述したように、その頃磯谷は、両派の対立が「暗闘」レベルにとどまっていることを強調していた。なお、このとき参謀本部は、利用すべき非共産派でさえ、「帝国主義の圧迫に反抗」するものであることに注意を促している。[18]

一方、馮玉祥の国民軍や広東政権に対するソ連の援助が積極化していることに警鐘を鳴らし、このまま放置すると両者の関係が「深刻密接の度を加へ」、分離不可能になるだけでなく、やがて国民軍・広東軍はその勢力圏を拡張して「支那全国の赤化的革命を誘起し其影響は必ずや満蒙にも波及」する、と憂慮する見解もあった。ただし、これには「赤化的革命」とは何を意味しているのか、という批判が加えられている。それが「軍閥倒壊、労農等無産階級の政権簒奪」を意味しているならば、西北辺境でも広東でも、そのような革命の徴候は見えない、とされたのである[19]。

北伐が完了し、蔣介石に弾圧された共産勢力が江西、広東、福建等の省境山岳地帯に立てこもっていた頃、『偕行社記事』には「共産匪」に関する匿名の論説が掲載されている。これによれば、「共産匪軍の実体は土匪であるが其首領及政治部には…共産党の残党であつたものゝ多いのが一般的土匪と異る処である」とされる[20]。以下のような描写は、この頃の共産党観の典型的なものと言えよう。

「大した訓練もない烏合の衆が主体で、有力な軍隊の手の届かない僻地に出没して良民を脅かし討伐に会して負くれば散し、軍隊が去れば又合すると云ふ匪賊の遣り口、其儘に行動してゐる。主脳者に共産党ありと云ふも其主義は良民刧掠の口実に利用され暴民糾合のスローガンに応用せらるゝに過ぎぬ。掠奪、虐殺、強姦、勝手たるべしとあつては無頼の徒が欣然として馳せ参じ兵数の増加すること当然でなければならぬ。[21]」

このイメージがどれほど偏見によって歪曲されていたか、判断は難しい。ただ、この時期の広東における共産軍の実態に関する最新の研究成果で指摘されている事実と、それほど大きな開きがないことにも留意する必要があろう[22]。

満洲事変以後、日本陸軍の注意は当然ながら、衝突の可能性のある国民政府軍と華北の軍閥軍の動向に向けられた。ただし、三一年一二月に成立した瑞金政権の統制下にあるとされた「共産匪軍」の動きと、蔣介石による剿共事業の進展にも相応の関心が払われた[23]。「共産匪軍」は「反蔣土匪軍的傾向を多分に持つて居る」とされ、「其行動は赤化工作と併進して居るので」、「将来其発展は単に対岸の火災視する訳にゆかぬ」と指摘された[24]。

三三年、陸軍省調査班はその小冊子で、「「ソビエート」区域及共産軍は、漸次拡大鞏化するの傾向にあつて、南京政府の現状を以てしては、之が掃滅は殆ど不可能事である」と結論づけている。そして、ソヴィエト地区は「今日幸にして」ソ連と地域的に接触していないが、今後万一モンゴルやトルキスタン方面でソ連と接壌するようになれば、中国政府の力でだけは「如何とも成し能はざる状態に立ち至り」、中国全土の赤化の可能性も絶無とは言えないだろう、とこの小冊子は指摘した[25]。そうした事態が生じれば、中国の赤化だけでなく、日本の満洲国育成にとって大きな脅威となるはずであった。

同じような展望は、『偕行社記事』にも掲載されている。これによれば、これまで共産軍は大都市を避け、山間の僻地に蟠踞してきたが、今後は三五、三六年の国際的危機に乗じて「蘇聯邦から支那大陸を横断して東方海岸に貫く国際大幹線を開拓するに決し」、その主力を同幹線上の要衝に集中して、「従来江西省を中心とした共匪軍を、西北地方である四川、甘粛、新疆を経て蘇聯邦領に貫通する線上に移動中と伝へられて居る」。「西北各地方の共産化工作の情況を観察すれば」、こうした情報をあながち否定もできない。「国際赤色幹線の実現も今や時間の問題に過ぎなくなつて来た[26]」。このような展望は当時の陸軍の悪夢であった。

三四年一〇月に瑞金のソヴィエト政権が崩壊し、共産軍が長征という名の逃避行に移ると、四川の共産軍が「江西共産軍の西漸と共に之れと合流し、四川、貴州を打つて一丸となす大共産区を結成し、遙に新疆を経て赤露と声息相通ずるが如き形成を現し来れり」[27]という見通しも示されるようになった。毛沢東と朱徳の率いる共産軍が延安に落ち着くまで、陸軍はその動きを追跡している。[28]関東軍は、ソ連の新疆進出と重ね合わせて共産軍の西遷を警戒し、蔣介石が「再び親蘇容共政策に転じ」、中ソ合作条件の一つとして、「中国共産党の西北数省占拠を黙認」したとの情報に言及した。[29]

延安政権の樹立は、共産党の勢力地盤がソ連と接壌し、陸軍にとっては最も警戒すべき事態の出現を意味したはずであった。

4　防共

一九三五年一〇月、日本は中国に日中提携のための三原則、いわゆる広田三原則を提示したが、その一つに「共同防共」の要求が含まれていたことはよく知られている。ほぼ同じ頃、毛沢東率いる共産軍の長征が終了した。

ただし、「防共」要求が、延安政権の登場とどれほど関係していたのか、あまりはっきりとはしていない。そもそも「防共」というコンセプトは、国際連盟脱退以後、国際的孤立を深めた日本が、連盟の枠外で国際協調を図ろうとして打ち出したものである。国際共産主義(コミンテルン)ないしソ連に対抗するという点で、共通の利害を有する列国との協調を図る、というのがそのねらいであったが、その列国の中に中国が含まれていたことは言うまでもない。

中国と「防共」との関係については、もう一つ隠れたねらいがあった。それは、「防共」に込められた対ソ防衛の意味を強調することにより、強引に北支(華北)工作を推進して日中関係をこじらせている陸軍の目を北に向け、中国への干渉を抑制する、というねらいである。当時の重光葵外務次官は、ここに「防共」の重点を置いていた[30]。

このような重光の思惑に陸軍がどのように反応したのか、この点もあまりはっきりしない。三六年五月、支那駐屯軍はその兵力を二・五倍に増強させ、その理由を「抗日を標榜する共産軍の脅威および平津地方に於ける共産党および抗日団体の策動に基づく不安」に対処するため、と説明した[31]。たしかに、同年二月に陝西の共産軍が山西に進出して衝撃を与えたので、この説明にも理由がなかったわけではない。だが、支那駐屯軍増強の真の理由は、別のところにあった。実は、兵力増強とともに支那駐屯軍司令官を親補職とし関東軍司令官と同格とすることによって、華北問題は同駐屯軍の担当とし、関東軍に華北から手を引かせようとしたのである[32]。

このように「防共」のコンセプトないしスローガンは、さまざまの意味とねらいをもって使用された。列国協調、中国(蔣介石政権)との提携、華北に対する日本の影響力強化、関東軍による工作の抑制など、ときには相互に矛盾するねらいを帯びることもあった。注目されるのは、共産党の脅威はそれほど深刻には認識されず、むしろその存在を他の目的のために利用する傾向が見られたことである。

陸軍、特に現地陸軍では、この点で、やや方向感覚がずれている観があった。たとえば、三五年五月の梅津・何応欽協定によって、陸軍は河北省から国民党勢力を追い出した。追い出された国民党勢力は、抗日的な軍隊や党機関、特務組織であったが、こうした機関や組織は抗日活動を展開していただけでなく、共産党を厳しく弾圧していたのである。こうした国民党組織が追い出されたため、その間隙に共産党勢力が浸透することになる。陸軍は、このような状況を把握できなかった。共産党の浸透は抗日団体や学生の間で顕著であったが、北平（北京）天津地区をコントロールする第二九軍の高級将校を含む将兵にも浸透していた。[33] この事実も現地陸軍は知り得なかった。

一方、西安事件（三六年一二月）が発生した直後、『支那時局報』は、事件の原因が張学良率いる旧東北軍の中の不平分子の突き上げにある、とかなり的確に分析している。旧東北軍将兵の中に、給与など待遇面での不満と、「屢次（るじ）の剿匪に失敗せしが為匪軍に対する恐怖心を抱き之と妥協せんとするの傾向」が生まれ、そこを「失意分子の左傾青年」に付け込まれたのだと、と。[34]

事件の背後に共産勢力の動きがあると見られたためか、あらためて共産軍の実態、特にその戦闘能力についての分析も試みられた。この分析は、共産軍の戦闘法を「実に旧式」と指摘し、その短所として素質の劣悪化、統御・給養の困難さを挙げたが、剿共軍の攻撃に耐えたその長所を以下のように列挙している点が注目される。

「一、命令は絶対的にして之が任務を果さざる者は厳罰に処せらる

二、常に優勢なる兵力を集結しあるを以て剿共軍の分散又は連絡の不確実に乗じ各国［個］撃破を策し得

三、装備簡単、荷物輜重軽易なるを以て行動軽快にして「激動戦」の能力を充分発揮し得

四、連年山地を奔走しあるが為行軍力最も強し

五、常に非人類的生活を為し且労苦を忍ぶ精神を有す」

これもなかなか的確な分析であった。そしてこの分析は、事件が旧東北軍に対する共産派の影響によるものだとすれば、「共産軍勢力は飛躍的優勢となりしものにして其位置と相俟ち直ちに我が北支並内蒙工作に反映を来す」ので、今後の動向に充分警戒しなければならない、と結論づけた。(35)

事件から一ヵ月ほど経った頃の『支那時局報』には、「共産党の首魁毛沢東及周恩来は相当以前より西安付近に在りて活動中にして其為西安付近の赤化は著しく進捗」したとの観察が示されている。また、ここでは「共産軍は事件と共に其行動著しく活気を呈し」たと指摘し、南京の国民政府が「自主的に之を北方に逐込み満洲を擾乱せしめんと企図」している、との見方を紹介して、「之が今後の動向は益々戒心を要するもの大なり」と述べている。(36) 北支か内蒙か満洲か、共産軍の今後の進出方向に大きな関心が払われたのである。

盧溝橋事件直後、陸軍省新聞班は西安事件を振り返り、「西安事件は支那共産党が東北軍を其戦線内に確保して之を使嗾しクーデターを以て蔣介石の自由意志を奪ひ周恩来の活躍に依つて国民政府をして容共抗日を余儀なくせしめたものであり」、人民戦線戦術の「一大成功」ととらえた。(37) 国民党との妥協は「共産党の敗北ではなくして抗日の目的を達する為の相互の譲歩であり支那赤化の為の巧妙なる戦術と称すべく遂には共産軍の勝利に帰するのではあるまいか。然も其背後なる蘇聯邦の強大なる力を考へねばならぬ」とこの新聞班の論説は結んでいる。(38)「共産軍の勝利」とはいったい何を意味していたのだろうか。最終的には共産軍が国民政府軍に対して勝利する、とでも予想したのだろうか。

むすび

冒頭でも述べたように、日本陸軍は、一部の支那通軍人に限られるとしても、早くから共産党に関心を寄せた。国共合作により共産党が広東政権に食い込んでいたからであり、共産党が陸軍の仮想敵ソ連あるいはコミンテルンの指導下にあると見られたからである。共産党への関心は、国民党への関心と同じく、北伐の進行以後、強くなった。

ただし、共産党への関心はつねに国民党への関心と表裏一体となっている。つまり当初は、国民党内の非共産派と共産派とのヘゲモニー争いに関心が向けられた。満洲事変以後は、南京の国民政府や蔣介石の動向に関心が集中し、共産党への関心はその分、低下したと言えよう。

国共対立期に陸軍が注意を向けたのは、共産党とソ連とのつながりであった。特に瑞金ソヴィエト政権が崩壊し長征が始まると、共産軍が西に向かいソ連との接壌地区に入ることが懸念された。ただ、懸念した事態が現実化し延安にソヴィエト政権が登場しても、陸軍がその脅威をどの程度深刻にとらえたのか、そのあたりは、はっきりしないところがある。

この点は、共産党に対するソ連の影響力についての見方とも関連しているかもしれない。広東政権時代は、ソ連顧問団の存在もあり、ソ連ないしコミンテルンの影響力・指導力を重く見ていたように思われるが、国民党に弾圧され山岳地帯に立てこもるようになった時期には、共産党は自立を余儀なくされている、と見られたようである。そもそもこの時期の共産党あるいは共産軍は、イデオロギー性の希薄な、「土匪」と変わらぬ存在と観察された。

陸軍は、共産党を政党としてよりも、共産軍あるいは共産匪軍として観察していた。軍事組織であるからには、それも当然であったろう。当初は「土匪」と同様、「烏合の衆」としか見なされなかったが、西安事件前後から、戦い方は近代的ではないとしても、軍紀が厳正で軽快であり、毛沢東の「遊撃戦」を戦い得る軍事組織であると見直されるようになる。

ただし、この遊撃戦を戦い得る軍隊の実戦能力を見極めるためには、日中戦争の経験を待たなければならなかったのである。

第8章 日本軍人の蔣介石観——陸軍支那通を中心として

はじめに

明治以来、日本陸軍は日中関係の展開に重大な影響を与えた。特に満洲事変前後から、中国に駐屯・駐在する陸軍の出先機関が両国の関係に及ぼした影響には、はかりしれないものがある。そうしたなかで注目されるのは、「支那通」と呼ばれた軍人たち、つまり陸軍の中国スペシャリストたちの存在である。むろん彼らが陸軍の対中政策に与えた影響の大きさは個々のケースによって異なり、つねに陸軍の対中政策をリードしたわけではない。しかし、彼らが提供した中国に関する情報が、陸軍一般の中国認識や中国イメージの形成につながる有力な要因であったことは疑いない。一九二〇年代後半に新しい中国の指導者として登場した蔣介石に対する見方やイメージについても、同じことが言えよう。

この小論では、陸軍支那通の言動に焦点を絞ることよって[1]、陸軍一般の蔣介石観の特徴と、その特徴がどのようにして形成されたかを明らかにしてみたい。

1　蔣介石の台頭

陸軍支那通に関する先駆的な研究のなかで、北岡伸一は、旧支那通と新支那通という区分を提示している。[2]この区分によれば、坂西利八郎、青木宣純などを代表とする旧支那通の特徴は、坂西と袁世凱との関係に見られるように、中国の軍閥に密着し、軍閥を操縦することによって、日本の影響力や権益を維持・増大させようとしたことにある。これに対して一九二〇年代から登場してくる新支那通は、軍閥の存在を時代錯誤と見なし、軍閥を介在させずに使命を果たそうとした。また、旧支那通は、北方の軍閥の動向に関心を集中させ、その情報収集と分析に努力を傾けたのに対し、新支那通は、南方の国民党の動きに着目した。[3]

新支那通の代表的な存在として注目されるのが佐々木到一（陸軍士官学校第一八期、以下、陸士の期別は（一八期）のように略記する）である。佐々木は、一九二二年から二年間、広東武官として勤務し、その間、国民革命に共鳴して孫文への傾倒を強めた。佐々木によれば、国民党のリーダーたちは、それまでの中国の政治家とは質的に異なり、孫文を代表として、いずれも私利私欲がなく、権力に拘泥せず、人格的にも高潔で、高邁な理想に燃え、革命のために全身全霊を打ち込んでいる、ととらえられた。[4]なかでも蔣介石は「其の為人（ひととなり）や重厚にして廉潔、私欲に恬淡なる孫中山の感化を受くる所最も深き人と謂はれてゐる」とされた。[5]

ただし、広東駐在時代の佐々木は、蔣介石からあまり強い印象を受けなかったようである。[6]その後、参謀本部支那課に戻って満洲・華北に出張し、瀕死の孫文を天津に見舞って、孫文死後の国民党の動向を現地で予測・分析したときも、佐々木が孫文の衣鉢を継ぐ可能性がある者として挙げたのは、唐紹儀、胡漢民、汪兆銘、張継などで、そのなかに蔣介石の名はなかった。[7]

佐々木は、国民革命の前提条件として軍隊の改造が必要であると論じた。つまり、軍閥こそ国家分裂の真因であり、その私兵たる軍隊は私利私欲によって集められた烏合の衆にほかならず、軍紀を欠いているためにしばしば略奪暴行に走る、それゆえこれを改造して国軍とするには、厳格な軍紀に基づき中央政府の統制に絶対服従する軍隊をつくらなければならない、と主張したのである。こうした文脈から佐々木は、黄埔軍官学校の出身者を中核とした軍隊（佐々木によればカデット軍）と、校長としてそれを率いる蔣介石に注目するようになる。[8] 革命精神に燃えたカデット軍は軍閥軍と戦い、「軍紀は極めて厳正であつて、友軍を監視して掠奪等の非違を制し」たからであった。[9] 蔣介石は「支那陸軍改造の先覚者」とされた。[10]

やがて、広東では国共合作のもとで共産党を含む左派勢力が実権を握る。左派勢力の実権を支えたのは蔣介石率いるカデット軍であった。「蔣介石は赤色士官学校長として六千の兵を率ゐ、共産派に千鈞の重みを加へた」。一九二五年八月、国民党左派（容共派）の廖仲愷の暗殺をきっかけとして、カデット軍を中核とした党軍は反共産勢力を一掃し、広東には「蔣介石、汪兆銘、ボローヂンの三頭政治」が出現した、と佐々木はとらえた。[11]

しかし、佐々木は蔣介石を共産派とは考えなかった。蔣介石は、「革命の成功を期する為めには、共産党とも合作し、有らゆる内訌を避けて革命勢力の分散を免れん」としており、「国民共産両党を操つて、〔中略〕其の両者が、根本的理想に於て永久に合一できないにも拘らず、一時直前の目的には協力することができるものであるのを利用し、対立の理を応用して巧にバランスを求め、此のバランスが、取れた場合が革命勢力を維持する最適良の場合であると考へてゐる」と佐々木は分析した。[12]

したがって、一九二六年三月に発生した中山艦事件の後、蔣介石が共産勢力の一部を排除したのも、こうした文脈から分析された。つまり、共産勢力の追放はあくまで一時的・部分的なもので、彼は依然として国民革命の達成を目指し、革命勢力の分散を避けようとしている、と。[13]

広東政権の実力者となった蔣介石に関する佐々木の分析は、実は、彼が広東を離れた後のものである。蔣介石の台頭を現地で見ていたのは、佐々木の後任として広東武官となった磯谷廉介(一六期)であった、磯谷にとっては二度目の広東勤務である。磯谷は、第一次世界大戦後の民族自決の気運に影響を受けた中国の「国民思想ノ変化」を肯定的に評価し、[14]その点では新しい世代に属したが、国民党と蔣介石に対しては批判的であった。

たとえば、磯谷は次のように述べている。国民党は「労農露国共産主義」の「傀儡」となっており、統治の実績として見るべきものは何一つなく、その言うところはすべて勢力維持のための宣伝で、「民衆ヲ瞞着」するための方便にほかならない、と。[15]蔣介石に対しても、磯谷の見方は厳しかった。磯谷は、蔣介石の「勢力増大」が軍事面のみならず政治面でも顕著であることを認めながら、彼のもとで進められている軍事改革は「外形ノ整備」にとどまり、しかも蔣介石個人の勢力強化のために実施されているにすぎないと観察した。中山艦事件後に蔣介石は共産勢力を排除しているかのように見えるが、これをすぐ信用することはできないし、その政策も依然として「排外的思想ノ煽動利用」であることには大きな注意を払わなければならない、と磯谷は結論づけた。[16]

磯谷は広東政権の北伐実施の表明も信用しなかった。それは「政府ノ財政弥縫策上ヨリ来レル一種ノ宣伝」でしかないとされた。[17] ところが、磯谷の予想を裏切って北伐はまもなく実行に移される。北伐の実行に伴い国民革命軍総司令部が設置されたが、それは蔣介石が広東政権の軍権のみならず民政・財政を含む全権を掌握し、国民党親ソ派の専制政治を実現するためのものだと分析された。磯谷は次のように言う。蔣介石は孫文没後今日までの約一年余、「ロニ軍権ノ専断ヲ戒メ軍人ノ政治関与ニ極力反対シ」たが、その陰では「露国ノ後援ト軍官学校トヲ背景トシテ自家勢力ノ増進ニ腐心シ来リ」、「今日漸ク其野心ノ殆ト全部ヲ実現シ得タ」。「彼ノ今日アル所以ハ露国ノ後援ニ倚ルモノニシテ蔣ノ左右ノ如キモ亦殆ト彼同様ノ親露派ニ属シ然ラサルモ暫ク之等一派ノ勢力ニ属シ」ている。「従テ広東ニ於ケル蔣ノ勢力増大ハ又赤露勢力ノ伸展ヲ意味スルモノト謂フヘク今日ノ北伐主唱ノ如キモ亦露国顧問ノ指導ト使嗾ニ倚ルモノナル」ことは明らかである、と。[18]

新支那通の佐々木到一は蔣介石を、高邁な革命家グループの一員で、革命精神に燃えたカデット軍を率いる新しい指導者ととらえた。だが、同じ世代に属する磯谷廉介にあっては、蔣介石は権謀術数を弄して権力を専断しようとする野心家にほかならなかった。佐々木も蔣介石の権謀術数を否定してはいない。しかし、佐々木の場合、それは個人的野心のためというよりも、国民革命達成のための行動と見なされた。

陸軍中央では、磯谷の観察が説得力を持っていたようである。当時、参謀本部が作成した情勢判断では、中山艦事件後の蔣介石による共産派排除の動きも「蔣個人ノ位置ヲ鞏固ナラシムルノ一手段ニ過キスシテ其主義方針ニ何等ノ変化ナク」、「蔣ノ独裁左傾政策ヲ発揮シツヽアルハ蓋（おお）フヘカラサル事実トナレリ」とされていた。[19]

2 北伐

一九二六年七月、北伐が始まると、参謀本部に勤務する佐々木到一は、北伐の進展に驚きつつ黄埔軍官学校出身の青年将校たちの活躍に目を見張り、彼らに拍手を送ると同時に、北伐支持の主張を展開した。[20] 彼は、国民党が国民革命を成し遂げ、国家統一と国権回復と立憲政治を達成することに大きな期待を寄せた。

北伐は予想を超えるスピードで進行した。その過程では、ときおり外国人に対する排外主義的な、過激な行動も見られ、佐々木は健全な国民革命達成のため、そうした排外主義を自重すべきことを説いたが、それと同時に、排外主義は、帝国主義的列強に踏み付けにされてきた中国人の自然な反動であって、その点では当然視されるべきであり、また革命に伴う一時的な脱線であるとも見なした。国民党が政権の座に就き責任ある立場に立てば、過激な脱線は抑制されるはずだ、と佐々木は弁護した。[21]

このような佐々木に大きな衝撃を与えたのは、一九二七年三月に発生した南京事件である。北伐軍と軍閥軍との衝突に伴う混乱を避けるため、南京領事館に避難していた日本人居留民約一〇〇人が革命軍将兵によって略奪・暴行を受けた事件であった。このとき佐々木は、国民党内の過激分子が共産党に操られ、本来の革命運動から脱線している、と観察した。佐々木の分析によれば、南京事件は共産党あるいは国民党内の反蔣介石分子の陰謀によるものであり、それゆえ彼は、革命の逸脱を正道に戻し、本来の目的に向かって進むよう、「好漢蔣介石自愛せよ」と蔣介石への期待を語っていた。[22]

北伐の進捗とともに、非共産派と共産派との対立、あるいは蔣介石と反蔣介石勢力との反目が厳しくなる。共産派を含む反蔣介石勢力が武漢に国民政府を樹立すると、一九二七年四月蔣介石は上海で反共クーデターを敢行して共産勢力に大弾圧を加え、南京に国民政府を成立させた。こうしたなかで蔣介石に対しては「新軍閥」という批判が浴びせられるようになるが、佐々木は当初、その批判は当たらないとし蔣介石を擁護した。佐々木によれば、「革命政府なるものが、個人的私欲遂行機関でなく、且軍隊の政府乃至首脳部に対する服従が、完全に行はれてゐること」が重要なのであり、蔣介石が「革命政府、否孫中山の遺訓を遂行する機関に、何処迄も忠実であるならば、彼に強て新軍閥の名を負はせる必要はないと思はれる」とされたのである。[23]

ただし、佐々木の見るところ、革命の「熱あり力ある新進分子の多くが武漢に残つた」ので、これに対抗するため蔣介石は国民党以外の勢力を南京政府に取り込んだ。この結果、「革命の気力は低下するを免れ」ず、ここから「軍閥官僚への退化と称する悲しむべき傾向が現はれ来るとすれば、夫れは革命の堕落でなければならぬ[24]」と佐々木は憂慮を募らせてもいた。

新支那通の佐々木が「革命の堕落」を警戒し始めた頃、旧世代に属する支那通軍人たちは、蔣介石についての認識を改めつつあった。そもそも旧支那通の多くは、北方軍閥の動向に関心を集中し、南方広東の情勢にはあまり注意を払わなかった。広東情勢に言及することはあっても、国民革命には否定的であった。国共合作により広東政権の存在が軽視できなくなっても、たとえば、坂西利八郎（一期）は、北伐前の広東政権を「共産主義の政府」ととらえただけで、それ以上に議論を進めなかった。[25]蔣介石の存在に目が向けられる場合があったとしても、それは、「共産主義の政府」の一軍事指導者という程度にすぎなかっただろう。

しかしながら、蔣介石と共産勢力との対立が激しくなると、やがて蔣介石に対する見方も変化し始める。南京事件の直前に執筆され、陸軍将校の親睦団体の機関誌『偕行社記事』にペンネームで掲載されたエッセーは、「何はともあれ蔣介石は共産党の反対立場にある事、従て孫文遺嘱事項の実行に忠なるものであることは多少明瞭となつた次第である」と指摘した。[26]予備役に編入され貴族院議員となった坂西は、北伐の過程で国民党が共産党による「破壊」の危険性に気づいたことに着目し、共産党の背後にあるコミンテルンの脅威に対抗するため、日本は中国南北両勢力の「赤化撲滅」の動きを支援すべきであると論じた。[27]

こうして旧支那通を含む陸軍軍人の間では、蔣介石に対する一抹の警戒心を残しながら、彼の反共的姿勢をその穏健化ととらえ、穏健派の代表たる蔣介石への接近を図るべきであるとの見解を示すようになる。当時、参謀本部第二部長（情報部長）であった旧支那通の松井石根（九期）は、田中義一内閣のもとで開かれた東方会議（一九二七年六月～七月）で、「革命進行ノ過渡時代ニ於テハ蔣介石、何応欽等ノ軍憲ニ実力移ルハ自然ノ勢ナルヲ以テ現在ノ如ク蔣介石等カ穏健ナルハ我ニ取リ有利ナリ」と述べ、「南京派ハ共産主義ヲ排シ純国民主義ヲ採リ漸次穏健ニ向ヒツツ」あるとの観察を提示した。[28]

その数ヵ月前、松井が南京事件解決に関する参謀本部の方針として外務省に提示した文書のなかにも、次のようにほぼ同様の判断が示されている。「南京事件ノ解決ニ関シテハ努メテ蔣介石等南方派ノ穏健分子ヲ擁護シ其ノ責任ノ所在ヲ同派中ノ過激分子即チ共産派ニ帰スルノ趣旨ニ因リ尚英米諸国ト蔣介石トノ間ヲ調和斡旋シ平和的解決ノ手段ニ努ムルヲ可トス」[29]。

陸軍出身の田中義一首相兼外相も松井と同じ見方をしていたようである。南京事件直後の一九二七年五月、田中は枢密院で、「日本トシテハ比較的温健ナル行動ヲ執レル蔣介石カ漸次堅固ナル基礎ノ下ニ共産派ヲ打破シテ勢力ヲ得ヨカシト精神上彼等ニ同情ヲ有ス」と述べ、北伐に伴う中国と列国との紛争に関しても、「蔣介石ヲ談判ノ相手トシ彼ニ充分ノ責任ヲ負ハシムルヲ以テ得策ト考ヘ又蔣介石自身モ責任ヲ以テ其ノ衝ニ当ル覚悟ナルカ如ク看取セラレタ」とし、「今後ニ対スル余等ノ考ハ一日モ早ク南京政府カ勢力ヲ得テ列国ノ談判ノ衝ニ当ル様ニ為レカシト切望セル次第」であると論じていた[30]。

旧支那通を含む陸軍軍人の多くは、蔣介石の穏健化を歓迎した。穏健化とは共産勢力との訣別を意味していたが、そこにはしばしば蔣介石の「軍閥化」への期待も含まれていたように思われる。そして、陸軍は「軍閥化」した蔣介石への接近、彼との提携を模索し始める。だが、それこそ新支那通の佐々木到一が憂慮しつつある傾向だったのである。

3 済南事件

佐々木到一は、参謀本部支那課勤務を経て中国公使館付武官補佐官として北京に駐在した後、一九二七年南京駐在（南京武官）に転じ、蔣介石と直接会見する機会も持つようになる。やがて北伐が再開されると、佐々木は従軍を蔣介石に申し入れ、蔣介石は、日本軍と衝突した場合の連絡役を佐々木に期待して、従軍を許可した[31]。そして、蔣介石が危惧していたとおり、一九二八年五月済南事件が起こる。このとき佐々木は蔣介石の要請により、日本軍に停戦を求めるため、日中両軍の間を往復したが、その過程で中国軍兵士と住民にリンチを受け、重傷を負ってしまう。彼を襲ったのは蔣介石直系軍ではなく、国民革命軍に同調した馮玉祥軍の一部であったが、兵士や住民を攻撃に駆り立てたのは国民党の排日宣伝であると受け取った佐々木は、それまでの彼の中国観を転換させることになる。

佐々木を転換させたのは、リンチだけではない。この事件を契機として蔣介石の日本軍に対する不信が強まり、佐々木は南京に戻ってから蔣介石と会見する機会を得られなくなってしまう。佐々木は、こうした個人的体験を契機として、国民党に対する見方、蔣介石に対する見方を大きく変えてゆく。佐々木によれば、「革命の堕落」という彼の危惧が現実化してしまった、とされたのである。

蔣介石が北伐を成し遂げた後、佐々木は次のように論じている。国民政府が率いる軍隊の大部分は、軍閥時代のものと実質的には変わっていない。それは蔣介石や馮玉祥や李宗仁や閻錫山など個人に忠誠を誓う「封建的私兵的意識」を色濃く有しており、それゆえ軍事権力の全国的統一は完成されていない、と[32]。

軍閥時代から本質的には変わることができず、その意味で堕落したとされたのは革命軍だけではなかった。国民党も、蔣介石も堕落した、と佐々木は主張する。佐々木によれば、「蔣、宋、陳ら彼の一党は、国民党中に於て更に党を作るものであつて孫中山の後継者ではない。彼は実に私党を以て国家の看板を掲げ、国利民福を売り私利を図つて国家統一を標榜する者であつた[33]」。国民党はもはや広東時代の、私利私欲を超越した国家本位の高潔な人格の革命家の集団ではなくなった、とされたのである。その点からすれば、蔣介石は、旧来の軍閥と同じく、国家の統一よりも個人の権力と個人の利益を優先させる「私党」集団の親玉にすぎない、と見なされるようになったと言えよう。

この頃、陸軍軍人が執筆したもののなかには「支那民族性」「支那国民性」に言及している例がよく見られる。端的に言えば、それは要するに、中国人には国家観念がない、それゆえ近代国家を樹立することができない、法治の観念もなく、道徳観念も薄弱で私利私欲で動く、といった傾向を、中国の国民性、漢民族の民族性とする見方であった。佐々木のような新支那通は、こうした「民族性」が国民革命を通じて変わることに期待したのであったが、その期待が現実によって裏切られ、「支那民族性」は変わり得ないとの思いに囚われることになった。これに対して旧支那通たちは、「支那民族性」はほぼ恒久的に変わり得ぬものとの前提から出発し、蔣介石をはじめとする国民党のリーダーも、そうした中国の「民族性」や政治的伝統の枠内でしか理解されなかった。

北伐完成後も、軍人たちが関心を寄せたのは、蔣介石と馮玉祥や閻錫山との対抗関係であり、さらには南方派の内訌、広西軍閥との対立、国民党内の派閥抗争であった。一九三〇年、坂西利八郎は中国現地を視察して、その視察結果を貴族院の一会派である研究会の会合で語ったが、そこでは「支那軍閥ノ分野ノ概略」が説明され、蔣介石は当然のように軍閥の一員と見なされていた。(34)

4　独裁化

よく知られているように、満洲事変の首謀者は関東軍作戦参謀の石原莞爾（二一期）である。石原は、「支那人カ果シテ近代国家ヲ造リ得ルヤ頗ル疑問ニシテ寧ロ我国ノ治安維持ノ下ニ漢民族ノ自然的発展ヲ期スルヲ彼等ノ為幸福ナルヲ確信スルモノナリ」[35]との前提から事変を画策した。石原が主導した謀略や満洲の独立国家化に、支那通を含む軍人たちがどこまで同調していたかは分からない。ただ、中国人には近代国家をつくる能力がない、という彼の前提については、旧支那通も新支那通も、そしてその他の軍人の多くも、同意していただろう。

一九三三年、関東軍が熱河作戦を展開し、長城線で激しい戦いを繰り広げていた頃、陸軍は蔣介石に関する冷ややかな観察を報道機関に提供している。たとえば、「蔣介石は北支の時局を拾収する為先づ雑軍の潰滅を以て第一の目標とし〔中略〕之が潰滅を日本軍の手に依って行はしめる為之を喜峰口古北口等の第一線に進め其後方に自己直轄の中央軍を配置して無理やりに日本軍に対して攻撃を敢行せしめ之に依って兵力の消耗を企図して居る」といった観察がそうである[36]。蔣介石は、国民政府による中央化を進めるため、あるいは自分の権力強化を図るため、陰険な術策を弄する冷酷な指導者と見なされた。

関東軍の華北侵入に対して、蔣介石は黄郛を登用して現地に派遣し、平津地域失陥を避けようとした。そして黄郛は、塘沽停戦協定を結び、北平政務整理委員会の首班となって日本との関係安定化を図ろうとする。ところが、その頃、満洲国軍政部顧問となっていた佐々木到一は現地を視察し、次のような厳しい分析を報告した。蔣介石が黄郛や親日分子を起用しているのは「一時ヲ糊塗セントスル所謂緩兵計」であり、「斯クノ如キ彼等ノ常套的手段ヲ過信シテ日支関係ノ復旧ナリトスルカ如キハ鼻ヲ摘テ糞臭ヲ覚ヘストスルニ異ナラス」[37]。佐々木は、「安内攘外」というスローガンに示された蔣介石の対日妥協政策をまったく信用しなかった。

そのうえ佐々木は「蔣介石ヲ中心トスル国民政府ハ終焉ニ近ツキツ、アリ」と指摘し、中国の再分裂を予測していた。この点は、佐々木の報告書を印刷配布した満洲国軍政部最高顧問の多田駿(一五期)が「聊カ独断的予測ヲ加ヘアル嫌ナキニ非サルモ参考ニ資スヘキモノ多々アリ」との留保を付しているので、支那通のコンセンサスとは言えなかったかもしれないが、陸軍省は佐々木の予測と似たような情報を報道機関に提供している。これによれば、「今や蔣は共産匪の活動、広東派を核心とする西南聯盟の結成、旧東北軍将領間に漲る反蔣的運動の具体化等外方面よりの重圧の他に政府部内の不統一、浙江財閥の疲弊等内的困窮の為其前途の影は逐次薄くなつて来た」と観測された[38]。

国民政府が終焉に近づきつつあるとか、蔣介石の影が薄くなっているとかいった点はともかく、北伐後も、中国の政治的統一は達成されていない、という見方は陸軍に共通した認識であった。たとえば、陸軍省調査班が作成した小冊子は以下のように述べている。「国民党の北伐は従来の軍閥と妥協し之を抱擁して遂行せられ、[中略]一度京津の地を占領するや国民党は目標を失ひ、党としての統制は弛緩し、所謂新軍閥の存在が表面化し、其嫉視反目と地盤争とは延いて内乱に継ぐに内乱を以てするに至つた」「国民党の威令の如き僅かに江蘇、浙江、安徽及江西の一部に過ぎずして、国民政府成立以来未だ曽つて真の統一成らずと云ふも敢て過言にあらず、[中略]政客、軍閥各勢力の拡張地盤の争奪に没頭し、合縦連衡悉く利害打算に出発するが如き、支那国民性の然らしむるもの大なるを疑はない」[39]。

この小冊子は、国民党を思想的傾向から右派、左派、中間派に区分し次のような説明を加えている。「中間派とは武力及財閥を後援とする機会主義派とも云ふべく、其中心人物は蔣介石であり、否寧ろ中間派全部が蔣介石なりと云ふのを適当とする位で、彼の党内に於ける閲歴竝地位よりして其政治的発言権は絶大である」[40]。要するに、北伐後も国家統一は達成されず、軍閥との抗争や国民党内の派閥争いが続き、国内の分裂状態は従来と変わらないが、そのなかで蔣介石は、さまざまな術策を駆使し、新軍閥として最大の政治勢力を有している、と見られたと言えよう。

その蔣介石の政治権力の基盤と見なされたのは、この小冊子が述べているように、彼の率いる軍隊と財閥であった。財閥とは、すなわち浙江財閥のことであり、それが蔣介石の政治的な力を支えている重要な柱であるとする観察は、陸軍にとどまらず、当時の日本人の間でよく見られた見解であったと言ってよい。

陸軍軍人が、軍隊と財閥のほかに蔣介石政権を支える重要な要素として注目したのは、蔣介石個人に忠誠を誓うとされた秘密組織、藍衣社である。藍衣社については外務省も注視し、その存在と活動に大きな関心を払ったが[41]、陸軍が示した関心はそれを上回った。たとえば、陸軍省が報道機関に提供していた情報では、「藍衣社は一種の共産党的組織を模倣せる「フアッショ」党で蔣介石の支持を受けて居るもの」とされ、排日運動も「藍衣社の周密なる組織と計画に依り統制せられて居るもので日支紛争に対する蔣介石の報復手段と看做さざるを得ない」と指摘された[42]。藍衣社がファッショ的秘密組織であるという分析は外務省も同様であった。

また、蔣介石が藍衣社に対して次のような命令を下した、という「確実なる情報」も提供されている。すなわち蔣は、「抗日は国民党の生命なり」と前提しつつ、安内攘外政策の必要性を論じ、そのうえで「一時的方便として対日工作を緩和し政治外交上の策暴を以て彼等を欺瞞して其鋭鋒を掣肘し置きこの間内を整理充実して次で統制ある抗日に転向し最大効果を挙げんと欲するなり」と指示したというのである。(43)

藍衣社と排日との関係は後述することとして、ここで注目すべきは藍衣社が蔣介石の権力集中を支え、その独裁化に貢献しているという見方である。たとえば、『偕行社記事』に掲載された匿名の論文では以下のような分析がなされている。藍衣社は「内外の情勢を察し支那を救国するは独裁政治ファッショ政策を取る以外に方法なし」という発想から生まれ、「其後藍衣社は蔣介石直系の御用党として非常なる発達を遂げつゝあり」、「反蔣的色彩ある人物は一歩も仮借せず要すれば暗殺手段の如き「テロ」行為を敢行し」、「蔣介石を擁護しその独裁に反対する者を排除する為めには手段を選ばざるの状況」を呈している。「国民政府を操るものは国民党にして国民党を操るものは藍衣社」である、と。(44)

中国に駐在する軍人から報じられた情報とその分析に基づいて参謀本部が作成・配布した『支那時局報』も、次のような類似の観察を示している。「蔣介石ハ独裁的地位完成ノ目的ヲ達成センカ為秘密結社ヲ操縦シ所謂探偵政治、暗黒政治ヲ実行シアリ」、「彼ノ独裁強化熱傍若無人ノ行動ノ蔭ニ何等カ隠然タル大勢力ノ支持アリトハ殆ント常識的ニ内外一般ニ信セラレテ居ル処テアル、此ノ蔣介石ノ握ル秘密勢力ノ実態ハ果シテ何カ」。それこそ藍衣社（実名復興社）にほかならない。かくして「今ヤ支那ハ中国革命ニ当リ総理孫文ノ定メタル国民党ノ真精神全ク失ハレントシ国民党ハ単ニ形骸ノミ存シテ実体実勢力ヲ復興社ナル一私人ノ秘密結社ニ奪ハレントシツツアル」[45]。

日本軍人のこうした批判にもかかわらず、蔣介石への権力集中と国民政府による中央化は進捗した。一九三三年一一月福建人民政府が成立し国民政府からの独立を宣したが、広東・広西等、西南派の足並みが揃わなかったこともあって、蔣介石の前に屈した。一九三四年一一月蔣介石は江西省瑞金の共産政権を崩壊に追い込み、「長征」に移った共産勢力を追って四川に直系軍を入れ、同地の軍閥軍を追い払って四川の中央化も図りつつあった。

一九三五年春、『支那時局報』はこのような事態の推移を次のように観察している。「蔣介石ノ軍事独裁的地位ノ確保工作並支那統一工作ハ昨年末以来頓ニ顕著トナレリ」。現在、蔣介石は共産勢力を追って四川に兵を進めているが、「蔣今次ノ軍事工作ノ重心ハ剿匪ニ非スシテ却テ四川、貴州、雲南等ノ軍事的、政治的、財政的ノ制覇ニ在リ」。さらに、この「軍事工作ハ西南ノ解決ノ準備トシテ西南ノ外廓ヲ平定スルニ在リタリ」[46]。また、その数ヵ月後、済南武官の石野芳男（二八期）は、蔣介石の四川工作について、「四川、貴州、雲南ヲ貫ネテ複廓地域タラシムヘク企図シ［中略］重要軍事施設ヲ逐次四川ニ移シツツアリ」との情報を報告している[47]。

蔣介石による中央化事業についての陸軍軍人の観察は、中央化事業を否定的に評価する傾向を別とすれば、それなりに正確であった。四川進出の意図も、西南中央化への目配りも、四川の大後方基地化も、蔣介石の動きを陸軍はよく把握していたと言えよう。一方、この頃、蔣介石は中央化を進めつつ、日本との関係安定化にも積極的に応じようとしていた。陸軍は、こうした蔣介石の対日姿勢をどのように理解したのだろうか。

5 抗日

一九三三年五月に塘沽協定が成立して満洲事変に一応のピリオドが打たれた後、日本政府は中国政府内の「親日派」との提携によって日中関係を安定化させようと試みた。日本側が「親日派」と見なした中国の政治指導者のなかには、黄郛や汪兆銘のほかに、蔣介石も含まれていた。こうした関係安定化の試みを通じて、満洲国と中国との間には、通車、通郵、設関などの実務協定が成立した。

しかし、これまで指摘してきたように、陸軍、なかでも中国を担当する軍人の間では、蔣介石の姿勢について懐疑的な見方が強かった。たとえば、先に紹介した陸軍省調査班の小冊子は、「国民党の革命外交殊に謬れる三民主義の適用は、極東の平和を攪乱し、日支の共存提携に有害相容れざるものであるから、国民党にして依然其主義政策を改めざる限り、日支両国間の親交は木に縁りて魚を求むるの類と云はねばならぬ」と論じていた。しかも革命外交には、もうひとつの側面があるとされた。「一面かゝる排外、排日を高唱する所以は、軍閥政客が名を愛国運動に藉りて、自己の政治的立場を対内外的に重からしめ、或は立身の捷径たらしめんとして人民に阿ね、或は国民の関心を外国に指向し以て国民党の秕政を隠蔽せんとの策略に外ならないのである」と。(48)

おそらく蔣介石もこの「軍閥政客」のなかに含まれていたに違いない。

一九三三年から三四年にかけて参謀本部支那班長であった影佐禎昭（二六期）は、一九四三年に口述筆記した回想録のなかで、当時の中国を次のように考えていたと述べている。「国民政府の排日政策は夫れによりて国内統一の完成を期する上に非常に役立つことになつたが、此政策は既に該政府にとりては其政治的生命とまでなつてゐるものの如く観ぜらるるのみならず、満洲事変以後の事態は国民政府をして弥々此政策を強化せしむることとなつた」。「支那の民族主義に対しては十分の理解を以て臨み、其円満なる発展を期待し、仍て以て完全なる統一国家の完成を希望し、之が援助に吝かであつてはならないが、［中略］排日を骨幹とするが如き極端過激なる民族主義は東亜の平和の為には寔に有害である［中略］若し国民政府にして依然該政策を維持し鞏化するに於ては究極に於て日支関係は最悪の事態に突入するの外はない」(49)。

同じ頃、影佐の上司で支那課長を務めていた酒井隆（二〇期）は、中国との関係改善に否定的であった。ある講演で酒井は、「どう考へても支那は永久に日本の友邦にあらずして、唯これをリードするものは日本の偉大なる経済的実力、この実力あるのみ、それを除いて日支親善をいつても駄目、支那は喉元へ白刃を突き付けて、これか、然らざれば金か、降伏か、然らざれば我に屈従か、斯ういふ所に押し詰めて行かなければ決して日本の思ふやうに動くものではありませぬ」と述べていた(50)。その後まもなく酒井は支那駐屯軍参謀長となり、約一年後に中国側を威嚇して、いわゆる梅津・何応欽を成立させるが、それを予告するような講演内容であったと言えよう。

支那班長として影佐の後任となった楠本実隆（二四期）の見解も辛辣である。楠本は講演の中で、「北伐を開始します時から蒋介石の頭の中には歴代の支那の帝王の考へで居りました、封建的な所謂天下取りの考へ以外何もないのでありました」と蔣介石の野心を強調し、蔣介石は「日本を適当にあやつり欺して其の感情を緩和し、恐るべき日本の勢力の北支那侵入を防止し、支那側に有利な国際情勢の展開する迄成る可く現状のまゝに日本を引きづらむとして居るものであると見るべきでありま す」と論じた。楠本によれば、「支那は一面日本に対し親日連日派を利用して適当にあしらひ、表面緩和策を講じつゝ他面国内の統一と武力の拡大強化に鋭意努力して居るものでありまして、〔中略〕其の対日政策なるものが単に一時的の方便であり、欺瞞策であるといふ真相を愈々暴露して来る事は必然的であります」とされた。「蔣介石の対日根本観念は復讐の二字を以て尽きて居り、現中央政府の対日工作は親日三分、抗日七分である」という言葉で、楠本は講演を締め括っている。[51]

一九三五年に入って、日中両国政府とも関係改善の積極的意図を表明し、中国政府は排日行為禁圧の方針を打ち出した。だが、陸軍の中国担当者の懐疑的な態度は変わらなかった。たとえば『支那時局報』は、中国がイギリスと借款交渉を始めたとの情報を重視し、日中提携を標榜しながら対英交渉を進めるとは中国のいつもの「表裏二種外交、欺騙外交」にほかならないと批判した。[52]また、「蔣、汪政権ノ日支提携ハ動機ニ於テ不純ナルモノアリ実現性ニ於テ信ヲ措キ難キモノアリ」とされ、その真の動機は日本の圧迫を避けつつ、反蔣派の西南軍閥に対する日本の援助を妨げることにあると観測された。[53]

こうした点は、広東武官の任を終えて参謀本部に戻ってきた和知鷹二(二六期)が強調するところでもあった。和知は、中国民衆と日本との間には本来親善関係が結ばれるべきはずなのに、「それを邪魔して居る政府が蔣介石に依つて支配せられて居る限り本当に打割つた所の日支親善が実現せられやふとは思はれない」としつつ、蔣介石が今後、日中提携をどの程度まで実行するかを注視しなければならないと論じた。[54]

一方、華北では、対日提携の表明にもかかわらず、むしろ排日事件が頻発していることが強調された。『支那時局報』は、そうした事件の頻発によって「南京政府ノ対日転向ノ真ナラサルコト」が証明されたとし、[55]排日抗日の取締こそ「南京政府ノ対日誠意披瀝ノ標徴」であるはずなのに、「官憲ノ誠意アル取締」やその成果が見られないばかりでなく、かえって「官憲ノ使嗾」や官憲自身の実行によって、依然として排日抗日の事実は続出している状態にある、と批判した。[56]

このように陸軍支那通が蔣介石の対日提携姿勢に不信の目を向けつつあったなかで、一九三五年五月日中両国は相互に常駐外交代表を公使から大使に格上げした。それは、日中関係安定化の試みがピークに達したことを象徴する出来事であった。だが、陸軍支那通は、これにも否定的だったのである。『支那時局報』によれば、陸軍従来の見解は「南京政府ノ対日態度改マラサル今日大使昇格ヲ実施スルカ如キハ百害アリテ一利ナク未タ其機ニアラス」というものだったが、外務省は陸軍の反対を知りつつ事前の了解を得ることなく「突如」実施に踏み切った、とされている。大使昇格は「日本ノ支那ニ対スル親善的誠意ノ披瀝」であるから、その可否は「南京政府ノ対日誠意」を検討して決定すべきだが、「南京政府ノ対日提携政策ハ現在ノ処純正ト判断スルコト能ハス」。したがって、この時点での大使昇格は「最モ策ヲ得サルモノニシテ日支ノ関係ヲ実質的ニ危殆ニ陥レルモノナリ」とされたのである。[57]

公使館付武官から大使館付武官となった磯谷廉介も強く反対している。磯谷によれば、国民政府内の親日派との提携によって日中国交を安定化させようとする政府の対中外交がそもそも無意味であった。「南京政権者ノ実体ハ勿論蔣介石ニシテ南京ニ在ル要人即チ汪精衛初メ所謂親日派ト称セラル、手合ハ単ニ政権者カ対日緩衝機関トシテ設置セル傀儡ト見ルヘク」、たとえこの対日緩衝機関が心から日本との友好を望んでいるとしても、すべて実権者に指示を仰がねばならず、しかもつねに蔣介石率いる秘密機関によって監視されている。したがって、対日緩衝機関の言動から中国の意図を読み取ろうとしたり、それに基づいて日本の対日政策を樹立しようとしても無理である、と磯谷は指摘した。(58)

その後、華北では陸軍出先機関によるいわゆる北支工作が積極化する。五月下旬、支那駐屯軍参謀長の酒井隆が抗日テロ事件に対する責任を追及して中国側に強硬な要求を突き付けつつあった頃、磯谷は上海で黄郛と会い、次のように述べていた。「日支関係ノ根本調整ハ南京政権カ過去現在ノ対内対外政策ヲ根本的ニ改変シ党部ノ活動及藍衣社、憲兵等ノ暗躍ヲ排除セサル限リ不可能ナリ、蔣介石ニシテ一片ノ誠意アラハ須ク速ニ此等分子ノ弾圧ヲ企図スヘク又敢行スルノ実力ヲ有スルニ拘ラス口ニ日支提携ノ口頭禅ヲ唱ヘ乍ラ暗ニ叙上諸機関ヲ指導シテ排日ヲ煽動シ対日接近者ヲ脅威スルカ如キ陰険ナル政策ヲ採リ却テ従前ニ比シ其状甚シキモノアリ」。(59)

磯谷と同じく『支那時局報』も、華北で発生した抗日事件は「実ニ南京政権ノ二重政策ニ基ク南京政権ノ外廓秘密機関、軍隊、官吏ノ対日挑戦攪乱行為」にほかならないとし、特に親日・反蔣新聞社社長の暗殺は藍衣社によるものであり「蔣政権最上層部ノ指導ヲ受ケ地方最高官憲ト結託」したテロであると非難している。(60) 磯谷は、この暗殺事件は蔣介石自身の指示によるものだという情報を報告していた。(61)

その頃、参謀本部支那課に勤務し、まもなく大使館付武官補佐官として北平に駐在することになる今井武夫(三〇期)は、支那通のなかではいわば「良識派」に属したが、その今井ですら、「国民党の政策といふものはその成立以来排外的革命外交を以て根本主義と致しまして、特にその重点を排日に指向して居りました関係上、北支が南京の統制下に這入るに従ひ、又北支に各種の南京系の機関が配置せらるゝに従つて漸次排日排満的行動が頻発するやうになつたのであります」と論じ、『支那時局報』とほぼ同じ論理と文言を用いて現地軍の要求を説明した。(62)『支那時局報』を作成・編集していたのは、今井ら参謀本部支那課の軍人であっただろうから、それも当然であった。

排日・抗日政策は国民党の結党以来の基本的政策であるとされた。さらに、排日・抗日政策は、蔣介石の権力維持ないし独裁化のために利用されてきたと見なされた。排日・抗日政策と蔣介石の権力維持とは一体不可分のものとさえ考えられたのである。日中提携・親善のためには、中国にその基本的政策を変えさせなければならなかった。しかし陸軍支那通は、国民政府内の「親日派」との提携による関係安定化は幻想にすぎないと否定した。では、どうすればいいのか。

磯谷は、「其対内対外政策の根本是正を支那自ら断行せしめ茲に新なる政策により確立せる政府(之か蔣を中心とすると否とは不問)との間に東洋永遠の平和の基礎を樹立(軍事、財政、産業等各般の)する腹案を立つることこそ現下の急務」と論じていた。彼は、「軍部が徒に蔣介石個人の排斥等を主張」することは慎まなければならないとの留保を付したが、(63)蔣介石による政策の「根本是正」については既に否定的であったと言うべきだろう。同じ頃、磯谷は日本の外交官に対して、「吾人ハ蔣自身ヲ倒スコトカ直接目的ニ非スシテ蔣ノ行ヘル政策ヲ不可トスルモノナリ然シ蔣ニシテ我要求ヲ容レンカ必ス失脚スヘシ」と語っていた[64]。

楠本実隆は以下のように論じている。論理的に考えれば「今若し支那が対日全面的転向を敢行せんか南京政府は倒壊に瀕すべきか若くは精神的自殺にも陥り兼ねまじき絶体絶命の境地に立つべきが当然」だが、それでも中国が対日提携を表明したのは、日本の力と日本軍の圧力を恐れたからである。つまり、その真意は日本の対中態度の緩和にあり、その意味で、「支那の対日転向は其の動機に於て不純なものがあり本質的なものでない」。それならば、「一夜漬の対日転向にあらずして思想上の根柢より洗ひ浄められたる純正なる対日親善」をどのようにして実現するか。中国政府は自力でそれを成し遂げることができない。それゆえ、どうしても日本の力で実現しなければならない、というのが楠本の結論であった[65]。

磯谷もほぼ同じ結論に達していた。「目下支那は南京政府即ち国民党一部の者の私政府の対内政策是正の必要に迫られつゝ之を断行する（又せしむる）者一人も無之（これなき）情態にして之をなさしむるもの即ち日本なりと確信せられ居り候[66]」。

6 再認識

一九三五年一〇月、大連で参謀本部第二部長（情報部長）の岡村寧次（一六期）、中国大使館付武官の磯谷廉介、関東軍参謀副長（満洲国大使館付武官）の板垣征四郎（一六期）、支那駐屯軍司令官の多田駿が会合し、中国情勢と対中政策を協議した。いずれも陸軍の要職にある同世代の支那通であった。この会合（大連会議）では、「支那ハ統一セラルヘキモノニ非サルコト」に意見の一致を見たという。[67]

ところが、この後まもなく国民政府は国家統一に向けて大きな一歩を踏み出す。イギリスの支援を受けて幣制改革を断行し、金融の面から全国の中央化を推進しようとしたのである。現地の日本陸軍はこれに激しく反発し、華北を国民政府の統治下から分離しようとする北支工作を、これまで以上に強硬に進めようとした。

関東軍参謀長となった板垣は対ソ防衛の立場からストレートに国民政府不信を表明していた。板垣は、「若シ現状ヲ以テ推移セハ蘇聯ト帝国トハ早晩必ス衝突スヘキ運命ニ在リ」とし、「而シテ軍ハ支那ノ現状ハ遺憾乍ラ日蘇開戦ニ際シテハ支那ヲシテ蘇聯ノ友邦タラシムヘキ公算極メテ大ナルモノアリト判断シアリ」と断じたのである。[68]

こうした状況のなかで磯谷は、中国の各地方から対日政策の是正を促し、究極的に国民政府の根本政策の是正を実現しようと考えたようである。[69] 河北省から国民党部や藍衣社等の特務組織を撤退させた梅津・何応欽協定はその第一歩とされた。同協定成立直後に、磯谷と上海武官の影佐禎昭は、上海の一雑誌が天皇に関する不敬記事を掲載したこと（新生事件）を攻撃材料として、上海地域から国民党部と藍衣社の撤退を要求しようとした。また、西南（広東、広西）軍閥の対日接近を利用する可能性もあるとされた。

ちなみに、蔣介石ないし国民政府に対する批判がきわめて厳しいのに対して、陸軍の西南派に対する見方は、過度に好意的であったように思われる。たとえば、『支那時局報』は、広西省の「全省民一致協力セル真摯ナル建設工作ハ支那ニ於テハ異数トスル処寔ニ賞讃ニ堪ヘサルモノアリ」とし、

「赤誠ヲ披瀝シテ」日本の協力を望んでいると述べている。[70] 広西に派遣されていた和知鷹二によれば、、広西では「明るい政治」が実践され、西南の指導者たちは「信望あり民心を把握して居り、将来蔣介石でも下野するといふやうな時機があつたならば、自ら中央に出て支那を支配して、この瀕死の状態にある支那を復興してやりたいといふやうな希望に燃えて居る連中」と表現された。[71]

陸軍の蔣介石に対する見方は厳しかった。だが、彼に対する個人攻撃は抑制すべきだとされたことにも注目する必要があろう。上述した大連会議の内容を外務省側に説明した参謀本部情報部長の岡村は、蔣介石に対する個人的排撃は、かえって蔣介石に利用されるおそれがあるので、厳格に慎むべきであるとの了解に達したと述べている。西南に対しては南京政府を牽制するため従来どおり援助するが、西南派によって中国を統一させるなどというのは「妄念」であり、その親日態度も買い被るべきではないとされた。[72] 岡村や磯谷は、和知などに比べれば、まだそれなりに常識的であったと言えようか。

しかし、一九三六年八月以降、成都、北海、漢口、上海など中国各地で日本人が襲撃される事件が続発すると、陸軍の態度は硬化する。陸軍省軍務局長に就任した磯谷によれば、南京政府の「指導精神」は広東の国共合作時代以来変化しておらず、国民党部がその核心をなしている。それゆえ、国民党部の指導精神が変わらない限り、日本との提携などあり得ない。日本としては、そのような指導精神に基づく政府が中国の中央政府となっているのは、「洵(まこと)に東洋平和の為に害をなして、不安で耐(たま)らぬ」。したがって、そうした政府ならば、「引き下つて貰ひたい」「もう御免蒙りたい、承認は御断り申し上げる」。日本が南京政府不承認という態度に出た場合、南京政府はその指導精神を根本的に改める部分と、改めない部分とに分裂するだろう。日本は、指導精神を改めた部分を徹底的に支援して中央政府に育て上げればよい[73]。磯谷がこの時点で国民政府否認を示唆したことは注目さるべきだろう。ただ、彼は、南京政府が分裂した場合、蔣介石は指導精神を改めた部分に入って来るだろう、と予想していたのだが。

一方、その頃、蔣介石が「抗日」のため対日戦を準備しているとの不確定情報が、現地から陸軍中央に送られていた。たとえば、広東省政府が中央政府から「支那ハ対日一戦ヲ覚悟シ日本ノ苛酷ナル要求ヲ拒絶シアリ日本ハ既ニ結束破レ積極的意思ナシ支那ハ益々結束ヲ固メ国難ニ殉スル決心ヲ以テ民衆ヲ指導スヘシ」との密命を受けた、という情報が広東武官の宮崎繁三郎（二六期）から陸軍中央に寄せられている[74]。関東軍は、「南京政府ハ其常套手段タル遠交近攻政策ニ基キ近時驩ヲ蘇聯ニ通シ防共ニ関スル日本ノ勧告ヲ退ケ有ラユル容共政策ニ転シタ」との当局談を発表した[75]。西安事件直前、蔣介石が洛陽で会議を開いたのは「対日戦備ノ完全ヲ期スル為」であるとの情報もあった[76]。こうして、少なくとも一部では、蔣介石は抗日のためにソ連に接近し、対日戦の準備を進めている、という分析がなされていたのである。

このようなときに発生したのが西安事件であった。事件前に陸軍は、旧東北軍の内部には抗日宣戦を主張する動きがあり、張学良も共産党あるいはソ連と連絡・妥協を図っている、という情報をつかんでいた[77]。しかし、西安事件の発生が陸軍の中国担当者にとっても衝撃的であったことは疑いない。

西安事件の衝撃によって、日本陸軍の一部には、中国再認識論が出てくる。たとえば、参謀本部第二課は、「西安事件を楔機（ママ）として隣邦支那は次の二個の観点に要約せらる一は内戦反対の空気の醞釀せること二は国内統一の気温の醸製せられたること而して二者は共に自然発生的傾向を有す」と指摘し、「抗日人民戦線派の実体は正当なる新支那建設運動に転化せらるべき多大の期待を有するあり」と、一般に容共抗日勢力として激しく批判される勢力に対してすら評価と期待を表明した。そして、この抗日人民戦線派が「新支那建設運動」に転化し得るかどうかは、むしろ日本が「従来の帝国主義的侵寇政策を放棄」できるかどうかにかかっていると論じた。(78)

西安事件は蔣介石の南京帰還によって落着したが、『支那時局報』はこのとき「全国民ハ歓喜シ各所ニ祝賀会ヲ開キ今更ノ如ク支那人間ニ於ケル蔣ノ人気ヲ裏書セシ」事実に目を向けると同時に、「蔣介石トシテハ西安脱出ノ為仮令一時的便法ナリト雖少クモ抗日等ノ要求ヲ容レ学良側ニ屈服ノ態度ヲ示シタルヘキハ想察スルニ難カラス」と、蔣介石が張学良の抗日要求に屈したものと推測した。(79)『支那時局報』が下した結論は以下のようなものであった。「蔣介石ノ実権ハ本事変ニ因リ何等ノ動揺ヲ見サルノミナラス却テ強化セラレタ〔中略〕従テ其対外政策ハ学良要求ノ某程度容認ニ因ル聯蘇容共並事件解決ニ与テ力アリシ英米ノ策動ニ因ル欧米依存ニ一層拍車ヲ掛クヘキニ反シ対日政策ハ遺憾ナカラ悪化ノ一途ヲ辿ルモノト思惟セラル」(80)。

一方、関東軍の観察は従来以上に危機的状況を強調し、その対策はより強硬なものとなった。関東軍は、「今ヤ抗日思想ニ於テ蘇支両国ハ完全ニ一致シ更ニ具体的軍事勾結ヲ見ントスルニ至レリ」と述べ、中国は「益々抗日気勢ヲ高揚スヘク而モ逐次蘇聯容共的色彩ヲ濃厚化スルノ虞アリ」と分析した。さらに、将来の日ソ戦に中国がソ連側に加担する前に、華北分離を実現するため武力行使に躊躇すべきではない、とすら論じた。「若シ現状支那ノ悪化ヲ放置シ北支ノ完全ナル南京化ヲ想定」するならば、実際に中ソを敵とした戦争が発生した場合、中国に向けるべき兵力は「現下北支処理ニ要スル兵力」の数倍になることを覚悟しなければならないとされたのである。[81]

その関東軍で謀略活動に従事した後本国に帰っていた土肥原賢二（一六期）は、西安事件について以下のように述べている。「久しい支那の半封建的社会組織が、一躍、近代国家的統一にまで飛躍することは到底不可能であり、〔中略〕殊に西安事件によって蔣介石が、半ば赤化せる旧東北軍と妥協した如きは、蔣介石の全支統一の一破綻たること明白である」。蔣介石は統一と政権強化の手段として抗日を使いすぎたために、「薬が効きすぎて」、その行き過ぎを抑えられなくなっている。「かゝる情態にある蔣介石と、日本が手を握つて日支親善を図らうとしても、これは到底、無理な話ではないか」、と。ただし土肥原は、自分は「蔣介石万能論者」でもなければ「蔣介石打倒論者」でもないとし、「蔣介石をして日支提携をやり易い様な状態に、支那を導いてやることが、日本のなすべき努力だ」とも論じた。[82]

既に現役を引退していた旧支那通の佐藤安之助（六期）は、数年ぶりに中国を視察した後、次のような観察を述べている。「九一八事件以来の日本の態度は南京政府の利用する所となり、国家の統一、国民各界の団結、中央集権の結成、蔣介石の英雄化と相成り、支那は殆んど昔日の支那に非らず、全く見違えるような新進国家に相成居候。〔中略〕日本の圧迫が巧みに彼等の内政に利用せられ、驚くべき敵愾心と国家思想の擡頭を来し、これが全国に又各界各層に普遍的に宣伝波及せられ、容易ならざる情況を呈し居り候」。関東軍の少壮将校は今こそ強硬政策によって中国を叩きつける絶好のチャンスだと主張しているが、それは疑問であり、西安事件の発生にもかかわらず、国民政府は「盤石の如く堅固」である、と。[83]

西安事件後、日本陸軍の一部に中国見直し論、蒋介石再評価の動きが出てきたことは疑いない。支部通の一部では、蒋介石が権力強化のために抗日政策を利用してきたことを批判しながら、蒋介石との妥協の可能性をまだ認めていた。しかし、陸軍の中国担当者の多くは、西安事件後の日中関係の悪化と、抗日の本質を強めた国民政府ないし蒋介石とは妥協の余地がないことを再確認しつつあった。

おわりに

日中戦争（支那事変）が全面戦争化した後、陸軍のなかから国民政府否認論が登場したことはよく知られている。たとえば、一九三七年一二月、北平（北京）に中華民国臨時政府が擁立されようとした頃、これを推進する北支那方面軍参謀長の岡部直三郎（一八期）は、次のように述べている。「今日の事態に於て、蒋を首班とする南京政府は勿論、その衣鉢を継ぐ国民党系の政府を交渉相手とすることは、日本にとって甚だ不利なり。〔中略〕国民党をつぶすにあらざれば、日本の意図する支那は実現の見込みなし[84]」。

中支那方面軍司令官の松井石根は、「帝国ハ速ニ蒋政権ノ支那中央政権タルコトヲ否認スヘシ」と主張し、その理由を以下のように論じている。蒋介石周囲の現状は、長期抗戦を主張し続けなければ西安事件の再発は避け難く「恐ラク蒋ノ生命スラ明日ヲ期シ難シ〔中略〕蒋政権ノ将来ハ円石ヲ山嶺ヨリ転スルノ勢ヲ以テ容共赤化ノ趨向ヲ辿リ之ト講和ヲ議シ有利ナル成果ヲ収メントスルモ蓋シ木ニ拠リテ魚ヲ求メントスルノ類ノミ」[85]。

国民政府否認論はやがて、一九三八年一月一六日の「対手トセス」声明につながった。その後、「対手トセス」声明の拘束から脱却して実質的に国民政府との和平を目指す動きが生まれたが、その際にはつねに蔣介石の下野が和平の前提条件とされた。蔣介石はそれほど忌避されなければならなかったのである。

そもそも北伐が完了した頃、支那通軍人の大半は、蔣介石を中国の実質的な政治・軍事指導者であると見なす点で一致していた。ただし、佐々木到一に代表される新支那通が、国民党の堕落、革命の「退化・還元」と批判したところを、旧支那通は国民党の穏健化と見なした。佐々木を含む新支那通が蔣介石の新軍閥化と批判したところを、旧支那通は蔣介石の成熟ととらえて歓迎した。

新旧の両支那通が警戒したのは、蔣介石がしばしば排外主義的な傾向を帯びる中国の過激なナショナリズムを煽り、それに迎合し、これを政権維持さらには独裁化に利用するために抗日政策を採用し実施している、と見られたことであった。特に新支那通の間では、蔣介石の独裁化が前近代的統治への逆戻りとして批判の対象とされ、抗日政策は蔣介石あるいは国民党・国民政府の「本質」ないし「生命」であり、それゆえ彼のもとでの日中和解はあり得ないと考えられた。

新支那通軍人には、たとえば佐々木到一や影佐禎昭に代表されるように、軍閥政治を否定し中国のナショナリズムに共感を寄せる軍人があった。しかし、過激化した中国ナショナリズムが日本に向けられたとき、彼らはことさらその非合理性に目を向け、蔣介石による政治指導の反近代的側面ばかりを見てしまった。一九三九年、第一一軍司令官であった岡村寧次は、「全般を一貫する現今の支那国家の統一覚醒に対する判断の過誤」と、「蔣介石の人物、実力に関する認識の誤り」を日記に記した(86)が、これはそうした蔣介石の一面だけしか見なかった支那通軍人の反省を吐露したものと見ることができるだろう。

第9章 戦前日本の危機管理——居留民保護をめぐって

はじめに

戦前中国には多数の日本人が居住していた。いわゆる在華居留民である。一九二六年、その総数は二四万二〇〇〇人(うち満洲に一九万三〇〇〇人)に及んだ。よく知られているように、この在華居留民は、中国の内乱や紛争のために、しばしば生命や財産の脅威にさらされた。そのような重大な危険が迫ったとき、本国政府はどのようにして居留民を保護しようとしたのか。本章では、このような居留民保護を危機管理ととらえて、その行動の特徴を考察してみたい。

さて、居留民保護はどのような意味で危機管理と見なされるのか。たしかに、居留民の危機は必ずしも国家の生存に関わるような事態ではない。国家にとって危険にさらされた利益は死活的ではないとも言えるかもしれない。だが、多数の在外邦人が直面する危険を、政府が手をこまねいて傍観することは許されない。まして戦前は、中国での権益と勢力の拡大が国是とされており、居留民こそ、その権益と勢力を具体的に現わす存在だった。この意味で、居留民の危機には重大な国益が関わっていたのである。

次に、居留民に危険が迫ったとき、事態は急速かつ流動的で、これに速やかに対処しなければ、効果的に彼らを保護することはできなかった。危険にさらされた重大な国益を守るためには、流動的な状況と限られた時間のなかで方針を打ち出してゆかねばならない。これは、危機管理の主要な特徴とされている。この意味でも、居留民保護を危機管理ととらえることができよう。

冷戦が終了した現在、日本の存亡に関わるような危機は、可能性としては消滅したわけではないが、その発生の蓋然性はかなり低くなった。むしろ今後に起こるかもしれないのは、国益としては死活的ではないとしても、それが危険にさらされたとき、必ずそれを守らねばならないような事態である。この点で、戦前のケースではあるにせよ、居留民保護の危機管理はいくつかの教訓を含んでいる。

本章で対象とするのは、一九二〇年代後半、北伐の進展に伴い日本人居留民に危険が迫ったケースである。すなわち、二七年の南京事件、第一次山東出兵、そして翌年の第二次山東出兵(済南事件)が扱われる。[1] それぞれのケースでの危機管理行動を分析する際、次のような点がキー・ポイントになる。第一に、事前に居留民保護のための堅実なコンティンジェンシー・プラン(不測事態に対処する計画)があったかどうか。第二に、現地の危機をどれだけ正確に予測し、また危機の発生後は事態をどれだけ正確に把握したか。第三に、中国側に対して、居留民保護の目的と紛争拡大阻止のメッセージを、充分に伝えたかどうか。第四に、紛争拡大予防のために、居留民保護以外の目的(たとえば権益拡大あるいは中国に対する膺懲)が加わることをどのようにして防いだか。第五に、居留民保護のために軍事力を行使した場合、派遣した軍隊をコントロールするために、どのような措置を講じたか。以上のようなポイントに重点を置いて分析すれば、各ケースの危機管理行動の違いがどのような点に現われたかを明らかにし、そこから教訓を抽出することも可能になろう。

1 南京事件(2)

中国でいわゆる北伐が始まったのは、一九二六年七月である。広東から進撃を開始した国民革命軍(南軍)は破竹の勢いで湖南省の長沙、湖北省の漢口と武昌、江西省の九江と南昌を占領し、江蘇省の南京、上海に迫った。その過程で、北伐軍は漢口と九江のイギリス租界を実力で回収し、列国に大きな衝撃を与えた。

従来、在留邦人に危険が迫ったケースで、日本は警備のために海軍艦艇を派遣し、場合によっては乗り組んでいた陸戦隊を上陸させる措置をとってきた。一九二五年の五・三〇事件では、警備のために上海、漢口、九江、重慶等で陸戦隊の揚陸が実施され、九江や重慶では一部居留民の一時引き揚げがなされた。北伐開始後、日本は長江(揚子江)流域の漢口、九江、宜昌に警備のため陸戦隊を上陸させ、万県で中英両軍が衝突したときには、同地の居留民を停泊中の艦艇に収容した。

北伐が進行するなかで日本が(そして列国も)もっとも重視したのは、居留民が集中する上海である(在留邦人の数は約二万人)。一九二七年三月下旬の時点で、列国は相当規模の部隊(たとえばイギリスは約九〇〇〇人)を上海に派遣して警備につかせ、南北両軍の衝突に伴う混乱に備えた。日本も、一〇隻を超える艦艇を派遣し約一五〇〇人に及ぶ陸戦隊を上陸させた。

もう一つ重視されたのは、漢口である。漢口には、日本租界を中心として約二二〇〇人の邦人が居住しており、しかもイギリス租界が実力回収されたばかりだった。そのとき、イギリス租界に住む日本人も日本租界もほとんど被害を受けなかったが、一〇日後（一九二七年一月一四日）、事態を重く見た政府は漢口租界に関して以下のような方針を決定している。

① 治安維持について中国側責任者と密接な連絡をとり、不祥事発生の予防措置を講じさせる。同時に、イギリス租界を実力接収したときのような「盲動」を起こす場合には断固たる処置をとるつもりであることを、国民政府幹部に「感得」させる。

② 「群衆運動」が起こり租界防衛が必要になった場合、租界内部の警備には領事館警察と陸戦隊があたる。その目的は居留民保護だけにあることを徹底させる。場合によっては婦女子を安全地帯に避難させることもあり得る。

③ 中国側責任者が居留民保護の誠意もしくは能力を欠き、暴徒が租界内に乱入してくる場合、居留民を日本軍艦もしくは商船に収容する。ただし、その場合でも、暴徒に対してはなるべく対抗措置をとることなく、努めて慎重の態度を持する。

この方針は、不祥事防止のために中国側と密接な連絡をとることを現地に指示し、不祥事発生の場合には警備行動を居留民保護だけに限定していた。しかも暴徒への対抗行動を禁止していた。その点で、当時の幣原外交を反映する穏当なものだったと言ってよい。ただし、中国側責任者に外国人居留民保護の誠意や能力があるかどうか、が問題だった。しかも、北京政府を承認している日本政府は、漢口の中国側当事者としての国民政府あるいは革命軍との連絡のためには、現地の領事官を通じるルートしかなかったのである。

このように、日本は、上海と漢口の在留邦人に対する脅威をもっとも警戒していた。だが、実際に北伐によって日本人居留民が最初に重大な被害を受けたのは、どちらかと言えばやや軽視されがちの南京だった。上海が列国居留民に被害を与えずに南軍の支配下に入った直後、南京で暴動が発生したのである。

ではなぜ、南京が軽視されがちだったのか。それは、そこに居住する邦人が比較的少なかった(およそ一五〇人)からである。さらに、万一事態が急迫しても、有効な対処策がとりにくいという事情もあった。まず、南京には租界も商埠地もなかった。租界も商埠地も中国が外国との通商のために開放した外国人居留地だが、租界では外国が行政権・裁判権等の管理権を行使し、商埠地では中国が管理権を行使した。いずれも外国人が集中して居住していることに特徴があった。南京には、それがなかったのである。一定地区に居留民が集中していれば、警備行動もとりやすかったが、南京ではそれがきわめて難しかった。

次に、南京の市街は周囲を城壁に囲まれており、邦人のほとんどが城内に居住していた。したがって、いったん城門を閉められれば、ほぼお手上げの状態になると予想された。居留民に危険が迫った場合、南京の西方を流れる長江に警備の目的で停泊している海軍艦艇が救出のために陸戦隊を派遣しても、城内には入れないからである。居留民保護のためにはほとんど手の打ちようがなかった。

手を打つとすれば、居留民を引き揚げてしまうのが一つの方法だった。だが、長年築き上げてきた生活拠点を――たとえ一時的にではあれ――放棄することは、居留民自身にとって耐えがたかった。よほど事態が逼迫し生命に危険が迫る場合でなければ、事実上とり得ない選択肢だった。そのうえ、南京で最初にそのような急迫事態が発生するとは予想されていなかったのである。居留民への切迫した脅威が発生するとすれば、それはまず漢口あるいは上海、と予測されていた。南京で引き揚げを含む居留民保護の措置を講じることが必要になるのは、漢口あるいは上海で事態が急迫した後になるだろう、と想定されていたのである。

むろん、だからといって、南京で何の手も打たれていなかったわけではない。南京城外の長江には日本の駆逐艦三隻を含む列国の艦艇が停泊し、睨みをきかせていた。南京駐在領事によれば、城内に散在する日英米居留民を各国領事館等に収容したうえで、列国共同の陸戦隊を組織し、相互に連絡をとりあって臨機応変の措置をとる計画だったという。現地の日英米海軍当局間でも、同趣旨の了解が取り交わされていた。

しかしながら、一九二七年三月二四日革命軍と暴徒が領事館構内に押し入ってきたとき、直ちに電話線が切断され、無線設備も破壊された。そのために、領事館相互の連絡も、長江停泊中の駆逐艦との連絡もとることができなかった。しかも、もし略奪があるとすれば、それは敗走する北軍によってなされるだろうと警戒していたにもかかわらず、実際に略奪行為にはしったのは、入城してきた南軍だった。

ほぼ一昼夜にわたる事件の詳細を、ここで紹介する必要はないだろう。領事館構内になだれ込んできた南軍兵士と暴徒によって、構内に避難していた居留民は身ぐるみ剥がれた。領事館内の設備も、根こそぎ持ち去られた。日本領事館だけでなく、英米の領事館もほぼ同様の略奪を受けた。城内の日本人を含む外国人の住居のほとんどが略奪の対象となったのである。事件終息後、居留民と領事館員は全員、駆逐艦に分乗し上海に引き揚げた。

事件が進行している間、日本は居留民の安全を最優先し、いわば無抵抗主義を貫いた。長江上の英米軍艦が暴動鎮圧のために南京城内を砲撃したとき、日本軍艦は共同行動を要請されたにもかかわらず、砲撃に加わらなかった。中国方面の警備を担当する海軍の第一遣外艦隊司令官(在上海)も、政府の「隠忍自重」方針を受け、砲撃参加を見合わせるよう訓令した。事件直前に警戒隊として領事館に派遣されていた一〇人の海軍軍人は、領事の要請により自ら武装解除を行った。

略奪による物的損害が大きかった一方、居留民の生命・身体への被害は比較的小さかった。それは、このような「隠忍自重」方針の成果と見なされる。死亡者は流れ弾にあたった水兵一人だけで、負傷者もわずか数人だった。しかし、そのような実際の被害の程度とは裏腹に、政府の「隠忍自重」方針は世論の激しい批判を浴びた。領事館構内に避難していた婦女子が性的暴行を受けたとの噂が流れ、世論の憤激を買った。このような批判や非難は、その後の居留民保護のあり方に微妙な影響を及ぼしてゆく。

ここで、このケースにおける危機管理行動を整理しておこう。まず、コンティンジェンシー・プランは堅実だったかどうか。それなりの不測事態計画があったことは間違いない。しかし、漢口については具体的な対策が閣議決定として指示されたのに対し、南京の場合は、ほとんどが現地の計画に任された。そしてその計画は充分に機能しなかった。この点からすれば、南京の居留民保護に関する不測事態計画は全体として堅実性に乏しかったと言わざるを得ない。ただし、南京における居留民保護は、現地の特殊条件により、きわめて難しかった。このことも考慮に入れるべきだろう。

次に、危機予測はどうだったか。幣原外相によれば、事件は共産勢力が蔣介石排斥のために蔣を窮地に陥れようとして引き起こしたものだから、その発生を予防することは不可能だったという。だが、たとえ事件の発生を予防できなかったとしても、南京の事態急迫を予想することはできたかもしれない。それを的確に予想できれば、居留民の早期引き揚げを現地に指示しておくなど、不測事態計画をより堅実にすることもできたかもしれない。実際には、上海や漢口への関心集中が、南京軽視を招いてしまったのである。

事件発生後、本国政府は自らそれに対処する手段を持ち合わせず、事件対処を現地に全面的に委ねざるを得なかった。そして現地は混乱に巻き込まれ、必ずしも充分に事態を把握できなかった。ただし、第一遣外艦隊司令官が事件後に海軍中央に送った報告によれば、当事者としてこれ以上の措置はとり得なかったという。たしかに、事態を正確に把握できないなかで、現地は「無抵抗」という無言のメッセージによって事態不拡大の意思を中国側に伝えた。政府の「隠忍自重」方針が現地海軍の態度や行動に浸透し、それが逸脱行動を抑制したとも考えられよう。一方、政府は事件終息と同時に上海に赴く途中の蔣介石と接触を図り、事態収拾について協議を始めている。これも、中国側への明確なメッセージとしての役割を果たしたように思われる。

南京事件の発生によって、長江流域居留民への脅威はより切迫したものと感じられた。日本政府は上流の居留民を漢口に、下流の居留民を上海に集中させる措置をとった。ところが今度は、まさにその漢口で排日暴動が発生する。漢口では、南京事件以来不穏な空気が漂うなかで、領事館と居留民が「隠忍自重」をもって中国側に臨むと同時に、数隻の海軍艦艇が停泊して睨みをきかせていた。四月三日、上陸中の水兵が中国人の子どもに石をぶつけられ、水兵がこれを罰しようとしたところ、周囲の中国人と口論となり、それがきっかけで暴動が発生した。

漢口総領事は直ちに海軍指揮官と連絡をとり、陸戦隊の揚陸を要請した。上陸した陸戦隊は日本租界内の暴徒鎮圧にあたった。三日の陸戦隊の兵力は約二〇〇人。暴徒を退散させるために必要な場合には、威嚇射撃を行った。居留民はほぼ全員、海軍艦艇に収容され、そのうちの大部分が上海あるいは内地に引き揚げた。被害は重傷者四人（うち一人は心臓麻痺のため死亡）、軽傷者数十人。一部の家屋は略奪を受けた。

漢口の場合、南京とは異なり、日本租界が長江に面していて、海軍艦艇と連絡をとることが比較的容易だった。事実、総領事は視覚信号で海軍側に事態急迫を告げた。また、かねてより漢口に対する脅威が予測されていたことも、南京との大きな違いだった。漢口租界については、閣議決定の対処方針があった。事件発生後は、居留民保護と治安回復を優先し、いわゆる膺懲を避けた。陸戦隊による日本租界警備が居留民保護と治安回復以外の目的を持たないことを、中国側に明確に伝えた。たしかに不穏な事態が約二〇日間続き、居留民も大部分が引き揚げざるを得なかった。とはいえ、事件の拡大が阻止されたのは、このような日本側の行動の成果でもあったと考えられよう。

なお、政府は事態の険悪化を考慮し、南京、漢口以外に成都、重慶、万県、宜昌、沙市、長沙、九江、蕪湖、杭州等からも邦人の上海あるいは内地への引き揚げを実施した。その数は、約二五〇〇人にも及んだ。

2 第一次山東出兵(3)

その後、北伐は舞台を華北に移す。当時、革命勢力は容共派の武漢政府と反共派の南京政府とに分裂していたが、どちらも北上総攻撃を開始した。

日本にとって、華北の居留民保護は華中のそれとは異なる難しさが伴った。端的に言えば、華中では居留民が長江流域の都市に居住していたが、華北には長江に相当するものがなかった。長江は大型船舶の航行が可能であり、国際河川ではなかったものの、日本を含む列国は内河航行権と軍艦遊弋権を持っていた。列国が租界等の警備目的で主要都市に自由に艦艇を派遣し停泊させることができたのは、このためである。これによって、陸戦隊の揚陸も可能となった。

ところが、黄河は大型艦船による遡行が不可能だった。したがって、内陸部に邦人が居住している場合、海軍による警備・保護行動は実施し得なかったのである。早期の引き揚げを行わない限り、居留民保護のためには陸軍兵力を派遣するしかなかった。当時、華北には約二万四〇〇〇人の日本人が居住していた。そのうち、青島(一万三六〇〇人)や天津(六七〇〇人)は海に面していたが、問題は済南(二二〇〇人)と北京(一六〇〇人)だった。特に済南は、南京軍(蔣介石軍)の北上ルートの途上にあった。

漢口事件発生後まもない四月上旬、済南総領事は現地の不安を訴え、政府の方針として早期の居留民引き揚げを決定するように要請した。当時の幣原外相は、状況を見極めずに軽々に居留民を引き揚げれば、北京や満洲の邦人を不必要に動揺させるおそれがあると判断し、この要請を退けた。だが外相は同時に、事態が悪化した場合には特別列車を仕立て、領事館警察の護衛のもとに居留民を済南から青島に引き揚げる方針も示した。同月中旬に、居留民保護についての打ち合わせが外務省と陸軍の当事者間で行われたとき、外務省側は青島への引き揚げ方針を説明した。外務省の判断では、陸軍派遣は南軍の北進を妨害する結果をもたらし内政干渉になりかねないので、好ましくないとされた。やがて同月下旬、現地の状況が鎮静化し、事態が急変しない限り居留民引き揚げの必要はなくなった、と済南総領事は報告した。

ちょうどその頃、若槻民政党内閣は総辞職し、田中政友会内閣が登場する(四月二〇日)。外相は田中義一首相が兼任した。政友会は野党時代、幣原の居留民対策を無為無策であると糾弾した。田中義一総裁は「我国旗の尊厳を泥土に委ね我在留官民を凌辱に任せた」とすら非難した。だが、就任当初の田中外相は華北への出兵に消極的だった。民政党内閣が総辞職する直前、イギリスが華北の居留民保護のために日英米による陸軍の派遣を日米に打診したことがあったが、このときアメリカは同意せず、幣原外相も賛成しなかった。田中内閣の発足直後、イギリスは再度、出兵を提案した。田中外相は幣原と同様これを断った。

田中は諸種の情報を総合し、次のように判断していたと思われる。蔣介石は、おそらく北京進出の前に容共武漢政府を制圧して長江以南を平定し、一気に北京を衝くことはないだろう。また、北京政府の張作霖は、要衝の徐州が陥落すれば、北京を放棄して満洲に帰るだろう。つまり、南軍が徐州を陥落させて、そこで停止し、張作霖が満洲に引き揚げれば、混乱は済南や北京には及ばない。そうなれば、居留民保護のための出兵は必要ない。田中はこのように考えたのだろう。

現地の戦況は、当初南軍が優勢だった。その後北軍が巻き返し、五月中旬に入って再び蔣介石軍の反撃が始まった。五月二四日、閣議は陸相の提案により、山東居留民の現地保護に合意し、二七日ついに出兵を決定する。南軍が北上してくるにつれ、南京事件の再現は絶対に防止しなければならない、という考え方が強まったのだろう。政友会は従来、前内閣の「隠忍自重」を「無為無策」と批判してきた。そのような立場の政友会としては、いまさら居留民引き揚げという選択を採用するわけにゆかなかった。居留民を引き揚げないで、しかも不祥事の発生を防止するためには、万全の策を講じておく必要があった。それが、陸軍派遣による現地保護策ということになったのである。

居留民の現地保護のため出兵するという田中の方針は、安全地帯への引き揚げによって居留民を保護するという幣原の方針に比べると、たしかに強硬だった。ただし、陸軍の提案した派兵規模は財政的な理由等により過大であるとして退けられた。出兵自体にもいくつかの安全装置が付けられた。外務省と陸軍との協議や田中首相の指示によってつくられた安全装置の主要な点を要約すれば、以下のようになろう。

① 済南居留民と膠済鉄道(済南―青島)沿線の邦人を保護するために、とりあえず満洲から歩兵四個大隊(約二〇〇〇人)を青島に派遣し、現地の状況を見たうえで済南に前進させる。満洲から済南に派兵するには急いでも五日を要するが、それでは急場には間に合わなくなるので、青

島に部隊を派遣しておく。

②　済南進出の時機については、現地の状況を検討し、陸軍が総理大臣の承認を得て決定する。

③　済南の居留地は商埠地であるので、租界に比べて派遣軍の行動は厳しい制限を受ける。派遣軍は、一定の地域を占領するのではなく、在留邦人を要所に集結させて保護を加えることを、その任務とする。徴発など占領に伴う行為を行ってはならない。

④　派兵については、中国の三政府（北京、南京、武漢）にその趣旨を説明する。英米仏伊各国にも外相から駐日大使に説明する。加えて、新聞を通じて声明書を発表する。

⑤　声明書のなかでは、次の諸点を強調する。不祥事の再発を防止し在留邦人の生命・財産を保護する自衛上やむを得ない緊急措置であること。南北両軍どちらの作戦にも干渉せず、軍事行動を妨害しないこと。長期駐屯の意図はなく駐留の必要がなくなれば直ちに撤兵すること。

以上のように、済南への派遣を前提としながらも、政府は、まず青島に部隊をとどめ、現地の状況の変化を見て済南への前進の可否を判断しようとした。しかも、済南への進出は、陸軍の判断だけで決めるのではなく、首相の承認を必要とするとの歯止めが掛けられた。済南への派兵が不可避となった場合、派遣軍の行動に、居留民保護以外の思惑が絡まないようにとの限定も加えた。また、中国側および列国に誤解を与えないよう明確なメッセージを伝えるとの配慮もなされた。なお、政府は済南から婦女子を青島に避難させることを指示した。だが、現状ではその必要が認められないとの現地報告があり、実行の時機と方法を現地の裁量に委ねることになった。

五月三一日、満洲から歩兵第三三旅団の一部二〇〇〇人が青島に到着した。この派兵については、北京では駐在公使を通して、南京、武漢、その他では駐在領事官を通して、前述のような趣旨の説明がなされた。東京では外相から列国大使に対し説明が行われた。また、出先の大使を通じても列国政府へ通知がなされた。しかし中国では、派兵を主権侵害・内政干渉であるとする非難に加え、海岸を遠く離れた済南への出兵の意図に対し強い懸念が表明された。

田中外相は、容共派の武漢政府をほとんど無視しつつ、蔣介石の南京政府に粘り強く説明を続けた。同外相は本来、済南への前進を望んではいなかったようである。派遣軍が青島に到着した後、南軍の進撃がそれほど速くはないと見ると、田中はすぐ撤兵を模索し始めた。田中の判断では、撤兵実行のためには、南北両軍が妥協するか、あるいは南軍が北進停止を声明することが必要だった。そのために田中は、さまざまなチャネルを通じて北京・南京双方に妥協を勧めた。また、南京に対しては北進停止声明を発表するよう勧告した。

六月一七日、政府は居留民保護のための済南進出について、あらためて「機を失せず措置すること」を決定した。その際田中は、そのような場合に派遣軍司令官と総領事とが協議して必要の措置をとることはもちろんだが、事を急いで事態を激化させ重大な問題を起こさないようにと注意を喚起した。ここにも田中の慎重な態度を見ることができよう。

現地の事態はしばらく鎮静化していた。だが、七月に入ると、北軍将領のなかで南軍に呼応して叛旗を翻す者が現われ、その討伐戦のために、膠済鉄道がストップするおそれが発生した。膠済鉄道が使えなくなれば、万一の場合、済南の居留民保護のために青島から派遣軍を急いで前進させることができなくなる。居留民を青島に引き揚げる方法もあり得るが、政府が膠済鉄道による済南派兵方針を変えないのならば、それを速やかに決定すべき時機が到来した、と済南総領事は政府に決断を迫った。これを受けて、政府は七月六日、緊急事態発生の予防措置として、済南前進を決定した。

派遣軍は、七月七日早朝青島を出発し、翌日済南に到着した。同時に、政府はあらためて声明書を発表し、列国に事情を説明した。それはこれまでと異なり、中国内陸部への陸兵派遣だったために、当然ながら中国側の反応は厳しかった。

ただし、派遣軍の軍紀はおおむね厳正で、中国人住民との間に大きな問題は生じなかった。北軍内部の反乱も終息し、済南や膠済鉄道沿線に混乱は発生せずに済んだ。日本は、撤兵のための条件として、従来同様、南北妥協あるいは南軍の北進停止声明を求め、南北双方に説得を続けた。しかし、この説得はうまくゆかなかった。

一方、出兵に伴う弊害が徐々に明らかとなった。たとえば、日本側に北軍を助ける意図はなかったとしても、済南進出が北軍側に有利に働いていることは否定できなかったし、日本人居留民のなかには、日本軍の存在を後ろ盾にして中国人を威圧しようとする者が現われた。さらに、派遣軍はもともと近く内地に帰還する予定だったところを山東に派遣されたので、駐留が長引くと、軍紀の弛緩が懸念された。

こうして、早期撤兵が唱えられるようになる。中国側では、武漢軍が南京軍の側背を脅かしたので、蔣介石はこれに兵力を振り向けた。そのために、蔣は徐州での北軍との戦いに敗れてしまった。やがて蔣介石は下野し、北伐は事実上停止された。南京政府は山東居留民の生命と財産を保障する覚書を日本政府に送った。これを受けて八月二四日、日本は撤兵を閣議決定し、声明書を発表した。山東省からの撤兵が完了したのは、九月八日である。

山東出兵は中国の反日論を刺激し、広い範囲で反日ボイコットを引き起こした。その意味で、陸軍派遣による居留民現地保護策が政治的に賢明だったかどうかは、議論の余地があろう。ただし、その点を別とすれば、この出兵はそれなりに堅実かつ周到なコンティンジェンシー・プランに支えられていた。当初、青島に派遣軍をとどめて、事態の推移をできるだけ正確に把握しようとした。中国側に対するメッセージ伝達にも相応の努力が払われた。また、居留民保護以外の思惑が絡まないよう、派遣軍に明確な指示が送られ、早期撤兵が意図された。派遣軍に対しては、済南進出に首相の承認を条件としたり、占領に伴う行為を禁じたりして、政府の主導権ないしコントロールを確保しようとした。

しかし、結果的に見て、この出兵が北軍を利したことは否定できない。それが主権侵害・内政干渉という非難と結びついて、中国側に根深い不信感を植えつけることとなった。この点で、中国側へのメッセージ伝達は必ずしも充分ではなかったと言うべきかもしれない。また、済南総領事が述べていたように、居留民の青島引き揚げという措置をとっていたほうが、長期的に見て摩擦は少なかったかもしれない。そのような選択肢を許容せず、済南進出を促したもっとも大きな要因は、わずか数ヵ月前の南京事件から受けた日本国民の衝撃と、政府のそれへの配慮だったと考えられよう。

3 第二次山東出兵(4)

北伐停止後、武漢政府と南京政府は合同する。下野した蔣介石は来日し、田中首相と会見した。田中は蔣介石に向かって、長江以南を安定させることが先決であると助言し、性急に北伐を再開しないように勧めた。しかし、その直後に帰国した蔣介石は国民革命軍総司令に復帰し、北伐再開の準備にとりかかった。

一九二八年四月に再開された北伐への対応をめぐっては、日本政府内にも陸軍内にも、ともに硬軟両論があったという。一方では、張作霖の没落と南軍の北京進出を必至と判断して、蔣介石の指導力に信頼し、少なくとも内地からの出兵は見合わせるべきである、と説く主張があった。しかしこれに対して、次のような理由に基づく出兵必要論も強かった。まず、北軍が敗走するときに略奪する危険性がある。また、たとえ蔣介石を信頼するにせよ、南軍は大量の軍閥系の軍隊を取り込んで素質が劣悪化しており、しかも共産分子も残存しているので、南京事件のような不祥事が繰り返されないという保証はない。田中首相自身は、張作霖の没落を予想し蔣介石を信頼してはいたが、南軍の不良分子による略奪・暴行の危険性を軽視し得なかった。

南軍の北進に対して北軍は後退を重ね、四月一六日、陸軍の済南駐在武官から参謀本部に、出兵の決心をすべき時機が到来したとの報告が入った。青島総領事（前済南総領事）や済南領事（総領事代理）から出兵要請があったかどうか、史料的には確認されていない。いずれにせよ、閣議は一七日、陸相の出兵提案を了承し、一九日、歩兵八個大隊（約五〇〇〇人）を膠済鉄道沿線に派遣することを決定した。

出兵決定は、前年の決定を踏襲したものと考えられる。前年に撤兵したときに、今後再び禍害が在留邦人に及ぶおそれがある場合には「機宜自衛の措置をとる」と声明していた。その予告どおりの行動の選択だったとも言えよう。それまで出兵可否についての議論はあったにせよ、実際に現地から要請がなされると、前年に実施されたプロセスがそのまま動き出したのである。

とはいえ、この決定には前年とは異なる点があった。まず、派遣兵力が二倍強となっている。実は、前年も陸軍はこの派兵規模を提案していたが、財政上の理由などによって削減される経緯があった。今回は、陸軍の主張がそのまま通ったわけである。派遣兵力が倍増したことに伴い、前年のように旅団ではなく、平時編制の師団（第六師団）が派遣されることになった。師団長は天皇直隷であり、それだけ裁量権が大きくなる。部隊が満洲からではなく、内地から派遣されたのも前年とのもう一つの違いだった。

さらに、前年の場合は派遣部隊を青島にとどめ、状況を見て済南に前進させることが事前に了解されていた。ところが、今回はそのような条件が付けられなかった。田中首相は青島に一時部隊をとどめるよう陸軍に要請し、その件を参謀本部は現地に問い合わせたが、最終的には青島に到着した師団長の判断と決定を尊重せざるを得なかった。師団長は、師団主力を青島にとどめはしたものの、隷下の第一一旅団を青島上陸後直ちに済南に向かわせたのである。

済南にはまず、四月二〇日に天津の支那駐屯軍から臨時派遣隊（約五〇〇人）が、次いで二六日に第一一旅団が到着した。駐屯地の熊本を出発してからわずか三日と五時間のことだった。旅団長は商埠地の大部分を東西二つの警備地区に分け、それぞれの地区内に守備地区を設けた。守備地区の境界線には土嚢、バリケード、鉄条網を設置し、非常の際には居留民を守備地区内に避難させ保護する計画だった。済南は城内と城外西方の商埠地からなり、商埠地には済南在留邦人の大半（一八〇〇人）が居住していた。

済南南方での戦況は南軍優勢のままに推移した。敗れた北軍は済南に退却してきたが、乱暴狼籍をあまり働かずに、北に敗走していった。ただし、青島にいた師団長は、北軍敗走の状況を見て、万が一の場合を考慮し、四月二九日夜、師団主力を率いて済南に向かった(五月二日到着)。これによって済南の日本軍兵力は、約三五〇〇人となった。

南軍は、五月一日から陸続と済南に到着した。商埠地の警備地区を通らずに城内に入ったので、大した摩擦は生じなかった。二日には蔣介石も到着し、城内に司令部を構えた。商埠地周辺に滞留する南軍は、数万を超えると見られた。蔣介石は、南軍に同行していた日本の南京駐在武官を使者にたて、次のように申し入れた。治安の維持には南軍があたるので、日本軍は青島からの増兵を中止し、商埠地の防備を撤去し、早期に撤退されたい、と。この申し入れに対して第一一旅団長は、南軍の軍紀を信頼する一方、挑発を避けるために守備地区を廃止しその防備施設撤去に応じた。これによって、南軍は守備地区にも入り込み、そこに宿営する部隊も見られた。自発的に守備地区に避難していた日本人居留民のなかには、防備施設の撤去を見て常態に復したと即断し、自宅に帰る者さえあったという。

商埠地内に日中両軍が混在している状況のなかで、五月三日衝突事件が発生した。衝突は、同時多発的だった。そのために、居留民を収容保護する余裕はなかった。蔣介石の停戦命令は、末端の南軍兵士までなかなか徹底しなかった。二日間の戦闘で、一二人の在留邦人が殺害された。五日に発見された死骸は、凌辱を加えられたことが歴然としていた。これが日本軍の敵愾心を煽ったことは疑いない。済南駐在武官は被害をかなり誇張した報告を参謀本部に送った。

南軍が商埠地から排除された後、事態は鎮静化の方向に向かった。しかし、これだけで事は収まらなかった。陸軍中央と現地の第六師団長が国軍の威信保持を掲げ、居留民保護以上の目的を目指し始めたからである。もともと派遣部隊には、国家および国軍の威信を保持するために必要な場合には武力を行使してもよい、との指示が与えられていた。この指示は前年の出兵時にも出されていたもので、特に強硬な方針を謳ったわけではない。にもかかわらず、これが結果的には望ましくない方向に作用した。

三日に商埠地での戦闘の報告を受けた参謀本部は、南京事件を引き合いに出して、国軍の威信を傷つけないよう指示するとともに、内地から「徹底的に」援軍を送るので断固たる処置をとるべし、と現地を鼓舞した。このような指示と鼓舞を受けて、第六師団長は次第に態度を硬化させ、中国軍の「膺懲」を目指すようになる。現地には援軍として満洲から混成第二八旅団、内地から第三師団が派遣されることになった。混成第二八旅団は、五月八日済南に到着する。

第六師団長は、参謀本部の指示に基づき事件解決条件を中国側に通告した。しかし、そのなかには中国側にとってあまりにも屈辱的な条件が含まれていた。たとえば、暴虐行為に関係ある高級軍人を厳しく処刑すること、日本軍と抗争した部隊を日本軍の面前で武装解除すること、などが要求された。しかも、これは一二時間の期限付き、つまり最後通告とされていた。

当然ながら中国側はこれに応じなかった。そしてついに日本軍は、五月八日総攻撃を開始する。そのとき南軍の大半は既に北へ向かっており、済南城内には数千の部隊しか残っていなかった。一一日までの済南城攻防戦で中国側は三六〇〇人の死者を出した。その大部分は、一般市民だったという。

済南を占領した日本軍が撤退するのは、約一年を経て事件についての日中両国間交渉が妥結した後、ようやく一九二九年五月となってからのことだった。

実は、済南事件は、その直後に発生した大事件のためにやや影を薄くすることになった。一九二八年六月四日に発生した張作霖爆殺事件である。その後、山東出兵・済南事件は、張爆殺事件に連なる陸軍の暴走・謀略という文脈で理解される傾向が強くなった。たしかに済南事件が張爆殺事件と無関係であるはずはない。しかしここでは、次のような違いを重視しておきたい。つまり、後者が一部関東軍将校の謀略によって引き起こされた事件であるのに対して、前者が本来的には居留民保護に始まり、その過程で膺懲に転化した事件だったことである。

第二次山東出兵を居留民保護のための危機管理行動ととらえた場合、注目されるのは一年前の第一次出兵との違いである。同じ内閣の行動とは思えないまでに、違いが目立つ。まず、一年前の経験を踏まえてコンティンジェンシー・プランが再検討された形跡はない。南京駐在武官を南軍に同行させるなど、蔣介石とのコミュニケーションを保つ努力は見られたものの、出兵について中国側に伝えたメッセージはややおざなりの観があった。

もっとも際立った違いは、派遣軍に対するコントロールが充分でなかったこと、そして居留民保護以外の思惑が介在することを予防する措置がとられなかったことだろう。結果的には、それが国軍の威信を保持するための膺懲という反応を引き出してしまったのである。

もちろん、第一次出兵との状況の差違を考慮に入れる必要があろう。前年には南軍は済南まで進出して来なかった。もし前年にも南軍が済南まで来ていたなら、あるいは日本軍との間に衝突事件が発生していたかもしれない。ただし、その場合、政府によるコントロールと事前の安全装置が作動していれば、居留民保護が膺懲に転化するはずはなかった。他方、済南事件があの程度で済んだのは、日本側の自制というよりも、むしろ蔣介石が日本との正面衝突を回避しようとしたからだった。

なぜ、これほどの違いが生じたのだろうか。一つの理由として考えられるのは、第一次出兵が居留民保護としては成功したことである。成功例であるだけに、一部状況が変化したとしてもほぼそのまま適用すれば大きな間違いは生じない、と判断されてしまったのではないだろうか。状況の一部変化に対しては、派遣兵力を増加させることで対応可能と見なされたのかもしれない。

もう一つ考えられる理由は、いったい張作霖をどうするかという大問題が他の問題を圧倒していたことである。田中首相はもともと満蒙分離主義を唱え、中国本部が国民党の統治下に入っても、満蒙を国民党のコントロールから事実上切り離し、親日勢力の統治下で日本の権益の増進を図ろうとしてきた。田中にとって、そのような親日勢力とは張作霖にほかならなかった。したがって、田中は、張作霖がそれなりの力を保持したままで満洲に引き揚げることを望んでおり、張に対する説得に全力を注いでいたのである。おそらく、その分だけ、山東に対する関心や注意は弱まらざるを得なかったのだろう。出兵回避、済南前進の抑制、派遣軍に対するコントロール――これらに田中があまり固執したように見えないのは、ここに主要な理由があったのではないだろうか。やや誇張していえば、田中にとっては山東の危機よりも満蒙の危機のほうがずっと重大だったのである。

おわりに

今日の時点から振り返ってみると、居留民保護のためには、出兵よりも引き揚げのほうがさまざまの点でコストが低かったように思われる。個々の居留民にとって、たとえ一時的であるにせよ生活拠点を放棄することは、多くの犠牲を伴うものだった。しかし、そうだとしても、それは政府による救済や援助によって何とか埋め合わせることができるはずだった。幣原が引き揚げ保護主義を採用したのは、対中関係への配慮に加えて、そのような考慮に基づいていた。

おそらく田中もそのことは十分承知していただろう。だが、田中には引き揚げ主義を採用したくても、そうできない事情があった。それは南京事件の「負債」である。国民一般の間では、幣原の「隠忍自重」のために居留民が筆舌に尽くしがたい屈辱と損害を受けたというイメージが強かった。野党時代の田中もそのイメージづくりに一役買っていただけに、それは政権掌握後の彼の選択の幅を狭めることとなった。田中の出兵決定の際には、南京事件の二の舞を避けねばならないということが、強迫観念のようにいつも彼にとりついていた。

しかし、南京事件は、居留民引き揚げ主義のせいで発生したのではない。むしろ早期に居留民を引き揚げなかったがゆえに事件は起きてしまったのである。ということは、事前情報が不充分であり、不測事態に備えた計画も不備だったことを意味する。そのことをよく理解すれば、山東の場合も、済南から青島への一時避難という措置がとり得ないわけではなかった。

ただし、居留民現地保護主義が、出兵を伴うからといって、本来的に否定さるべき措置だったとも断言し得ないだろう。内河航行権や軍艦遊弋権に基づく長江流域への艦艇派遣に比べれば、内陸部への陸兵派遣はたしかに法的根拠が曖昧で、それゆえ中国との関係をこじらせる危険性が大きかった。しかし、地理的条件や相手側の行動傾向のために、陸兵派遣をどうしても必要とする場合もないわけではない。

問題は、現地保護主義が引き揚げ主義に比べて、単にコストが大きいだけでなく、実行がはるかに難しかったことである。危機管理行動としての居留民現地保護が実効を収めるには、相手側との衝突を避けつつ、しかも居留民への攻撃を防止し、万が一攻撃が発生した場合は居留民の安全を確保し被害を極小化しなければならなかった。

だが、遠く離れた現地の流動的な状況を政府が適時かつ正確に把握し、適切な指示を出すことはきわめて難しい。当時の通信技術を考慮すれば、なおさらそうである。したがって、出兵以前あるいはそれと同時に、堅実かつ柔軟なコンティンジェンシー・プランをつくり、さらに派遣軍の行動をコントロールする措置を前もって講じておくことが必要となる。注目されるのは、第一次山東出兵の際には、このような措置がかなりの程度まで実行されたことだろう。

まず、中国軍との衝突回避のために、出兵の目的が居留民保護に限定されるというメッセージを繰り返し送った。出兵を決定しながら、その出兵を不要とする方策を模索した。派遣軍を青島にとどめ、済南への進出は、現地の状況を見極めてから判断しようとした。済南への進出には首相の承認を必要とした。済南に進出した場合には、商埠地が租界と異なるものであること、軍事占領に誤解されるような行為を慎むこと、などを事前に明確に指示した。

もちろん、第一次山東出兵のときに事件が起こらず、居留民の安全が確保されたのは、南軍が済南近辺まで進出してこなかったことに最大の理由がある。ただし、仮に何らかの衝突が起こったとしても、済南事件のような結果は生じなかったのではないだろうか。第一次出兵には、そのように思わせるだけの安全装置が施され、慎重な配慮がめぐらされていた。

このような第一次出兵と比較すると、第二次出兵の性急さと杜撰さは明白である。なぜそのようになってしまったのか。この疑問について推測し得る理由については、前述した。

最後に、戦前日本の場合には、第一次出兵がむしろ例外であって、第二次出兵のような陥穽に落ち込むケースが通例であったということを指摘しておく必要があろう。要するに、危機管理行動としての居留民現地保護を成功させるには、例外的なほど柔軟かつ強力な指導と、同じく例外的なほど自制的な軍隊（派遣軍）が必要だったのである。

第Ⅲ部 中国となぜ戦い続けたのか

第10章 支那事変初期における近衛内閣の対応

はじめに

一九三七年七月七日夜から翌朝にかけて盧溝橋事件が起こった後、日本政府は一一日この軍事紛争を北支事変と命名し、満洲・朝鮮そして日本本土からの援軍派遣を決定した。しかし、その後しばらく日中間に大規模な軍事衝突は起こらず、日本軍が本格的な武力攻撃に訴えたのは七月二八日である。華北の事態は、日本軍による北平・天津地域の制圧で、一時、小康状態となったが、八月一三日、戦火が上海に飛び火して、この軍事紛争は全面戦争の様相を帯びてゆく。一七日、日本政府はそれまでの不拡大方針放棄を決定し、九月二日に紛争を「支那事変」と呼称することになる。

以上のような支那事変(日中戦争)の初期段階について、先行研究の多くは、現地・平津地域での動きと、それに対する東京の陸軍の対応に焦点を当ててきた。特に陸軍内のいわゆる拡大派と不拡大派との対立が研究者の関心を惹き付けてきた。それに比べると、政府がこの紛争をどのようにとらえ、いかにして「解決」しようとしたのか、という問題については、史料の限界もあって、充分な考察が加えられなかった。政府の判断や方針を考察する場合、最も重視すべきは国家の最高意志決定機関としての閣議であるはずだが、日本には閣議の議事録がなかった。それが、支那事変初期段階における政府の判断や行動を主たる対象とした研究が現れなかった重要な理由の一つであったと考えられよう。

よって、本稿では、支那事変初期における近衛内閣の動向に焦点を絞り、その閣議の模様を当事者およびその周辺人物の記録から再現し、日本政府がこの軍事紛争をどのようにとらえ、紛争にいかに対応したかを、あらためて考察することを目的とする。

1　七月末まで

盧溝橋事件の発生後、事件について最初に開かれた閣議は七月九日である。おそらく八日には事件発生を知らされたと考えられるが、八日には閣議は開かれなかった。当時、定例閣議は火曜日と金曜日に開かれていた。したがって、金曜日の九日まで待つことにしていたのかもしれない。九日の閣議は定刻より早い午前八時三〇分、臨時閣議として開かれた[1]。

このとき、陸相の杉山元は、事件発生以来の状況を説明し、内地から三個師団を派遣することについて閣議の承認を求めた。広田弘毅外相、米内光政海相はこれに反対し、近衛文麿首相もやや曖昧な言い方ではあったが、不同意を述べた。杉山の言い分は、現地情勢の急変に備えて前もって出兵の承認を得ておき、適時に出兵を実施したいというものであった。これに対して米内は、出兵が全面戦争に発展する危険性があると指摘し、国際的にも重大な結果を生じる懸念があると論じた。米内によれば、現状はまだ出兵を必要とするほど緊迫しておらず、状況が急変したら、いつでも閣議を開いて出兵を決定したらよい、とされたのである。全閣僚がこれに同意し、九時三〇分頃に現地から中国軍の撤退を交渉中であるとの情報が入り、散会となった模様である。(2)

内閣書記官長の風見章の回想手記によれば、八日に盧溝橋事件の報を受けたとき、彼は事件が「重大なる性質を含蓄することを顧念」したので、近衛首相の同意を得て、遠出をしないよう足止めを閣僚たちに要請した。九日に、杉山陸相から電話があり、足止めの必要はないとして解除を要求してきたが、風見は受け容れなかったという。(3) 以後、足止めは続いたが、それから一一日まで閣僚の会合はなかった。

盧溝橋事件の報を受けたとき、近衛は、「まさか、陸軍の計画的行動ではなかろうな」と風見に語ったという。(4) 満洲事変の発端となった柳条湖事件が関東軍の謀略だったことが、近衛の頭をよぎったのだろう。この近衛の発言がいつなされたのかは判然としないが、陸軍の謀略かもしれないと疑ったにしては、盧溝橋事件への対応は緩慢であった。

問題は七月一一日の動きである。風見の手記によれば、前日の一〇日夜半、風見は同郷で旧知の陸軍省軍務課長柴山兼四郎から、蔣介石が中央軍を北上させ容易ならぬ事態となったことを聞き、すぐ近衛に報告した。外務省に確認のために電話すると、この日は土曜日ということもあって、午後から次官が幹部を連れて箱根に休養に行っており、連絡が取れなかった。鵠沼の自宅に帰っていた広田外相と連絡が取れたときは、午前零時を回っていた。(5) 要するに、このあたりまでは、政府当事者たちもそれほど大ごとになるとは思っていなかったと考えられる。

翌一一日（日曜日）午前一一時半頃、首相、外相、陸相、海相、蔵相（賀屋興宣）の会合が開かれ、あらためて陸相は現地への派兵を提案した。当初、首相、外相、蔵相は同意を渋ったが、現地軍を「見殺シスルニ忍ビズ」ということで、最終的には派兵についての合意が成立した。派兵の目的は「威力ノ顕示」により中国軍の謝罪と将来の保障を得ることとされた。中国側が要求に応じない場合にはじめて攻撃を実行することも合意された。事態不拡大、現地解決が根本方針とされ、陸相は派兵すれば問題は自ずと解決するとの見通しであったが、海相は全面的な作戦となることを考慮しておかねばならないと述べ、これに首相、外相も同意した。また、海相の指摘により、動員後に派兵の必要がなくなった場合は、派兵を取り止めることも合意された。派兵の兵力は、朝鮮・満洲からの増援部隊のほかに、内地から五個師団を予定するが、当面は三個師団とされた。五相会議は午後二時まで続き、引き続いて臨時閣議が開かれた。閣議では、五相会議での合意を了承した後、政府声明の文案を協議し三時二〇分頃に終了した[6]。

その後、近衛は葉山御用邸に赴き、天皇に決定内容を上奏した。午後五時三〇分、政府はこの紛争を「北支事変」と命名し、六時二五分に、「我方ハ和平解決ノ望ヲ棄テス事件不拡大ノ方針ニ基キ局地的解決ニ努力」するとしながらも「今次事件ハ全ク支那側ノ計画的武力抗日ナルコト最早疑ノ余地ナシ」と非難する政府声明を発表した[7]。さらに夜の九時に政界代表を、一〇時に財界代表を、一一時に言論界の代表を首相官邸に招き、政界と財界の代表には近衛から、言論界の代表には風見から、それぞれ政府への支持・協力を要請した。内外に挙国一致の姿勢を示したのである。各界代表を招致して協力を要請するというのは風見の発案であった。風見によれば、無責任な強硬論が台頭し世論を煽ることを防止するため、その「先手」を打って政府の方針を明らかにし、支持を確約させ、いわば「白紙委任状」を手に入れようとしたのだという。(8)

だが、政府支持の効果はともかく、世論に対する効果は逆であったかもしれない。世論はむしろ強硬論の方向に煽られたように思われる。農相の有馬頼寧はこの日の日記に次のように書いている。

「北支出兵の為め、臨時閣議あり。夜は各方面の代表者を招いて協力を依頼す。此やり方は相当効果的であつた。併し、総理が最近軍部にひきづられる傾向甚しく、外務も大蔵も如何ともし難い。日本の将来が軍にあやまられることがなければ幸福である。此位やるなら寧ろ軍自身がやつた方がよい。…近衛君は本年中にやめる方がよい。(9)」

出兵決定後、現地で停戦協定が成立したとの報が入った。一一日夜、各界代表への協力要請の後、五相会議が開かれ、米内海相が派兵をどうするかと質すと、杉山陸相は、関東軍には既に動員を下令し、朝鮮軍には翌朝動員下令の予定、内地部隊の動員は見合わせている、と答えた。(10)一三日、陸軍は満洲と朝鮮からの兵力派遣を除き、内地からの派兵を保留することとした。その一三日(火曜日)、一〇時から定例閣議が開かれたが、首相は病気のため欠席した。この閣議は大部分が陸相の報告に費やされた模様である。陸相は、現地協定成立を報告したが、中国軍の動きや南京政府の態度についてさまざまな情報が乱れ飛んでいることを述べた。さらに満洲と朝鮮からの援軍派遣状況を説明し、内地師団の動員はまだ下令していないが、内地部隊の動員は世界に衝撃を与えるだけでなく、中国側に抵抗もやむを得ないと考えさせてしまう懸念があるので、「最モ慎重ニ考慮セザルベカラズ」と語った。これに対して外相は、今後もその趣旨で行動するよう「切望」したという。[11]

一六日(金曜日)にも定例閣議が一〇時から開かれたが、首相は欠席した。華北の紛争については議論されなかったようである。[12] 閣議後、外相、内相(馬場鍈一)、陸相、海相が居残り、海相は、事態が長引くと、中国側が軍事的な準備を整え、また列国が介入してくることも憂慮されるので、期限を付けて中国側に約束の実行を求める方法はないか、と述べた。しかし陸相は、華北はともかく、中国全体に圧力を加える準備はできていないと否定的であった。外相は、目下現地(南京?)で交渉中だから、これ以外のところで動くのは好ましくない、という口ぶりであった。[13]

一七日(土曜日)には一一時から外相、陸相、海相、蔵相、内相による五相会議が開催された。この日も首相は欠席した。この会議では、華北の宋哲元に対して一九日までに日本側の要求を実行するよう申し入れ、期限内に実行しない場合は内地三個師団の動員派兵に踏み切ること、外務省から南京政府に対して、現地交渉を妨害せず中央軍の北上を停止するよう申し入れること、を申し合わせた。陸相は、南京政府の回答にも期限を設けるべきであると提案したが、同意を得られなかった。なお、内地師団の動員派兵について、あらためて閣議で決定すべきかどうかは取り決められなかった。[14] 風見は、日本の支那駐屯軍が満洲に撤退でもしない限り、華北での日中両軍の「一大衝突は最早避け難し」としか思われなかったと手記に書いている。[15]

翌一八日(日曜日)一一時、前日と同じメンバーによる五相会議が開かれた。首相はこの日も欠席である。会議では内相が、今までの行掛りを捨て「白紙ノ状態」でやり直す必要があると述べ、海相から提案された以下の五項目が協議され申し合わせとなった。①「新タニ理想トスル日支間ノ全面的交渉ヲナス」、②一案として「冀察冀東ヲ非戦区域トシ」日中双方の駐兵問題を考慮する、③一案として「冀察冀東ヲ特殊区域トシ」南京政府の下に「無理ナラヌ特殊政権」をつくる、④華北の経済問題に重点を置く、⑤日本には何ら領土的野心はなく中国の主権を尊重する。[16]

この五項目を風見は「決定」と記しており、[17]会議の結果を聞いた有馬も、「現地解決、不拡大主義は変はらず其解決後中央政府と交渉をし、北支問題の全面的解決をする事となる」と日記に書いている。[18]しかし、海軍軍令部第一部の横井忠雄大佐によれば、五項目は審議はされたが議決されず、あくまで申し合わせ、あるいは「諒解事項」であって、これにどの程度拘束されるかは各相の受け取り方に差があったとされている。[19]会議の後、外陸海三相は近衛首相を私邸に訪れて五項目を報告した。一八日夕刻、風見書記官長は海相を訪れて、この五項目に基づいて方針案を作成し閣議に諮り、閣議で決定を見れば御前会議を奏請するという構想を語り、近衛首相の同意を得ていると述べた。海相はこれに賛成したが、その後、近衛が無理だと言い出し、このアイデアは取りやめとなった。[20]

なお、一八日の五相会議では陸相が、宋哲元が日本の要求を受け容れる可能性は七〇パーセント程度ではないかと述べた。また、外務省から南京政府に対して申し入れた件については、一九日までに回答があるはずだとの報告がなされた。会議の最後に、陸相は軍務課が作成した案として「対支政策処理案」なるものを提示した。その内容は、①平津(北平・天津)地区での中国軍駐屯禁止、②「北支特殊性」の再確認、③広田三原則に基づく懸案の解決、というもので、上記の五項目とはかなり差があった。しかも、この軍務課案は「此際今次事件ニヨリテ生ジタル対支武力膺懲ノ実質的効果竝ニ平津ニ於ケル帝国軍隊ノ存在就中北平天津ノ占拠ハ本交渉ノ後楯トシテ巧ニ活用セラルベキ事ヲ予期ス」と述べ、武力行使と平津占拠を前提としていた。海軍軍令部の横井大佐は、会議後に、これが陸軍の一致した案でないことを確認したが、武力威圧による要求実現を図る動きが陸軍内にあることが明らかとなった。(21)

一九日、南京政府は、現地停戦協定の承認等を求める日本の申し入れに対して回答を寄せたが、それは国家主権を損なう現地協定は認められないとし、拒否的回答に等しかった。翌二〇日（火曜日）は定例閣議である。この日、外務省の石射猪太郎東亜局長と上村伸一東亜局第一課長は連名で、内地師団派兵に反対するよう訴えた「嘆願書」を外相に手渡した。(22)閣議は一〇時に開かれ、首相も出席した。冒頭、陸相が、南京政府の回答は「不誠意」なので内地から三個師団を派兵したいと述べ、その後、各相の発言が相次いだが、おおむね派兵には消極的であった。外相が、「何ノ為ニ出兵スルカ不明ナリ」と疑問を呈すると、陸相は停戦監視と中央軍の北上に備えるためだと回答した。また、海相が、内地からの派兵は事態不拡大主義に反し事態を拡大させる可能性が高いと思われるがどうかと述べると、内相は、拡大する可能性が高いと思うと応じた。さらに海相は、南京政府が華北を自らの統治下にあると考え中央軍の北上も自衛のためと主張している状況のもとで日本が内地から出兵すれば、南京政府に「挑戦」することになるのではないかと指摘した。結局、当日八時三〇分に南京で日高（信六郎）参事官と王寵恵外交部長とが会見しているので、その結果の報告を待って再審議しようという首相の発言により、午前の審議を打ち切り、午後は三時まで外務省への入電を待ったが、報告が到着しなかったので散会となった。なお、午前の協議の中で海相は、事態が拡大した場合、上海や青島は現地保護の方針であり陸軍の出兵を要するだろうと指摘した。これに対して陸相は出兵すると答え、海相は「安心セリ」と述べたという(23)。

この日、閣議は夜七時三〇分に再開されるが、それは南京からの報告が来たからではなく、またも華北での衝突の報告が入ったからであった。陸相は「事態ハ今ヤ新ナル進展ヲ見タルニ付作戦上内地ヨリノ派兵ハ必要ナリ」と主張した。外相は、派兵には不賛成だが、作戦上必要というのであればやむを得ないと述べ、動員下令後出発までに和平解決ができれば派兵を中止できるかと尋ねた。陸相は、中止できると答えた。蔵相も、出兵には賛成ではないが、やむを得ないだろうと述べた。海相は「今度ノ出兵ハGestureと戦術上ノ要求トガ半分半分ト思フ」とし、ジェスチャーが効果を収めたら「復員」すべきであると論じた。海相はまた、出兵によって事件の解決条件に新たな要求を付け加えるつもりかと陸相に問い、陸相は付加するつもりはないと答えた。結論として、作戦上の必要であるならばやむを得ないということで、内地から三個師団の派兵が決定された(24)。

しかし翌二一日、現地から派兵の必要なしとの判断が報告され、陸軍は出兵を保留した。だが、二五日深夜から翌早朝にかけては廊坊で、二六日夜には広安門で、現地の衝突が相次いだ。陸軍は二六日、支那駐屯軍司令官に対する兵力行使制限を解除し(25)、翌二七日あらためて内地からの出兵を決定した。

その間、閣議では派兵問題を協議した形跡が見られない(26)。二三日(金曜日)、第七一特別議会が召集され、午前一〇時に定例閣議が開催されたが、首相の施政方針演説の草稿を議論しただけであった(27)。二四日(土曜日)の午前一〇時には、臨時閣議が開かれ、施政方針演説について論議した後、前日から持ち越された国民健康保険法案が審議されたが、結論を見なかった。二六日（月曜日）にも閣議が開かれたが、派兵問題は協議されなかった模様である[28]。

二七日（火曜日）八時三〇分から開かれた閣議で、陸相は内地師団の動員派兵を報告した。海相が、武力行使の「目標」は何かと質問すると、陸相は平津地域の第二九軍だと答えたが、北上してくる中央軍との衝突の可能性も高いと指摘した。海相は、それならば「全面作戦」となる可能性があると述べ、青島・上海への派兵準備の必要を要請し、陸相はそれに同意した[29]。興味深いことに、有馬農相はこの閣議に言及していない。この日は議会での審議が始まる日であった。閣議があったとすれば、陸相の報告とそれをめぐる談話程度のことだったのかもしれない。重要なのは、この日に閣議が内地師団の派兵を「決定」したわけではないことである。内閣は二〇日の決定で内地からの出兵について、その実行時機を陸軍に一任していたのである。ちなみに、拓相の大谷尊由が、どのあたりで軍を止めるのかと質問したところ、陸相は黙ったままだったので、見かねた海相が答えてやると、陸相は「こんなところで、そういっていいのか」と怒った、というのはこの日の閣議だったと思われる[30]。

なお、『昭和天皇実録』には、三〇日に参内した近衛が、北支事変に関する五相（首相、外相、蔵相、陸相、海相）会議決定を天皇に説明したという記述がある[31]。だが、直近に五相会議が開かれた形跡はない。最も近いのは一八日に開かれた五相会議であり、そこでは前述の五項目の「申し合わせ」が合意された。ただし、このときの五相会議に近衛は欠席しており（内相が出席）、後で外陸海三相から五項目の報告を受けていたのであった。

2 希薄な緊迫感と心理的威圧

以上の七月末までの時期について、日本政府の態度には、どんな特徴があったと言えるだろうか。閣議の状況を見る限り、少なくとも盧溝橋事件勃発直後には、日本政府の態度にあまり緊迫感は見られない。杉山陸相が閣僚の足止め解除を要請したり、外務省員が箱根に息抜きに行ったりしたことなどは、その端的な例である。風見によれば、一四日以降当分の間、閣僚は毎日首相官邸で昼食を共にし、諸般の話し合いをすることにしたとされているが、[32]それが実行されたとしても、少なくとも最初の数日は首相が病気で同席できなかったわけだから、どれほどの効果を持ったのか分からない。

また、この時期の政府の対応として、中国を心理的に威圧しようという傾向が顕著であったことも注目される。一一日に首相官邸で各界要人に協力を要請したことは、挙国一致の姿勢を示して中国を心理的に威圧することももくろんだと見るべきだろう。二〇日の閣議で米内海相が、出兵は軍事的理由が半分、「ジェスチャー」が半分だと述べているのも、出兵に心理的威圧のねらいが含まれていたことを物語っている。

もちろん威圧だけで紛争解決を図ることは難しかった。軍事的・心理的に威圧しながら、和平解決の糸口を見つけようとする動きもあった。七月一二日、参謀本部第一(作戦)部長の石原莞爾は風見に電話をかけ、近衛首相が南京に乗り込み蔣介石と直接談判して事変を解決してほしい、と言ってきた。これを風見が近衛に伝えると、病臥中の近衛は南京乗り込みに積極的であった。だが、風見の判断では、蔣介石が中国軍を完全に統制しているかどうか疑わしく、日本陸軍の統制も信頼できなかった。

そうした状況下で、たとえ首脳間に合意が成立しても、その合意は実行できないかもしれない。合意が実行されなければ、事態はますますこじれて、収拾がつかなくなるおそれがある。要するに、直接談判がうまくゆく保証はない、と風見は反対したのである。近衛は風見の判断を受け容れ、外相を南京に送るのはどうか、ということになった。この件について近衛は陸相と海相の同意を得、広田外相に打診した。しかし、広田は言を左右にして諾否を言わなかった。理由も述べなかったという[33]。こうして南京での政府首脳による直接交渉案は立ち消えとなる。このエピソードでも、緊迫感は希薄とは言えないにせよ、それほど深刻ではなかったように感じられる。

注目されるのは、内地師団の動員・派兵をめぐる動きである。内地師団の派兵は、閣議で二度決定されながら、その実施は二度保留された。実施保留は、中国側にメッセージとして伝えられなかった。動員・派兵がその威圧効果に重点を置いていたとすれば、譲歩を示すような実施保留を相手側に伝えるのは、避けるべきだと見なされたのだろう。政府は事態楽観と威圧効果への期待に囚われ、最後まで譲歩的メッセージを出そうとはしなかったのである。

3　八月から九月にかけて

八月に入って最初に閣議が開かれたのは二日(月曜日)である。このとき、米内海相は杉山陸相に対し、どのあたりで事変を収めるのかと尋ねた。陸相が作戦上のことは答えられないと述べたので、これは作戦以上のことに関わる重要問題だと海相が重ねて陸相を追及すると、ようやく杉山は保定の線で止まるつもりだと語った。米内は、軍事的な勝利を収めるには今がチャンスだと指摘し、日本の要求は過大ではないことを「裏面工作」で中国に知らせれば、中国もこれに応じるだろうと述べた。杉山も、裏面工作ならばいいだろうと同意したという。[34]

この「裏面工作」には、具体的な裏付けがあった。「船津工作」と呼ばれる和平工作である。その発端は、七月三〇日に参内した近衛に対し、天皇が早期和平の意向を示唆し、翌三一日には、参謀総長に同道して参内した石原作戦部長が外交交渉による事変解決を上奏したことにあった。[35] 八月一日(日曜日)から石射外務省東亜局長を中心に陸軍省・海軍省の主務者の間で和平条件に関する協議が進められ、[36] 中国側に日本政府の意向を伝える密使として船津辰一郎(在華日本紡績同業会総務理事)が起用されることになった。

和平条件案協議は、外陸海三省の首脳と主務者以外には極秘で進められた。主務者間でまとめられた案は六日に外陸海三相会議で審議され、翌七日合意が成立した。[37] 一方、天皇は五日に参内した近衛に対して迅速な和平交渉の開始を要望し、六日には伏見宮軍令部総長と船津工作のことを話し合った。[38] 船津は四日に東京を出発、七日に上海に到着し、九日に中国国民政府外交部亜洲司長の高宗武と会見したが、その後、上海情勢が悪化し、船津工作は実を結ぶことができなかった。

この間、閣議で船津工作のことが話し合われた形跡はない。四日(水曜日)に院内閣議が開かれたが、北支事件特別税(第二次追加予算案)を決めただけであった。[39] 八日に議会が閉会し、一〇日(火曜日)の定例閣議で初めて船津工作が話題になったようである。有馬は、閣議があったが「別段の事なし」としながら、「南京政府と川越大使との間に相当具体的な話が進められる模様である」と日記に記した。[40]

だが、現地情勢悪化のため、船津工作は進展を見ず、やがて第二次上海事変の発生により挫折する。そしてその後、日本政府と軍中央の関心は上海への出兵へと移ってゆくことになる。

上海での情勢悪化に伴い、現地海軍部隊からは援軍派遣の要請が相次いだ。軍令部では陸軍派遣が必要であるとし、これを閣議で提議するよう海相に求めた。しかし一〇日の閣議で米内海相は、上海の事態が悪化した場合は陸軍の派遣を必要とする、とは発言したものの、上海派兵のための陸軍部隊動員要請は見合わせた。(41) 海相は船津工作の進展に期待をかけていたのである。翌一一日、軍令部総長が陸軍上海派遣を直に海相に要請しても、米内は外交的解決の可能性を指摘し、要請を受け容れなかった。

しかし、一二日、現地から陸軍部隊派遣が「緊要」であるとの要請がなされ、米内はようやく陸軍派遣に同意する。船津工作の可能性はなくなったと見極めも付いたのだろう。同日夜九時、海相は緊急四相(首相、外相、陸相、海相)会議の開催を要請、そこで陸軍派兵を求め、了承を得た。翌一三日(金曜日)午前九時四〇分、正式の閣議が開かれ、上海の居留民保護のため陸軍部隊を派遣すること、派遣部隊の兵数や動員下令の時機は参謀本部と軍令部が協議のうえで決定すること、という方針が決められた。(42) この日、ついに現地上海で武力衝突が発生した。

一四日(土曜日)午前八時三〇分にも閣議が開かれ、青島方面への陸軍派遣準備として部隊を大連に待機させることが決定された。(43) 同日夜一〇時三〇分にも閣議が開かれている。その間、この日昼前には中国空軍機が上海地区と、黄浦江に停泊していた第三艦隊の旗艦「出雲」を爆撃し、海軍に衝撃を与えていた。夜の閣議では、上海に救恤・医療のための救援船を派遣することが決定された。

このとき米内海相は上海の事態を説明し、こうなったからには事態不拡大主義は消滅したと主張した。米内は、「全面作戦」となった以上、南京攻略が、実施するかどうかは別として「主義」として当然ではないか、と杉山陸相に述べた。杉山は、南京攻撃については参謀本部と協議しなければならないが、ソ連に対する考慮から多数の兵力を用いることはできず、実施できないことは主義としても認めることができない、と答えた[44]。風見書記官長によれば、鉄道大臣の中島知久平は、中国軍を徹底的にたたきつけるべきだと述べ、逓信大臣の永井柳太郎はそれに相槌を打ったという[45]。

この閣議は、外陸海三省事務当局でまとめた政府声明を議論し、その案文についての協議が長引いたため、翌一五日の午前一時までかかった。広田外相は不拡大主義を保持すべきであると論じ、政府声明の必要はないと主張したが、これを米内海相は「論駁」したという[46]。風見は上記の経緯と微妙に異なる手記を残している。風見は政府声明の乱発は好ましくないとし、また長時間の会議も内外を刺激するので避けるべきだと考えて、閣議は救援船の派遣を決定したらすぐ終わらせることをもくろみ、事前に近衛首相と米内海相の了解を得た。ところが、閣議は救援船派遣決定で打ち切ることができなかった。杉山陸相が、この際政府声明を発表し、日本の立場を内外に明らかにすべきであると主張し、これに閣僚の多くが同調したからであった。そして案の定、案文をめぐってとりとめのない議論が長く続いた。ようやく案文がまとまったとき、広田外相は、これを今すぐ発表しなくてもよいのではないかと述べたが、風見は、閣議がこれだけ長引けば、救援船派遣を決定しただけだといっても誰も信用せず、かえって揣摩臆測や誤解を生み、悪影響を及ぼすので、この際、直ちに発表することが望ましく、また、声明の内容は、従来の声明と矛盾していないので、いま発表しても差し支えない、と論じた。[47]

こうして一五日（日曜日）未明（午前一時一〇分）、上海出兵に伴う政府声明が発表されたのである。この政府声明は、「支那側ガ帝国ヲ軽侮シ不法暴虐至ラザルナク全支ニ亘ル我ガ居留民ノ生命財産危殆ニ陥ルニ及ンデハ、帝国トシテハ最早隠忍其ノ限度ニ達シ、支那軍ノ暴戻ヲ膺懲シ以テ南京政府ノ反省ヲ促ス為今ヤ断乎タル措置ヲトルノ已ムナキニ至レリ」と断じつつ、日本には「領土的意図」はなく、「無辜ノ一般大衆」にも何ら敵意はないと謳った。[48]上記の後段では、従来の声明と同様の文言を用いたが、前段では、隠忍の限度に達したとか、断乎たる措置をとるとか、その趣旨が強硬となったことは否めない。

風見によれば、前段の趣旨は「真意」ではなかった。戦局が拡大されたとはいえ、まだ戦闘地域は限定されており、華北の事態と上海の事態を別扱いとしつつ、それぞれ早期の事態解決を望んでいたという。風見は、政府声明を発表するにあたって、事態不拡大方針を堅持すると記者団に説明したとされている。[49]

しかし、一七日（火曜日）に、閣議は不拡大方針を放棄する。「従来執り来れる不拡大方針を抛棄し、戦時態勢上必要なる諸般の準備対策を講ず」という決定が打ち出され、増大する経費捻出のため九月初旬に臨時議会を召集することも決められた。[50]一方、この閣議では、「上海事件ノ発生ニ依リテモ特ニ新ナル事態発生セルモノトハ認メズ」、盧溝橋事件以来の事態を「七月十一日閣議決定ノ事変」とみなす、という事変の解釈に関する曖昧な了解も成立した。[51]不拡大方針放棄をめぐって内閣は揺れていたようである。

その後二〇日（金曜日）の閣議では、国家総動員法と青島への出兵について議論が交わされた[52]。青島派兵の件は、二三日午後に開かれた外相、陸相、海相の三相会議で中止が合意され[53]、翌二四日（火曜日）一〇時の定例閣議で決定となった。青島の居留民現地保護は中止となったのである。また、この閣議では陸相から、これまでの六個師団（華北に四個師団、上海に二個師団）に加えて、新たに四個師団（常設師団一、特設師団三）の動員と四個師団の動員準備が報告された[54]。

二七日（金曜日）一〇時に開かれた定例閣議では、臨時議会開院式での勅語の内容が協議された。このとき陸相は、勅語には事変に関する日本の「決意」や「方針」を織り込むことで、外務・陸軍・海軍の三省事務当局間に合意が成立している、と発言した。これに対して書記官長は、開院式の勅語と事変に関する勅語とは別にすべきであると主張した。海軍が態度を決めていなかったので、この件は持ち越しとなり、翌二八日九時に開かれた臨時閣議で、開院式の勅語に事変に関する決意等を織り込むことが決定された。なお、二七日の閣議では、日本海軍機に銃撃されたとされる駐華イギリス大使負傷事件に対する対応が協議され、さらに外相と新ソ連大使との会談の内容が報告された[55]。

三一日（火曜日）にも定例閣議があったが、内容は不明である[56]。そして九月二日（木曜日）、閣議は事変を「支那事変」と呼称することを決定した。盧溝橋事件に端を発する事変が「今ヤ支那全体ニ及ブ事変」となったので、その呼称も「名実相伴フ」ようにし、「国民ノ意思ヲ統一スルノ必要アル」ことが、呼称変更の理由とされた[57]。事変の呼称の変更により、不拡大方針放棄にまつわる曖昧さはなくなったと言えよう。

既にこの頃から関係各省の事務レベルでは、宣戦布告の是非についての検討が始まっていた。結局のちに宣戦布告は見合わせることになるが、その検討がなされたこと自体、盧溝橋事件に始まる軍事紛争が単なる局地的事件ではなく、実質的には戦争にほかならないという見方が広まっていたことを示している。上海出兵時の政府声明が宣戦布告に代わるべきものであった、という見解もある。(58) 九月四日(土曜日)の臨時議会開院式で読み上げられた勅語は必ずしも日本の決意や方針を明確に述べなかったが、この議会で成立した臨時軍事費や法律によって日本は戦時態勢に移行してゆく。九月五日、近衛首相は演説で以下のように述べた。

「…支那側は帝国政府の隠忍に乗じて益々侮日抗日の気勢を挙げ、統制なき国民感情の激する所、事態は急速なる悪化を来し、局面は北支のみならず、中支南支にまでも波及するに至つたのであります。隠忍に隠忍を重ねて参りました我が政府も、是に於て従来の如く消極的且局地的に之を収拾することの不可能なるを認むるに至りまして、遂に断乎として積極的且全面的に支那軍に対して一大打撃を与ふるの止むなきに立至りました次第であります。…今日此際帝国として採るべき手段は、出来るだけ速に支那側に対して徹底的打撃を加へ彼をして戦意を喪失せしむる以外にないのであります。かくして尚支那側が容易に反省を致さず、飽く迄執拗なる抵抗を続くる場合には、帝国として長期に亘る戦も勿論辞するものではないのであります。…」(59)

中国軍に対して積極的・全面的に打撃を与え、長期戦も辞するものではない、ということの演説から見る限り、紛争はもはや事変ではなく戦争であった。

むすび

冒頭で述べたように、日本には閣議の議事録がなかった。本稿が扱った時期についても、閣議がいつ行われたのか、どのような協議がなされ、いかなる決定が打ち出されたのか、確定できない部分が少なくない。閣議以上に確定できない部分が多いのは、三相、四相あるいは五相会議と称される会議である。いずれも非公式の会議であったため、開催日時も議事内容も不明の場合がある。三相、四相あるいは五相会議が閣議の前に実質的に政府の方針を決め、それを閣議で追認しているケースもしばしば見られるので、こうした閣僚会合の日時や協議内容を軽視することはできないだろう。

本稿では閣議のメンバーの記録や、メンバーの周辺にいた人物の日記・メモ等をデータとして閣議の模様を再現しようと試みたが、この試みには限界があり、また偏りが生じることも避けがたい。まず閣僚としてその日記が利用可能なのは、今のところ農相有馬頼寧のものだけである。しかも、この日記には時期的に欠落部分があり、記述が簡潔で、閣議の内容を詳しく伝えているわけではない。

内閣書記官長風見章は閣僚ではないが、四相会議等の会議や閣議に同席しているので、彼の残した記録は重要かつ貴重である。しかし、彼の手記は日記ではなく、しばらく時間が経った後の覚書あるいは回想である。また、手記は書かれた時期によって微妙にその内容が異なり、戦後に刊行された回顧録の内容は戦前の手記とかなり食い違っている部分もある。

閣僚周辺の人物の記録として有用なのは、海軍の嶋田繁太郎軍令部次長のメモと、軍令部第一部甲部員横井忠雄のメモである。おそらくいずれも米内海相が閣議後に部下たちに説明したブリーフィングが基になったものと考えられる。したがって、どうしても米内海相の発言を多く記録しがちであり、その分バイアスがかかっていると考えなければならない。

以上のような限界を承知のうえで考察すると、本稿が扱った時期、特に八月段階での政府の行動にはどのような特徴が見られるだろうか。

八月段階の政府方針決定のヤマとなったのは、上海出兵と不拡大方針の放棄である。このうち上海出兵については、実質的な決定が海軍部内でなされ、それを四相会議が承認し、閣議は形式的に追認するという経過をたどった。[60]船津工作についても、閣議はほとんどこれに関与していない。[61]国内世論が硬化し、閣僚たちの一部もそれに同調しているとき、閣議で具体的な和平条件や出兵の是非を実質的に審議することは難しかったのだろう。

七月段階の出兵決定に躊躇や慎重さが見られたのに比べると、八月の上海出兵決定は、当初、船津工作に及ぼす影響を懸念したことを除けば、あまり慎重さは見られない。船津工作に期待して慎重論を唱えていた米内海相が出兵に踏み切った後は、出兵反対論はほとんど見られなくなった。一般に海軍は武力発動に慎重だったが、武力が発動された後は、局地紛争にとどめることは困難だとし、全面戦争となる可能性を考慮せざるを得ないと主張した。

不拡大方針の放棄についても、海軍はそのイニシアチヴをとったように見える。ただし、これを決定した八月一七日の閣議の協議内容が分からないので、この決定をめぐってどのような賛否の議論が交わされたのか明らかにすることができない。事変の解釈に関する曖昧な閣議了解がつくられているのを見ると、このとき不拡大方針放棄については、内閣レベルで完全な意見一致が生まれなかったのかもしれない。

不拡大方針放棄に慎重だったのは風見である。八月一七日の閣議了解を関係省庁に通牒したのも風見であった。風見はまた、もともと上海出兵に伴う政府声明に反対であった。しかし、政府声明の文言に関する審議が長引くと、即時発表に慎重な広田外相を制して、真夜中の即時発表に踏み切った。ジャーナリスト出身の風見はマスメディアの反応に敏感であった。だが、風見の判断と行動は、七月一一日の場合と同じく、マスメディアに敏感だったがゆえに、結果的には好ましくない反応を引き出してしまったように思われる。

最後に、現在利用可能な記録に基づく限り、閣議における近衛首相の発言はほとんど聞こえてこない。おそらく近衛はあまり発言しなかったのだろう。近衛は、沈黙しながら閣僚たちの発言を聞き、その大勢に乗ろうとしたのかもしれない。九月の臨時議会での彼の演説は、閣内の、そして国内の強硬論を反映したものと考えられる。このような強硬論を安易に反映する近衛の政治指導スタイルこそ、支那事変拡大の重要な要因の一つであった。

第11章 日本人の日中戦争観——一九三七～四一年

はじめに

一九三七年七月に日中戦争が始まったとき、これがその後八年にもわたって激しく戦われる戦争になることを予想した日本人はまれであった。多くの日本人にとって、それは満洲事変と同様に、中国の屈服によってすぐに、しかも局地的に「解決」されるものと見なされた。にもかかわらず、中国の厳しい抵抗によって戦争は全面化し長期化する。そうした事態の推移を受けて、日本人は、なぜこの軍事紛争がこれまでとは異なり長期化しているのか、なぜ中国がこれほどまでに日本に抗戦を続けるのか、を真剣に考えざるを得なくなってゆく。この戦争の本質はいったい何なのか、何のために日本は戦っているのか、を自らに問わなければならなくなる。

このような日本人の日中戦争に対する見方は、この戦争を日本の侵略に対する抗戦ととらえた中国人の見方と際立った対照をなしている。また、「抗日戦争」という呼称に象徴されているように、中国人の戦争観はほぼ一致していたと考えられるが、日本人の戦争理解はさまざまであり、しばしば対立・矛盾をはらんでいた。こうした日本人の日中戦争理解は、この戦争の重要な一面を反映し、戦争に対する日本人の態度にも少なからぬ影響を与えたと言えるだろう。

本章は、当時の論壇誌である『外交時報』と『中央公論』に掲載された論文を材料とし、その内容分析から日本人の日中戦争理解の特徴を明らかにすることを目的とする。『外交時報』は半月刊で外交問題の専門誌、[1]『中央公論』は月刊の代表的な一般論壇誌で現在でも引き続き刊行されている。むろんこの二誌だけが論壇誌であるわけではないが、二誌とも保守中道系に位置しつつ、多様な立場から執筆された論文を掲載しているので、当時の日本の論壇の主要な傾向を見るためには、適切な材料を提供してくれるだろう。

言うまでもないことだが、論壇に登場する知識人の日中戦争観が日本人一般のそれを代表しているわけではない。ただし、彼ら言論人が、いわばオピニオン・リーダーとして、一般の人々の日中戦争観に対して、少なくとも間接的に、あるいは若干のタイムラグを置いて、影響を及ぼしたことは疑いない。

なお、考察対象の時期は、盧溝橋事件から太平洋戦争開戦までとし、四つに区分する。

1　盧溝橋事件から南京陥落まで——一九三七年七月〜一二月

◆華北の衝突

日中戦争は、盧溝橋事件から約三週間、事件の外交的解決が模索された。七月二八日に日本軍が本格的な武力発動に訴えて軍事紛争が拡大した後も、しばらく紛争は華北に限定されていた。それが全面戦争の様相を帯びるのは、八月一三日、上海で武力衝突が発生した後である。

そうした初期段階の議論では、事件の直接的な原因よりも、事件後に紛争が拡大し解決の曙光が見えないことに焦点が置かれている。そして、その紛争未解決の責任はすべて中国側の態度に帰せられた。たとえば、外交時報社長の半沢玉城は、紛争未解決の原因を、中国人の「中華意識」と、中国が部分的に達成した進歩から生まれた「慢心」「自己陶酔」と、日本についての「認識の錯誤」とに求めた(2)。この三つの要因は、この後、多くの論者によって、表現を少しずつ変えながら、何度も繰り返し指摘されることになる。

紛争未解決に関し日本側に問題があるとすれば、それは前年の西安事件以後に高まった「支那再認識論」であるとされた。「支那再認識論」とは、それまでの対中政策のあり方を反省し中国の国家統一事業をあらためて理解しようとする気運であったが、東京日日新聞(東亜調査会主事)の中保与作によれば、この再認識論こそ中国を「増長」させる結果を招いたのであった(3)。

多くの論者は、蔣介石ないし国民政府が実施してきた抗日政策が紛争未解決の背後にある最も重大な要因であると論じた。東京日日新聞(東亜課長)の田中香苗によれば、抗日がナショナリズムと同義語となってしまい、抗日ナショナリズムによって中国の統一が進められたことこそ問題であった(4)。抗日政策と抗日教育を手段として国家統一を進めたことが紛争拡大の主因である、という主張は既にこの時点でパターン化された論理となっている。

七月下旬、華北で日本軍が本格的な武力発動に訴えると、論調は国民政府に対してより厳しさを増す。中山優（外務省嘱託、のち満洲建国大学教授）は、日本の武力発動を中国の抗日・侮日に対する「無礼打ち」だと評している。中山は中国のナショナリズムや統一の動きに否定的ではなかったが、そのナショナリズムがイギリス資本を基盤とし、コミンテルンに踊らされていることを批判した。[5] 中山の論理のなかには、イギリス資本主義とコミンテルン（ソ連共産主義）が中国のナショナリズムや抗日政策を支え促しているという見方が含まれているが、こうした見方は当時、多くの人々に共有され、これもその後何度も繰り返されるテーマとなる。

◆全面戦争へ

戦火が上海に飛び火した後、日本の言論人に大きな衝撃を与えたのは八月二二日の中ソ不可侵条約の締結である。半沢玉城は、日本の戦争目的に、「抗日・侮日」の膺懲に加えて、世界の赤化拡大を防ぐ「世界的使命」が加わった、と論じた。[6] 中国で教育事業に従事していた（戦後に桜美林学園を創立）清水安三も、戦争の意義は「暴戻なる」中国を膺懲することから、中国を共産主義から救うことに変わったと指摘している。[7] 宮崎龍介（宮崎滔天の息子）は、戦争を、国民政府の「誤れる国際政策」を正す「義戦」であるとしながら、日中両国を「民族解放の運命的戦友」と位置づけ、蔣介石に対して「支那民族を白人の手に委する勿れ。白人の奴隷として売り渡すこと勿れ」と呼びかけた。[8] 既にこの時点で、人種主義的主張が顔を出していることが注目されよう。

日中間の軍事紛争が、予想に反して、全面戦争の様相を帯びてくると、あらためてこの戦争がどのような性質を持っているのかについて議論が交わされるようになる。元外交官（奉天総領事、ブラジル大使）の林久治郎は、この戦争は「同文同種」の日中両国間の「根本的闘争」ではなく、慈愛深い兄が、不良行為を働いた弟を懲らしめるための鞭であって、弟が反省し悔悟すれば、「円満なる家族関係」に戻るだろう、と述べたが、(9)同じ外交官であっても、米内山庸夫は、悲観的で皮肉な見通しを語った。中国で長く領事を務めた米内山は、中国の「民族性」を強調し、漢民族は国家統一を成し遂げ国力を強大にすると、必ず周囲の民族を征服しようとするので、「日支不親善は宿命的である」と論じたのである。(10)米内山によれば、戦争の原因は日中「両民族の本能的生存競争」にあった。(11)もう一人の元外交官、岡部三郎は、この戦争の目的が漠然としてとらえどころがなく、国民が戸惑っていると指摘したが、(12)こうした指摘には、戦争をどのようにとらえたらいいのかについての論者自身の戸惑いが含まれていたと考えられる。

戸惑いの多くは、意外なほどの中国の抗戦力に由来していた。半沢は、中国軍の進歩と強靭さを認め、隣国として頼もしく感じるほどだと述べている。(13)同盟通信の及川六三四は、「勇猛果敢」「堅忍不抜」「必勝の信念」はもはや日本軍の独占物ではなく、中国軍にも備わっていることを指摘した。(14)同じように中国軍兵士の精神力に着目し、中国は「鋼のやうに」たたかれて強くなったとする評価もあった。(15)

意外なのは抗戦力だけではなかった。なぜ経済的に脆弱性を抱えた中国が長期戦を戦えるのかも意外であった。国民新聞の直海善三は、中国は完全な近代的統一国家でないだけに、国民政府がたとえ中央政府としての実体を失ったとしても、それが地方に存続する限り抗戦を続けることができると論じている。(16)及川六三四も同様に、中国経済の非近代性がかえって持久力をもたらしている、と指摘した。[17] むろん、東京朝日新聞（論説委員）の大西斎のように、中国の近代化の進展が日本軍の攻撃に対する脆弱性を生み、長期抗日を困難にしている、という観察もあったが、[18] 論壇ではそれは少数派の見解であったと見られる。

いずれにしても、まったく妥協の姿勢を見せず抗戦を継続する国民政府に対しては、多くの論者が厳しい批判を表明することとなった。のちに興亜院嘱託となる井村薫雄は、中国民衆の利害を少しも考慮していない軍閥政権たる蔣介石政権から民衆を救い出すことこそ日本の使命であるとし、国民政府は「否定さるべきである」と論じた。[19] また、大西斎は、国民政府がいつまでも「反省」しなければ、日本としては和平の交渉を試みようとしても、交渉相手がいなくなる場合も想定しておかねばならない、と指摘した。[20] 南京進撃が始まる前から、国民政府否認論に近い主張が出ていることに注目すべきだろう。

◆南京攻略

戦局は中国の厳しい抗戦により上海戦線が膠着状態に陥ったが、一一月上旬、ようやく中国軍は上海から後退し始め、日本軍は南京進撃に突進してゆく。

首都陥落が予想されるなかで、にわかに論議の対象となったのは和平問題であった。そもそも蔣介石は和平に出てくるのか、それに日本は応じるべきなのか。読売新聞や満洲日日新聞に勤めた金崎賢は、日本が戦っているのは抗日分子であって、中国国民や中国国家ではないのだから、国民政府が抗日分子や共産分子を排除し「日本の真意」を理解するのならば、東アジアの安定のために協力できるだろう、と和平交渉に肯定的な見解を提示した。[21]

だが、米内山庸夫は、蔣介石を相手とする和平に消極的であった。彼によれば、たとえ和平が実現しても一時的な弥縫策にすぎず、いずれ将来、より深刻なかたちで日中間に戦争が再発するだろうから、現段階での和平が日本にとって得策であるかどうかは疑問である、とされた。[22]また、東亜経済調査局の梶原勝三郎は、そもそも国民政府は和平交渉に応じないだろうし、たとえ交渉に応じたとしても、首都移転を表明して地方政権に転落してしまった蔣政権と交渉しても徒労に終わるだけだ、と論じた。[23]

東京日日新聞(政治部長)の吉岡文六は、いずれ蔣介石は対日和平に傾くだろうが、決して対日屈服というかたちを取ろうとはしないだろうと予測した。[24]しかし、この吉岡ですら、やがて蔣介石との和平には否定的となる。日本はこれまで蔣介石の反省を待っていたが、その兆候がまったく見えないからには、降伏以外は一切の交渉に応じないと腹を決めるべきだ、と述べるに至ったのである。[25]日本外交協会幹事(のち中央大学教授)の田村幸策も、国民政府に与えた反省のための時間は期限切れとなっており、同政府を相手として交渉を行うことはもはや不可能であると主張している。[26]こうした主張が、一九三八年一月一六日のいわゆる「対手トセス」声明以前に現れていることに注目すべきだろう。

では、和平交渉があり得るとした場合、どのような条件ならば容認すべきなのか。南京攻略以前には、日中提携と防共を掲げる華北自治政権が認められれば、それで「一段落」ついたとして満足すべきだという見解が表明された。[27]しかし、南京攻略に戦局が移行すると、条件論議も硬化する。同盟通信の横田実は、蔣介石の即時下野が停戦の条件だと論じた。[28]外国紙の報道からドイツ仲介の和平工作の進行を知った吉岡文六は、満洲国の承認、華北一帯の非武装地帯、防共協定締結などが和平条件として報じられると、こんな条件は盧溝橋事件の一ヵ月後くらいならともかく、これだけの犠牲を払った後では問題にならない、と切り捨てた[29]。

日本政府の公式見解は、中国国民を敵視せず、領土拡張の意図もない、というものであり、論壇でもこれに同調する議論が多かったが、他方では政府見解と矛盾する主張も出てきた。明治大学教授の三枝茂智は、従軍した兵士には満洲・華北の土地を、戦死した留守家族の寡婦・孤児には資源開発の持株を与えるべきではないか、と提案した[30]。田村幸策は、開戦責任の所在を明らかにし、国内に生じかねない不満に対処し、戦後の復興を図るためにも賠償金が必要だと論じた[31]。

和平そのものについても和平条件についても、論壇では強硬論が大勢を圧したが、南京陥落によって戦争は終末段階に入ったかというと、必ずしもそのようには見なされなかった。南京陥落以前から、国民政府が南京を放棄した場合、その本体はまるで下等動物のように「絶対的急所」を持たない存在として「頗る厄介な代物」になるおそれがあると予想されていた[32]。南京陥落によって国民政府は一地方政権に転落したと考えられた一方で、にもかかわらず蔣政権は地方政権として存続し抗戦を続けると判断された[33]。中国問題に関して評論活動をする藤枝丈夫によれば、南京陥落は、蔣政権にとって致命的打撃ではなかった[34]。少なからぬ中国専門家が、重慶に移った蔣政権で共産党の影響力が強まることを予測したが、たとえそうだとしても、抗日の姿勢は強まりこそすれ、弱まることはないと観測された。南京陥落によって日本国内には戦勝気分が横溢した、と従来は言われてきたが、中国問題専門家を含む言論人の間では、さすがにそうした楽観論が支持されたわけではなかったようである。

2 「対手トセス」声明から武漢三鎮・広東陥落まで——一九三八年一月〜一〇月

◆抗戦継続と外力援助

一九三八年一月、「爾後国民政府ヲ対手トセス」との声明を発表した後、日本は国民政府を事実上否認し、それに代わる中央政権を擁立して、これとの間に新たな国交関係を樹立することを公式の方針とした。こうしたなかで、戦争が「スペイン化」したという見方が現れてくることは興味深い。既に前年秋頃から、ソ連による蔣政権援助が強化され、これに対抗して日本が新政権を擁立した場合、東アジアには国際的対立と国内的闘争とが結びつき錯綜したスペイン的状況が生まれるのではないかとの懸念が示されていた。[35] しかし半沢玉城は、スペイン化を肯定的にとらえたようである。半沢によれば、国民政府が否認され、これに代わる新中央政権が出現すれば、中国もスペインと同様の内乱状態にあると考えられ、論理上、国民政府軍は反乱軍と見なされると指摘した。[36] スペイン内乱では、反乱軍であったフランコ派が勝利しその政権が正統政権として認められるようになったが、日中戦争でも日本によって擁立された新中央政権がフランコ政権と同様の役割を演じると期待されたのである。[37]

しかし、否認され反乱軍扱いをされた国民政府の抗戦は弱まる気配を見せなかった。抗戦陣営内での蔣介石の統制力、国共関係などについて論者の分析は必ずしも一致しなかったが、抗戦力の弱体化を指摘する論者は少数派であった。蔣介石の統制力はまだ維持されているとされ、国共対立はあるが、抗日が続く限り分裂をきたすことはないだろうと分析された。

南京攻略作戦の後、日本軍が実施した大規模な軍事作戦は、徐州作戦、漢口作戦、そして広東作戦である。大西斎の観察によれば、徐州作戦は南京攻略戦以上の戦果をあげ蔣政権に大きな打撃を与えたが、南京陥落が蔣政権の死命を制することにはならなかったように、徐州陥落の打撃も蔣政権にとっては致命的でなかった。[38] 吉岡文六は、蔣政権が敗北を重ね財政も破綻しているのに、なぜ抗戦体制を維持できるのかという疑問に対し、蔣介石が過去一〇年間に構築した権力機構(官僚、軍隊、特務)の強靭さにその答えがあると分析した。[39]

企画院調査官の和田耕作は、中国の長期抗戦を支えているのは、その致命的な弱点とされている「封建的性格」と「植民地的性格」に理由があると述べている。「封建的性格」とは、経済が必ずしも国家単位で統一されておらず、一地方の経済が切断されても、国民経済全体は機能を失わないことであった。ミミズが真っ二つに切断されても生き延びるのと同じである、と和田は言う。[40]

和田の言う「植民地的性格」とは、特にイギリスの経済力に牛耳られていることを意味した。つまり、イギリスが自らの利益のために蔣政権の長期抗戦を支えている、という見方である。こうした見方は以前からあったが、戦争の長期化とともに、中国の抗戦を支える外力すなわち外国勢力に対する批判、非難あるいは憎悪が高まったのである。たとえば井村薫雄は、蔣政権を「撃滅粉砕」することは英ソの「魔手」から中国人を救出することだと述べ、イギリス系のユダヤ財閥が戦争で金を儲けるために中国を援助しているのだ、と言わんばかりの議論を展開した。[41] また半沢玉城は、日本の真の敵は中国ではなくて、その背後には中国を操っている存在があると決めつけた。[42] 半沢はさらに、日中戦争は「一種の幽霊戦」であり、敵の本体は幽霊の背後にいるので、幽霊を叩きのめすことによって背後の本体を震え上がらせることが絶対に必要だと述べている。[43]

宮崎龍介は、日中戦争が日英戦であり日ソ戦であることは、今さら言うまでもないと論じた。[44] 和田耕作によれば、長期戦化した日中戦争は、中国を植民地として長く確保しようとするイギリスの執拗な要求との抗争であり、世界赤化の重要拠点として中国を把握しようとするソ連との思想的闘争でもあった。[45] 吉岡文六は、イギリスと蔣政権との「腐れ縁」を絶ち切るためには広東を攻略しなければならないと主張した。[46]

このように、この段階に外力のなかで批判の対象となったのは、それまでのソ連よりもむしろイギリスである。そして、こうした批判は、イギリスに対して慎重であるように見受けられた政府の外交にも向けられていった。たとえば梶原勝三郎は、蔣介石政権を撃滅するためには戦略的に広東を攻略することが必要不可欠だが、それをしないのは、政府がイギリスに遠慮しているからだと論じている。[47] だが、たとえ広東を攻略しても、蔣政権を軍事的に壊滅させることは難しかったのである。

◆戦争の意味

広東を攻略しても、蔣政権の抗戦は終わらなかった。大西斎によれば、戦争がどこまで続くのか、いつになったらケリがつくのか、今後の戦争の前途がどうなるのか、誰にもその見通しはつかなかった。[48] 勝利を重ねても敵がいつまでも戦いをやめず、戦争の見通しがつかない状況が続くなかで、いったいこの戦争は何なのか、何のために戦っているのか、ということが問われるようになるのは避けられなかった。

直海善三は、「聖戦としての意義を付与する事変の目標は世界史的見地に立つて人類に寄与する高遠な理想を伴ふものでなければならない」と述べたが、[49]この言葉には、膺懲とか防共といった目的ではもはや戦えない、という思いが滲んでいる。満鉄や華北交通に勤務した梨本祐平は、戦争の目的が中国の抗日政策の膺懲と、その背後にある国際勢力の遮断・排除にあると指摘しつつ、その究極の目標は、植民地ないし半植民地の境遇にある東洋の遅れた諸国や地域に「新しき脈々たる息吹を通はせて」、日本・満洲国・中国を基盤とした「東洋社会の新しき秩序」を建設することだ、と論じた。[50]堀真琴（法政大学教授）は、日本の戦争目的は中国を植民地や半植民地とすることではなく、中国に統一と解放の機会を与え、日中協力して「新たな世界秩序を創建し」東洋を列強の束縛から解放することにある、と主張した。[51]また、宮崎龍介は、「この事変は世界に於ける国民戦線対人民戦線、持てる者対持たざる者、現状維持派対現状打破派の闘争への第一歩なのである」と論じている。[52]

要するに、新たな戦争目的の追究は、かなり抽象的な理念を求める方向に傾斜したが、そこでは「新しい秩序」という文言が多用されていることに気付かされるだろう。こうした文言は、一一月三日に東亜新秩序声明が発表される前から、多くの論者によって、おそらくは相互に矛盾するさまざまな意味を込めて、使われていたのである。

そして、あらためて戦争の意味や目的を模索するこのような動きは、一部で政府批判にも通じていた。この点で政府批判をストレートに表明していたのは宮崎龍介である。彼は以下のように論じている。政府は、はたして何を考え、何をしようとしているのか。国民は乱れ飛ぶデマゴーグのなかで半信半疑し、また不安を抱いて、ただ成行を眺めているだけである。政府は国民に何を求め、どこに導こうとしているのか。「日本は何が故に戦ふか」「日本は何を目指して進んでゐるのか」。国民は政府の口から明快な答えを聞きたいと思ってきたが、今日まで、「国民の潜在的意志と欲求とを顕現する」ような、また「国民の心臓を突き、血潮を沸騰せしむる」ような「圧倒的にして魅惑的な宣言」を、国民はまだ聞いていない、と。[53]

◆中国認識の反省

戦争目的の探求と並行して、この時期（一九三八年後半）には、それまでの中国認識の欠陥を反省する動きも見られた。ここではその代表的な議論を紹介してみよう。

その一つは東京朝日新聞（東亜問題調査会）の太田宇之助の議論である。太田は以下のように述べている。日中戦争開始後、中国政府、中国軍、中国民衆について、日本では見通しを誤ることが少なくなかった。一般に「支那通」と呼ばれる人たちの予想が次々と裏切られたため、日本人の多くは彼らに失望している。「支那通」には、中国政治が軍閥や政客の動向によって動くと考えて人物本位の考察を行う「旧派」と、マルクス主義に基づいて社会科学的な分析を行う「新派」とがあり、現在は「新派」が流行している。問題は、この「新派」が国民政府をブルジョア政権と呼んで、その倒壊を望んでおり、その点で、まったく対照的な立場に立つ「極右分子」の結論と一致してしまっていることである。中国の社会組織はきわめて複雑であって、これを基礎として成立している経済機構に近代的な経済機構が加わって、なおいっそう複雑になっている。この複雑な実体をマルクス主義で明快に解剖するのは甚だ分かりやすいのだが、それでは「旧派」よりも甚だしい中国誤解を生んでしまう。[54]

太田の見方がどこまで正しかったか、それは分からない。ただ、これまで紹介してきた中国専門家の分析や観察を見ると、太田の指摘が少なくとも半分は当たっているように思われる。なお、太田は、国民党による国家統一の実績を評価し、満洲事変以来、国民党は抗日を推進力としてきたため「今日の破綻」を招いたが、この推進力がなかったら国内の団結もインフラの近代化もあり得なかっただろう、とも述べている。その推進力とは民族主義にほかならなかった。

もう一つの議論は、田中直吉（立命館大学教授）の主張である。田中は次のように論じる。日本の中国観には二つの傾向がある。一つは、中国がいまだに土匪と軍閥が支配する無秩序の半封建社会であるとする見方であり、もう一つは、国民政府の統一と建設のもとで近代的な資本主義国家となりつつあるという見方である。しかし、どちらも中国の一面しか見ておらず、現在の中国を動かしている抗日民族運動を軽視している。だから見通しを誤り、期待を裏切られたのである。中国が精強な日本軍を相手にして一年以上も戦っているのは、蔣介石個人の力によるものではなく、中国全土に澎湃として起こっている抗日民族意識の力によるものである(55)。

田中は、この戦争で最後の勝利を勝ち取るためには、「東亜の諸民族の超民族的な共同社会」を建設しなければならないと主張したが、彼の場合にも、中国認識修正のキーポイントは中国の民族主義であった。

3 東亜新秩序声明から汪精衛政権承認まで——一九三八年一一月～四〇年一一月

◆東亜新秩序

一九三八年一一月三日の政府声明と一二月二二日の首相談話によって、日本の戦争目的は公式に定式化された。それは、日本、満洲国、中国の三国が協力して「東亜新秩序」を建設し、「善隣友好、共同防共、経済提携」を実現することであるとされた。後者の首相談話では、防共協定の締結と防共のための特定地域での日本軍駐屯を求め、日本は中国で経済的独占を図るものではないとしつつ、華北・内蒙の資源開発利用について「便宜」供与を要求した。また、領土・賠償を求めず、治外法権撤廃と租界回収について考慮することを強調した。これ以降の論壇では、特に非併合・無賠償の表明が多くの論者によって引用される。日本の和平条件がいかに寛大であるか、なぜ蔣政権はそれを理解できないのか、といった論点が何度も繰り返して提起されることになるのである。

ところで、この政府声明は、戦争目的の不明確さを指摘する言論人たちの批判にも応える結果となった。政府の側に、批判に応えるという意図があったかどうかは分からないが、この後、宮崎龍介が突き付けたような政府批判は登場しなくなる。ただし、単なる膺懲や防共ではなく、東亜新秩序建設という理想的な戦争目的が掲げられたとはいえ、この新たな戦争目的はきわめて抽象的であった。それゆえ、東亜新秩序の意味内容をめぐって多くの議論が交わされることになるが、そのなかで焦点の一つとなったのが蠟山政道(東京帝国大学教授)の「東亜協同体論」である。[56]「東亜協同体」が東亜新秩序の内容を示していると受け取られたからであった。

東亜協同体論について重要なのは、尾崎秀実が鋭く指摘したように、それが中国の民族主義を再認識するところから出発していることであった。[57]前節で述べたように、中国の民族主義は、戦争の長期化によって、いわば「再発見」されていた。尾崎によれば、「低い経済力と、不完全な政治体制と、劣弱な軍隊」しか持たない中国が、なぜここまで戦い続けてこれたのか、その答えは、単なる抗日政策や抗日教育ではなくて、その根底にある中国の民族主義にこそあると考えなければならなかった。かくして東亜協同体論は、中国民族に「積極的協力を要請する」ことによって日中戦争を解決するものとされた。また、東アジアの生産力増大を、半植民地的状態からの脱却を求める中国民族の「解放と福祉」に貢献させることを重視するので、権益拡大を求めて大陸進出を図る日本の資本主義的要求と対立する、とも考えられた。この点で、東亜協同体論は日本の国内改革を要請したのである(58)。

蠟山自身も、中国民族主義の問題が出発点であることを、次のように強調している。「若し、日支両国民族の協同が成立しないと仮定するならば、今次事変は如何なる意味を有つに至るであらうか」。民族と民族は対立抗争する以外に道はないというならば、中国の抗日を是認しなければならない。しかし、そうでないならば、どんなに難しくても民族の協同をつくり上げる以外に道はないではないか。重要なのは、東亜協同体を建設するという「情熱」であり、「共感」であり、「意思」である。このように蠟山は主張したのである(59)。

東亜協同体論は、しかし、やがてしりすぼみになってしまう。それは、これがあまりに理論に傾きすぎて現実的な具体策を示さなかったことに、主要な理由があった。具体策欠如への批判は、梨本祐平のように東亜協同体論に一部理解を示す者からもなされたが(60)、そうした理念をまったく受け付けない者による批判はより厳しかった。それは、中国の「民族性」を強調する立場の人々による批判である。そのような論調は、既に指摘したように、戦争発生の初期段階から登場していた。

その代表格は米内山庸夫である。彼の中国民族性批判は強烈であった。米内山によれば、中国人は「日本に力無ければ日本を軽視し、日本に力があれば日本を憎む」、「図に乗る国民、付け上る人々、増長して居丈高になる民族、かうした対手に対して付け上らせ、増長させ、火に油をそゝぐやうなことばかりやつて来た」ために、戦争が起こり長期化したのだとされた。日中間の親善は、日本が力で中国を支配するか、日本が中国に屈服するか、それ以外にあり得ない、と米内山は言う。[61]そもそも中国人が東亜協同体論のようなものを理解するだろうか、それを必要と考えるだろうか、とも米内山は論じる。理想で日中提携が成り立ち、理想で中国が治まるなら、日中戦争などはじめから起こるはずはない、というのであった。[62]

高木友三郎（法政大学教授）も、中国人の民族性を前提とすれば、戦争の途中で、いくら対等の協同提携を持ち掛けても、逆効果を生むだけではないか、と批判した。[63]戦争が日本民族と中国民族の「世界観」の相克であり衝突である、という大谷孝太郎（前東亜同文書院教授）の議論は、中国の民族性を論じた典型的なものだろう。中国人は「虚無的で、自信力なく、無感動で、分に安んずるが、空虚に尊大で、自信を与へられると極端に自信力を回復し、憎悪には熱中し、合理的打算に長じ、それが極端に趨（はし）つて却つて非合理に堕し、……」といった調子である。[64]中国の民族性の否定的側面を強調する論者には、中国経験の豊かな者が少なくなかった。東亜協同体論のような「理論」は知識人には魅力的だっただろうが、一般の人々にとっては、民族性を語る経験者の観察のほうが説得力を持ち得たかもしれない。

◆汪精衛政権

一九三八年一二月下旬の近衛首相談話の直後、汪精衛が重慶を離脱した。汪が重慶政権から離脱したことは日本の言論人に大きな衝撃を与え、重慶政権内での和平派の台頭を示すものと受け取られた。ただし、汪の陣営には軍の実力者がいないため、和平派としての彼の力に限界があることが指摘された。(65) そして、その後しばらくの間、重慶政権に対抗する反蔣派のリーダーとしての汪に寄せられた期待はしぼんでしまう。(66) 汪に続いて重慶を離脱した実力者が期待されたほど多くはなかったからである。汪の離脱による重慶政権の動揺もさほどではないと分析された。太田宇之助は、汪の和平論は評価できるとしても、実際政治家としての彼の役割は終わった感があると述べるほどであった。(67) 梶原勝三郎は、汪に対するジャーナリズムの冷淡さを批判し、汪の和平運動に対し日本はもっと積極的に協力すべきだと論じた。(68)

一時、「所在不明」であった汪の動きがふたたび注目されるようになるのは、一九三九年七月からである。汪は「反共和平救国」運動を開始し政権樹立の意図を表明した。横田実は早速、汪が樹立すべき政権を中央政権とすべきであるという持論を展開し、汪の和平運動によって東亜新秩序建設への第一歩が踏み出されたと論じた。(69) 大阪毎日新聞(東亜問題調査会主事)の松本鎗吉は、汪が卓越した実際政治家ではなく、政治的実績は失敗の連続で、情熱家ではあっても包容力は弱く強靭性にも欠けていることを認めながら、汪政権が中国の民衆、とりわけ青年知識層の支持を獲得できるよう日本が援助すべきことを説いた。(70) 哲学者の三木清は、汪に東亜協同体の実現を訴えている。(71)

汪政権は一九四〇年三月末に成立するが、論壇ではその動きを歓迎してはいるものの、それほど熱狂的ではない。汪政権には軍事的実力が欠けていること、汪政権が発足しても重慶政権は存続し戦争は終わらないこと、が繰り返し指摘された。松本鎗吉は、現地中国人の汪政権に対する態度が微温的であるとし、そうであるがゆえにかえって日本の支援が必要であると論じている。[72]

汪政権の成立後、議論の焦点となったのは日本と汪政権との間に締結すべき条約問題である。そこでの議論の大部分は、できるだけ汪政権の自主独立性を認めることを訴えた。半沢玉城は、「支那を征服する代りに今後の発達を保障し、支那国民に敗戦の屈辱を与ふる代りに、和平建国の名誉と安居楽業の悦びを得させ」「新政府要人の愛国心を認容し、支那の主権を尊重し、彼等をして十分其の面目と活動の余地を得せしむるの考慮が肝要であらう」と主張した。[73] 東京日日新聞（上海支局長）の田知花信量によれば、時局収拾の第一要件は汪政権による民心把握であり、そのためには権益獲得を期待する一部の日本人を抑制しなければならない、とされた。[74]

しかし、ようやく一一月三〇日に日本と汪政権との間に締結された日華基本条約は、同政権の自主独立性を容認するものとはならなかった。権益要求も必ずしも抑制されなかった。そして、条約締結によって戦争終結の展望が開けたわけでもなかったのである。

◆「東亜」から「大東亜」へ

この時期、日中両国を取り巻く国際情勢は大きく動いた。一九三九年五月にノモンハンで日ソ軍事紛争が始まり、八月には独ソ不可侵条約が締結され、翌月ヨーロッパで大戦が勃発した。それがしばらく小康状態となった後、一九四〇年五月からドイツが電撃戦によって西ヨーロッパを席巻し、これに促されて日本は日独伊三国同盟を結び、北部仏印進駐に始まる武力南進に踏み切った。

その間、論壇では、そうした国際情勢の変化が、外国勢力の蔣政権に対する態度にどのように反映され、またそれが中国の抗日陣営にいかなる影響を及ぼしているのか、が議論された。ノモンハン事件は、日中戦争が、抗日政権の背後にいる「非アジア的勢力との抗争」、すなわち一種の日ソ戦争であることを確認させた(75)。中保与作は、独ソ不可侵協定によって、ソ連ないしコミンテルンがアジアでの活動を積極化させる可能性を指摘し、その意を受けた中国共産党の動きを警戒せよと論じた。中保によれば、たとえ蔣政権が没落しても戦争は終わらず、共産勢力が表面に出てきて「真の戦ひ」が始まる、とされたのである(76)。同盟通信(東亜部次長)の半谷高雄は、ヨーロッパの戦争勃発のために蔣政権への軍需品供給が止まり、重慶政府は困難に陥るだろうと予想したが(77)、吉岡文六は、ヨーロッパの大戦勃発は、英ソのアジアからの後退を促し、蔣介石を困らせはするが、それで蔣政権の崩壊とはならないと分析した(78)。

大戦勃発によるヨーロッパ諸国の東アジアからの後退と並行して、前面に出てきたのがアメリカである。九州帝国大学教授の大沢章は、汪政権に最もあからさまに非協力的なのはアメリカであると批判した(79)。東亜新秩序をめぐっても、日本とアメリカの対立が繰り返し論議された。

一九四〇年五月、ヨーロッパの戦局が動くと、日中戦争の理解に変化が生じる。半沢玉城は、「支那事変は単なる日支間の紛争に非ずして、抗日支那を通して白人の世界君臨性を膺懲しつゝある事業である」と論じた(80)。そして半沢は、東南アジアの欧米植民地をこのままの状態にしておいては、東亜新秩序の本格的樹立は難しいと主張するに至る(81)。一方、昭和研究会の平貞蔵は、「支那事変とヨーロッパ大戦とは形の上では統一されてゐないが、共に世界的規模と世界史的意義を有する点で繋がつてゐる」と述べている。しかも、英仏は存亡の淵に立ってそのアジア支配は弛緩し、アメリカは英仏救援に忙しく、独伊はアジアを顧みる余力がなく、ソ連もアジアで事を構える余裕はないので、日本だけがアジアで自主的に行動することができる。このチャンスを利用してアジア解放のための協力を訴えて中国との戦争を解決すべきである、というのが平の主張であった。平は、こうした重大な時期に力をほかに転じるべきではないとし、この頃にわかに沸騰してきた南進論に警鐘を鳴らした[82]。

しかし、七月の第二次近衛内閣の登場に伴い、日中戦争と南進を直結させる議論が沸騰した。田中香苗は、いまや日本は「南洋を包括しての東亜共栄圏確立の大運動に挺身」しているとし、東アジア三国が運命共同体として前進すれば、欧米植民地主義勢力の支配下で苦悶しつつある周辺のアジア諸民族も刺戟を受け、全アジア運命共同体の自覚が生まれるだろう、と論じた[83]。実際の日本の南進行動に対してアメリカが厳しい対応を示すと、大西斎はアメリカの「敵性」が「著大」になったと批判した[84]。大阪毎日新聞の橘善守は、東亜新秩序建設は「欧米帝国主義の東亜支配体制への死刑の宣告であり、そこに東亜解放の戦ひが必然的に激発する」と論じた[85]。こうした例に見られるように一部の言論人の言葉は空虚に躍ってゆく。東亜新秩序や東亜協同体といった文言は、あたかもそれでは不充分であるかのように、「大」東亜「共栄圏」に置き換えられていったのである[86]。

4 汪政権承認後から太平洋戦争開戦まで――一九四〇年一二月〜四一年一二月

◆汪政権の強化をめぐって

日本政府は汪政権を承認したが、言論人の多くが要望したほどには、汪政権に自主独立性を与えなかった。新明正道(東北帝国大学教授)は、「これまで我々は汪氏の勢力の微弱である事を口にして来た割にはこれを伸張せしむるために必ずしも十分な援助をなして来たとは云へなかつた」と述べている。[87]当時は、汪政権による統治の安定を「局部和平」と呼び、蔣政権との戦争終結を「全面和平」と呼んだが、「全面和平」はもちろん、「局部和平」でさえ、まだ前途遼遠の観があった。

日本外交協会幹事の宇治田直義は、南京政権(汪政権)、重慶政権(蔣政権)、延安政権(共産政権)の三政権鼎立状況のなかで、どこが勝利を収めるかを決めるのは、民衆の生活を安定させることと、知識階級の民族意識をつかむことの二要件であるとし、この要件を汪政権に満足させるためには、日本はできるだけ干渉をやめ、自由を与えるべきだと主張している。[88]松本鎗吉は、政権成立一周年を迎えても、なお政権強化が要望されているのは、この一年、汪政権が期待に応えていないことを意味すると述べた。[89]吉岡文六は、問題は日本側の干渉だけにあるのではないとし、汪政権そのものが「あり合せの材料で急造されたバラック」で、タガが緩んでいることにも問題があると批判した。[90]汪政権強化をめぐる議論はその後も続く。それが続いたということは、なかなか強化されなかったということにほかならなかった。

汪政権への期待がしぼんでゆくのとは逆に、一時的ではあったが、蔣政権に対する評価が高まったことは注目されよう。その主たる原因は、一九四一年一月に生じた新四軍事件にあった。要するに、蔣介石が共産党の勢力を弾圧したことが評価されたのである。半沢玉城でさえ、抗日戦を戦ううえで蔣介石が共産勢力を利用しつつ、その増長を抑圧して中国の全面的な赤化を防止したのは、彼の強力な統制力の功績である、と述べるほどであった。[91] 橘善守は、「重慶政権は、最近、明かに立ち直りつゝある」と評した。[92] 抗日陣営内部での国共対立は、以前から注目され、綿密な分析の対象とされてきた。新四軍事件も、その点で関係者の大きな注目を集めたが、結論として下されたのは、蔣介石の統制力が回復し、重慶政権の抗日態勢が強化されたということであった。「全面和平」につながる動きとは見なされなかったのである。

◆南方問題との交錯

汪政権への期待よりも、言論人の関心は南に向かっていた。直海善三は、日中戦争を群がるハエとの戦いになぞらえ、ハエの群れをたたいても絶滅させることは無理であり、ハエの発生を断つ「衛生的」措置を講じなければならないが、その「衛生的」措置こそ「南方問題の処理」であると論じた。蔣政権は「英米の糟粕」を嘗めて生き長らえているのだから、その糟粕を除去してしまえばよい、というのが南方問題の処理を通しての日中戦争の解決であった。[93] こうした「実践」方法論的な観点からではなく、東亜新秩序建設という理念の観点からも南方問題の処理、つまり南進を説く見解があった。亀井貫一郎(大政翼賛会東亜部長)は、日中戦争は世界新秩序建設のための戦いの一部となり、「率直にいつて、もはや、主観的には支那事変なるものは存在しない」と言い切った。[94] 平貞蔵は、日中戦争は世界大戦の一部となっているので、日中だけで解決するのは不可能であり、「世界的規模」で解決されなければならない、と論じた。(95)

一方、報知新聞(論説委員)の小室誠は、日中戦争は重慶政権打倒以外にも、白人諸国による半植民地化政策を駆逐し、その帝国主義的桎梏を排除するという目標を持っているので、その点で「世界性」を有し南方問題と交錯している、と述べながら、(96)だからといって、日中戦争を世界大戦と一括して、あるいはその一部として解決すべきだという主張は間違いであり、「理論的遊戯」に等しいと批判している。そうした主張はまた、日中戦争の解決が当分困難であることに由来する「諦観」を意味しているかもしれないが、戦争が長期化するのははじめから分かっていたことなのだから、その不明を恥じるべきである、と小室は言う。(97)

しかし、南方問題や世界大戦と切り離して小室が提示した日中戦争解決のための措置は、ほとんどが従来から唱えられてきた汪政権強化策の蒸し返しにすぎず、とても実効性のあるものとは思われなかった。そして、小室が憂慮したように、やがて日中戦争をめぐる論議は南方問題や世界大戦をめぐる論議のなかに埋没してゆくのであった。

おわりに

本章で材料としたのは、『外交時報』と『中央公論』に掲載された日中戦争関連の論文である。冒頭で述べたように、そこに表れた日中戦争観は日本人一般のそれとは必ずしも全面的には一致しないだろう。また、二誌の掲載論文だけしか材料としていないので、知識人・言論人に共通した日中戦争観と見なすにも、一定の留保が必要だろう。そのことに留意したうえで、以下に、当時の日本人の日中戦争観として、注目すべき特徴を挙げてみたい。

まず、これも冒頭で述べたことだが、日本人の日中戦争観には、中国人の抗日戦争観のようなコンセンサスが形成されなかった。しかも、その戦争観は、戦争の長期化とともに変化した。たとえば、初期段階では敵が一部の抗日勢力とされたが、やがてそれは抗日政権たる国民政府全体に転換し、さらにその抗日を支える「敵性」外力がクローズ・アップされた。戦争目的も、抗日勢力の排除・撲滅、防共に加えて、東亜新秩序の建設という「理念」が付加された。

こうした敵や戦争目的の変化には、当然ながら、政府の公的立場が関係している。「対手トセス」声明や東亜新秩序声明が、言論人たちの議論に大きな影響を与えたことは疑いない。ただし、言論人たちの主張が、しばしば政府の方針表明に先行していたことも注目すべきだろう。国民政府否認論や新秩序論に、それは端的に示されている。また、言論人は政府に対して明確な公的立場の表明を要求することもあった。

さらに、特に『外交時報』の傾向として言えることだが、言論人の主張は政府よりも強硬な場合が少なくなかった。政府より強硬であっただけではない。ときには軍よりも、あるいは外交に関して軍以上に強硬であった外務省革新派よりも、強硬であった。[98] これが何を意味するのか、安易に結論を導き出すことには慎重であるべきだろう。ただ、こうした強硬論が日本人一般の日中戦争観に影響を与えたことは否定できない。掲載論文の執筆者に中国問題専門のジャーナリストが多いことは、この点で注目されよう。

執筆者のなかには、マルクス主義的な分析用語や概念を用いる者が少なくなかった。太田宇之助が指摘したように、彼らの「社会科学的」分析が、ブルジョア政権たる蔣介石政権打倒という結論において、観念的な「極右」の主張と一致していたことは、なかなか興味深い。日本政府の「言論統制」「思想統制」の効果が表れたと見るべきか、それとも左翼知識人が「本音」を語っていたと考えるべきか、解釈は難しい。

津田左右吉が指摘したように[99]、日中戦争が長期化するにつれて、中国についての日本人の知識があまりにも不足しているのではないか、という反省が生まれた。近代化が充分でないにもかかわらず抗戦を続ける中国に関して、強い関心が向けられ、研究・分析がなされた。その成果とも言うべきものが中国民族主義の「再発見」であり、上述したように、それは「東亜協同体論」に結びついた。

中国の民族主義とともに、「再発見」されたのは中国の「民族性」である。民族主義の再発見が抗日勢力の客観的な評価につながったとすれば、民族性の再発見は、「前近代的」で「尊大」な中国イメージを強めた。民族主義と民族性のどちらが日本人の日中戦争理解に影響を与えたのか、これも断定は避けるべきだが、知識人ではなく日本人一般のレベルでは、民族性を強調する見解のほうが説得力を持ったように考えられよう。

最後に、太平洋戦争が始まってから数ヵ月経った頃の、ある言論人が書いた論文のやや皮肉な一節を紹介しよう。「支那事変処理の方向は、多くの点が今尚ほ抽象的な理念のまゝに放置されてゐる有様である。……今日でも「支那事変を解決せよ」といふ声を聞く。が、一体事変解決とは何を意味するのか返答し得る者があるだらうか。解決とは何ういふことかといふことから解決しなければならぬ[100]」。解決とはどういうことなのか、この時点でも明確でなかったとすれば、いったい何のために戦っているのかも、まだ明確ではなかったと言えよう。

第12章 日中和平工作の挫折

はじめに――和平工作の性格

支那事変では軍事作戦と並行してほぼつねに和平工作が試みられたと言われる。そのほとんどは秘密裡に行われ、外交官のほかにジャーナリスト等の民間人や軍人が和平工作に関わることも多かった。日中間のそうした人々の接触が難しくなると、諜報機関・特務組織が介在する例が増えていった。このような性格のため、和平工作に関する公的な記録は当然ながら少ない。それゆえ、和平工作研究はどうしても当事者の回想に頼らざるを得ず、個人の偏見や自己弁護あるいは記憶の誤りを反映してしまうことが少なくなかった。

そのうえ支那事変は中国の共産党と国民党との間で、支配の正統性をめぐる重大な問題に関わっていた。端的に言えば、もっとも激しく日本に抵抗しもっともよく日本と戦ったことが、正統性の根拠とされてきたのである。したがって、和平のために中国側が日本との秘密交渉に応じたなどという事実は、国共両党とも認めるはずがなかった。こうして、日中和平工作研究は、もともと公的な記録が少ないうえに中国側から出てくる史料がきわめて乏しいという点で、二重の制約を受けることになった。以下では、そうした制約のなかで蓄積されてきた先行研究と、最近発見された史料やそれを利用した最新の研究に依拠しながら、主要な和平工作の特徴を紹介し、現在の研究上の論争点を整理したい。なお、後掲の註には、最新の研究を紹介するため、一九九〇年代以降に刊行された文献だけを掲げている。

1 トラウトマン工作

支那事変勃発後の最初の本格的な和平工作は、いわゆる船津工作である。この工作は事変が全面戦争化する前に試みられたものであり、元外交官で在華紡績同業会理事の船津辰一郎を、政府の意向を知る私人という立場で、中国外交部亜洲司長の高宗武に接触させようとしたが、現地の混乱や第二次上海事変発生のあおりを受け、中途で挫折してしまった。

全面戦争化した後の和平工作として知られるのはドイツを仲介としたトラウトマン工作である。一九三七年一〇月、参謀本部情報部の馬奈木敬信中佐が石原莞爾作戦部長と本間雅晴情報部長の指示を受け、ドイツ在勤時代に親交のあったトラウトマン駐華ドイツ大使と上海で会い、日本の和平の意図を伝えた。一方、東京では、広田弘毅外相がディルクセン駐日ドイツ大使に対して日本の和平条件を伝え、中国に日本との直接交渉を促すよう要望した。ドイツ側から日本の意向を伝えられた蔣介石は当初、日中間の軍事紛争をめぐって開催された九ヵ国条約会議が対日制裁に踏み切ることに期待をかけていたが、それが実現しなかったため、同年一二月初め、日本との和平交渉に前向きの姿勢を示した。こうしてトラウトマン工作は本格化する。現在知られている和平工作の中で、蔣介石にまで日本の和平条件が伝えられた証拠があるのは、この工作だけである。

トラウトマン工作については、関連の史料として日本の外交文書のほかにドイツの外交文書があり、さらに一九九五年、読売新聞社の台湾での取材により、『極密徳国調停案』と題する一件書類の存在が明らかにされた。これらの史料を活用することによって、この工作をめぐる日本、ドイツ、中国の動きがかなりの程度まで分かるようになったが、むろんまだ不透明な部分や論争点も少なくない。たとえば、この工作の発端に関し、私は参謀本部の動きを重視したが[1]、劉傑氏はドイツのイニシアティヴを強調している[2]。また、ディルクセンからトラウトマンを介して蔣介石に伝えられた日本の和平条件の中には「満洲国承認」という項目がないことが注目されてきたが、中国の故蔡徳金氏が紹介した『北平大使館記録』[3]に収録されている日本の外交電報では、広田外相が「満洲国承認」を含む和平条件を中国側に伝えたと出先の外交官たちに説明している。「満洲国承認」という重大な和平条件について、なぜこのようなギャップが生じたのか、今のところ理由はよく分からない。

この当時、日本は中国の外交暗号を解読しており、それによって中国側が和平に傾きつつあることをキャッチしていたという事実は、これまでも知られてきたが、最近の研究では、日本がイギリスやアメリカの外交暗号解読にも成功し、そこから中国の態度を確認していたことが明らかにされた[4]。このように暗号解読された外交電文から判断すると、中国側はドイツの働きかけに応じる姿勢をとっていたように見えるが、中国政府内部が対日和平に一致していたわけでもないようである。『極密徳国調停案』を詳細に分析した研究は、蔣介石が中国の主権放棄につながるような条件には一貫して拒否的であったと結論づけている[5]。蔣介石はソ連の軍事介入を期待していたようだが、南京陥落前後から日本の和平条件が大幅に加重されると、対日和平そのものに否定的となった。この頃の蔣介石の日記に基づいた最近の研究によれば、彼は加重された日本の条件を、むしろ歓迎したという。過酷な条件であれば、中国政府内の和平派の動きを封じることができるからであった[6]。中国側は日本の和平条件に諾否を明確に回答せず、工作打ち切りの責任を日本側に負わせたのである。

トラウトマン工作は、日本側が和平条件を加重したために、成功の可能性を大きく低下させた。しかも、首都陥落後、日本では戦勝気分が横溢し、条件加重にとどまらず、中国には降伏を求めるべきであって、それに応じないのならば国民政府を否認すべし、との声が高まった。一九三八年一月の「爾後国民政府ヲ対手トセス」の政府声明は、そうした主張を背景に発表され、その後の和平工作に重大な拘束を加えたのである。

2 宇垣工作

「対手トセス」声明後しばらく経って、近衛文麿首相はその誤りに気づき、事変処理政策の修正を図る。そのため主要閣僚の外相、蔵相、陸相を入れ替え、さらにこの三大臣をメンバーに含む五相会議を設置して、この会議で政策を軌道修正しようとした。同年七月、五相会議が新たに打ち出した政策は、次のような三つの方針を鼎立させたものであった。その方針とは、①事変後に現地の日本軍によって擁立された既成政権（北京の臨時政府、南京の維新政府、内蒙古の蒙疆政権）を合流させ、国民政府に代わる新中央政府を樹立する、②新中央政府の首班には既成政権の当事者ではなく、在野の有力政治家（たとえば呉佩孚）を据える、③新中央政府の構成分子として、既成政権のほかに改組された国民政府の参加を認める（ただし改組の証明として蔣介石を下野させる）、の三つである。

広田に代わって外相に就任していた宇垣一成は、この③の方針に基づいて国民政府との和平を実現しようとした。それは、新中央政府に改組国民政府の参加を認めるという建前をとりながら、実質的には国民政府が新中央政府の主体となることを容認するものであったと考えられる。そして宇垣外相は、複数のルートを通じて中国側との和平接触を進めたのである。その和平ルートとは、①中村豊一（香港総領事）と喬輔三（行政院長孔祥熙の秘書）との交渉、②小川平吉（元政友会代議士）の後援を受けた萱野長知（中国同盟会以来の中国革命の「同志」的存在）と賈存徳（孔祥熙の秘書）との接触、③緒方竹虎（朝日新聞主筆）の指示を受けた神尾茂（元朝日新聞記者）と張季鸞・胡霖（いずれも国民党系有力紙・大公報の記者・編集者で張群行政院副院長の指示を受けていたとされる）との協議、の三ルートで、③には後に宇垣外相の指示によって矢田七太郎（元上海総領事）も加わった。

宇垣外相はこのような複数の和平ルートを通じて中国側の意向を探りつつ国民政府との和平を目指したが、結局、蔣介石下野の要求が足かせになって工作を進捗させることができなかった。やがて九月末、興亜院設置に反対して宇垣は外相を辞してしまう。「対手トセス」声明は蔣介石下野という条件に形を変えて和平工作を制約し続けたのである。

以上のような経緯から私は、一九三八年段階の和平工作としては、同時に試みられていた高宗武工作よりも宇垣工作が重視さるべきだと考えるが、この評価に対しては疑問の声も少なくない。まず、宇垣が三つの和平ルートを充分に掌握していたかどうか、確証はない。また、突如辞職した宇垣の政治的無責任さに対する批判もある。(7) さらに、中国側の対応がよく分からない。孔祥熙が宇垣との接触を重視していたことは明らかだが、実質的に国民政府をコントロールしていた蔣介石の態度は不明である。

3 高宗武工作

高宗武工作は宇垣工作と競合し、その後汪兆銘工作に発展して事変の展開に重大な影響を及ぼした。その発端は、「対手トセス」声明直後、董道寧(前外交部亜洲司日本科長)が上海で旧知の西義顕(満鉄南京事務所長)を訪ね、日本側の和平の意向に関する情報を得ようとしたことにある。西は松本重治(同盟通信の中南支総局長)とともに董を説得して渡日させ、二月、東京で参謀本部の影佐禎昭大佐(謀略課長)や多田駿中将(参謀次長)に接触させた。その後、董、西、松本らの和平グループには董の旧上司の高宗武が加わり、高は漢口に赴いて、董が東京で得た日本側の和平の意向を中国政府首脳に報告した。

七月、再び西と松本の説得により高は日本に向かった。高の渡日にゴーサインを出したのは、漢口の周仏海(国民党宣伝部長代理、蔣介石侍従室第二処副主任)であったという。東京で日本政府および軍の要人と会った高は、蔣介石を下野させ、蔣に代わって汪兆銘が対日和平の責任をとる可能性を示唆したようである。宇垣外相が蔣介石下野にこだわらなければならなかったのは、この高の示唆のためでもあった。

その後、高と松本が病に倒れたため、この工作は一時中断するが、一〇月に参謀本部の今井武夫中佐（支那班長）が関与してから再び動き出し、高に代わる梅思平（元中央政治学院教授・江寧実験県長）と今井との間で協議が重ねられ、一一月に上海で「日華協議記録」という合意文書が作成された。これに署名したのは梅と高、今井と影佐である。よく知られているように、この合意に基づいて汪兆銘は国民政府の臨時首都・重慶を離脱した。

この工作については、いくつかの論争点がある。まず、汪の重慶離脱は蔣との黙契によるものであったのか。黙契を暗示する状況証拠がないわけではないが、これを裏づける確証は今のところない。また、たとえ当初、黙契があったとしても、ハノイの汪の住居に対する重慶側特務組織の攻撃やその後の汪の言動を見る限り、そうした黙契は消滅したと考えるべきだろう。

次に、この工作は日本側の謀略であったのか。私は西、松本、影佐、今井など工作当事者が真剣に中国との和平を追求していたことは疑いないと考える。彼らは当初、汪ら反蔣派の圧力によって蔣を下野させることに期待し、それが不可能と分かると、汪が重慶を離脱し第三勢力として和平運動を展開し国民政府を和平に転向させるというシナリオを描いた。ただし軍の中には、この工作を汪の重慶離脱を目的とする謀略と理解する者が多く、影佐や今井は工作への支持を調達するために、謀略という理解をあえて否定しなかったのではないかと思われる。

実際には、汪は第三勢力としての和平運動という段階を経ずに、一気に和平政権づくりに直進する。従来は、これも日本側の謀略計画に基づいた予定の行動で汪に押し付けたものと見なされてきたが、外務省に残されている文書を詳しく調べてみると、これは汪自身の決断であり、むしろ日本側を驚かせ危惧させていたことが分かる。[8] 汪工作の変質を考えるうえで、この事実は重要なポイントと言えよう。

最後に、汪兆銘は漢奸であったのか。言うまでもないが、中国では共産党でも国民党でも、汪は漢奸と決めつけられ、犯罪者であり極悪人であると断罪されている。だが、彼を売国奴と断罪しただけでは、彼の行動の実体をつかむことはできない。問うべきは、彼の対日協力の動機、日本との協力に賭けた判断の適否、彼が樹立した政権の統治実績、それらをトータルにとらえたうえでの彼の政治的責任である。ただし、いずれにしても、またたとえ汪の主体性を認めるとしても、彼が日本の傀儡に甘んじなければならなかった事実だけは否定できないだろう。

4 その他の工作

汪兆銘政権による事変収拾に対しては、彼に続いて重慶を離脱した有力政治家や将領が少数にとどまったこともあり、日本の政府や軍には懐疑論が少なくなかった。そのため汪政権への支持・協力よりも、蔣介石との直接和平を目指す試みが何度も繰り返された。その中で代表的なものが一九四〇年の桐工作と松岡・銭永銘工作である。桐工作は参謀本部主導で推進され、一時は蔣介石・汪兆銘・板垣征四郎（支那派遣軍総参謀長）の三者会談という構想が持ち上がり、近衛首相や天皇まで期待をかけたが、結局は重慶側の謀略と見なされて中止された。重慶側は、汪兆銘政権の成立や日本による同政権承認を牽制しようとしたものと考えられる。この工作で日本側に接触してきた中国人の中に宋子良と称する人物がおり、彼が宋子文の弟であるだけに日本側はこれを重視したが、実は偽者で、戴笠をボスとする特務組織の軍統（国民政府軍事委員会調査統計局）のメンバーであったという。

松岡工作は、宇垣工作と同じく外相が関与したものとして注目され、また接触相手の銭永銘が浙江財閥の重鎮であったことも重要だが、奥地の重慶に引っ込んだ国民政府に対して浙江財閥の影響力がどれほどあったのか、疑問である。結局、汪政権承認の期日が迫って、これも打ち切られた。こうして事変を解決できぬまま、日本は大東亜戦争に突入してゆく。事変を日中間の軍事紛争としては解決できず、それを世界的規模の変動に関連づけて解決しようとしたために、日本は大東亜戦争に訴えざるを得なくなった、とも言えるかもしれない。

5　諜報機関の介在

桐工作に軍統が絡んでいたことに示されているように、中国の諜報機関・特務組織が和平工作に関与した例は少なくない。大東亜戦争開戦後はそれが顕著になった。たとえば、一九四五年、小磯国昭首相が推進した繆斌工作がそうである。繆斌は軍統との連絡があり、この工作に反対した人々は、それゆえ繆斌を信用することはできないと主張したが、重慶政権内部での特務組織の比重を考えれば、軍統との連絡があるからこそ和平ルートとしての意味があったとも言える。むろんそのルートが中国側の謀略として利用された可能性も高かっただろう。

汪政権の要人・周仏海のもとにも重慶のエージェントが出入りしていた。周は軍統のほかに、中統（国民党中央委員会調査統計局）とも連絡していた。周は日本の敗戦と汪政権の崩壊を見越して自己の保身を図るために重慶と連絡し、重慶側は汪政権の支配地域を日本敗戦と同時にスムースに接収するための準備工作として周との連絡に努めていたのである。周のもとに出入りしていたエージェントのうち、何世楨と徐明誠という人物は重慶側の第三戦区司令部と連絡し、間接的に軍統ともつながっていた。一九四四年、彼らは満鉄関係者の和平グループを通じて近衛文麿の実弟、水谷川忠麿に和平条件を伝えたが、おそらくは日本の情報攪乱をねらったのだろう。[9]

汪政権に食い込んでいたのは重慶側のエージェントだけではない。延安側（中国共産党）のエージェントも食い込んでいた。なかでも注目されるのは袁殊という人物である。袁は元共産党員で、後に青幇のボス杜月笙と知り合い、杜の紹介で戴笠の配下となり、軍統との関係ができた。支那事変勃発後、軍統から寝返って汪政権の特務組織のリーダーとなった李士群に近づき、その組織に加わった。袁はさらに、上海総領事館の副領事・岩井英一がつくった諜報組織にも関与した。岩井の組織にはほかにも共産党のエージェントが関わっていたが、岩井はそれを知りつつ、情報収集のために彼らを使っていたようである。やがて袁の紹介により岩井のもとには華中地区の共産党諜報活動責任者・潘漢年が出入りするようになった。潘は李士群を介して汪兆銘に会見したともいう。ただし、袁や潘を通して延安との和平が試みられた形跡はないようである。[10] 敗戦直前に、日本軍が新四軍との間で「局地和平」を実現させようとしたときは、まったく別のルートが用いられた。[11]

むすび

この小論のタイトルは和平工作の「挫折」であるから、最後にその原因について指摘しておかねばなるまい。挫折の原因、すなわち和平工作をつねに失敗させた原因としては、戦勝感に伴う国民からの要求の肥大化を抑制できなかった政治指導力の貧困とか、当初の事態楽観とそれが惰性のように続いた「事変」意識といった点を挙げることができるが、私が最大の挫折の原因と考えるのは、目的の曖昧さである。

その点は、和平条件の一貫性のなさに最もはっきりと表れている。たとえば、一九三八年段階で日本があれほど固執した蒋介石下野という条件は、一九四〇年の桐工作のときにはなくなった。日本はトラウトマン工作の時点から華北に保障駐兵することを要求し、当初はそれを防共のためと理由づけてきたが、一九四〇年秋の松岡・銭永銘工作の時点では、その理由を「東亜防衛」に変えている。これでは、華北駐兵そのものを求めていたかのように見えてしまう。おそらくは、日独伊三国同盟を締結した後、日ソ関係の改善を望んだがために防共という文言を削除したのだろうが、それはあまりにも便宜的であった。

大東亜戦争開戦後、あるジャーナリストは大要以下のように述べている。支那事変を解決せよ、という声がよく聞かれるが、いったい事変解決とは何を意味するのか。解決とはどのようなものかを、まずもって解決することが必要だろう、と。まことに皮肉な議論ではあったが、事変の性格の本質的な部分を鋭く抉った発言でもあった。何をもって解決するかがはっきりしないということは、取りも直さず、目的が曖昧かつ不明確であったことを意味する。目的が曖昧であったがゆえに、国民の要求の肥大化を抑制できず、相互に矛盾する和平条件を中国側に伝え、和平工作の間に無用の競合と混乱を引き起こしてしまったのである。

第13章　汪兆銘のハノイ脱出をめぐって——関係者の回想と外務省記録

はじめに

一九三八年一二月一八日、中国国民党副総裁、同政治委員会主席、国民参政会議長汪兆銘（汪精衛）は国民政府所在地の重慶を離脱し、昆明を経て、同月二〇日仏領インドシナのハノイに到着した。国民政府内では蔣介石と並ぶ声望があった汪兆銘だけに、彼の離脱は内外に大きな衝撃を与えた。汪はやがて対日和平を呼びかけ、国民党を永久除名されたが、彼の去就は「支那事変」（日中戦争）の推移に多大の影響を及ぼすものとして、少なからぬ関心を集めた。そして一九三九年五月八日、汪は上海に到着し、日本占領地での和平政権づくりにのめり込んでゆく。

今日では、汪の重慶離脱はそれに先立つ約一年間の和平工作の「成果」であることが知られている[1]。一九三八年一月の「爾後国民政府ヲ対手トセス」声明直後に始まった董道寧（前国民政府外交部亜洲司日本科長）と松本重治（同盟通信上海支局長、次いで中南支総局長）との接触をきっかけとし、その後、この工作には高宗武（前国民政府外交部亜洲司長）、西義顕（満鉄南京事務所長）、伊藤芳男（中外興信所長・満鉄嘱託）、影佐禎昭（参謀本部第八課長、次いで陸軍省軍務課長）、今井武夫（参謀本部支那班長）が関与し、さらに交渉が本格化すると、梅思平（元江寧実験県長）、周隆庠（前国民政府外交部情報司日ソ科長）、犬養健（衆議院議員、逓信省参与）なども加わった。

一見して明らかなように、日本側でこの工作に関わったのは、西らの民間人と陸軍であり、外務省は少なくとも汪が重慶を離脱するまでほとんどタッチしなかった。したがって、その経緯に関する外務省の記録はほとんどないに等しい。ところが、汪が重慶からハノイに脱出したあとは、汪の去就に関する情報やハノイ救出に関する記録がかなり残っている。言うまでもなく、外務省が汪工作に深く関わってきたからである。本稿では、その一部を紹介し、特に汪のハノイ脱出をめぐる事実と、それに伴う汪工作転換の経緯を確認したい。

1 汪工作と田尻香港総領事

汪の重慶離脱直後、外務省が関心を寄せたのは彼の動機である。つまり、汪は何のために重慶を離れたのか、彼の意図は何なのか、ということが関心の焦点であり、これについての情報収集と分析がなされた。

むろん外務省でも、陸軍が汪兆銘に対して何らかの工作を試みていることは知られていた。その工作を実施しているのは、五相会議の下に設置された対支特別委員会の現地機関（いわゆる土肥原機関）と見られていたようである。土肥原機関は国民政府に代わるべき新中央政権の樹立工作に従事し、その指導者として呉佩孚や唐紹儀を引き出そうとしていたが、呉佩孚はのらりくらりとした態度をとり続け、唐紹儀は重慶側のテロによって暗殺された（一九三八年九月）。一〇月上旬、石射猪太郎東亜局長は、土肥原機関が唐紹儀の代わりに汪兆銘を引き出す「謀略」を始めたと聞き、汪がそれに応じる可能性は低いと日記に記している。(2)

汪が重慶を離れたとき、これと汪引き出し工作との関連性に気づいた者が外務省にどれほどいたか、よくは分からない。一一月二〇日に上海で影佐・今井と高宗武・梅思平との間に「日華協議記録」が合意された前後から、交渉の経緯と合意内容は五相会議に報告されていたので、(3)有田外相が知っていたことはたしかである。だが、それは極秘事項だったから、外務省で外相以外にそれを知る者はそれほど多くはなかったと思われる。

一二月二二日、汪の動きに呼応して近衛首相は声明を発表する（第三次近衛声明）。この頃には、汪の行動の背後に日本の工作があることに気づく者が出てきた。上海からは、この工作は土肥原機関が重慶政権の内部切崩しのために実施したものであるとの情報が寄せられた。(4)影佐や今井が高や梅との交渉のために使用した上海の家屋が、後に土肥原中将の宿舎となり重光堂と命名されたことは事実だが、(5)彼らが土肥原機関のメンバーであったわけではない。彼らも土肥原機関員も同じ陸軍軍人であったがゆえに誤解を招いたのだろう。

こうしたなかで事情を比較的早く飲み込んでいたのは、一二月二日付で香港総領事に任じられた田尻愛義である。田尻の起用は、高の要望によるものであった。工作を推進するうえで、香港が日中双方の接触場所として重要になるので、そこに気心の知れた田尻を置いてほしいと高が希望し、その希望が陸軍から外務省に伝えられたのである。(6) 影佐から任務の説明を受けたとき、田尻が、「重慶との和平交渉を考えているのか、それとも戦略をたすけるための謀略工作であるのか」を尋ねたところ、答えは「謀略」であったという。(7) 汪工作当事者の意図は別として、陸軍ではこの工作は「謀略」と説明されてきており、影佐としても、そう答えるほかなかったのだろう。

一二月一〇日、田尻は広東から砲艦「宇治」に乗って香港に到着した。その間、当初、一二月六日に予定されていた汪の重慶離脱が遅れ、一時工作の進展が危ぶまれたが、ようやく一八日に汪は実際に重慶を脱出した。そのとき、むろん田尻は、これが日本側の工作に応じた行動であることを承知していた。問題は、これが本当に汪兆銘と蔣介石との分裂を意味するのか、それとも両者の黙契によるものなのか、ということであった。本省では黙契の可能性を軽視できなかったが、(8) 田尻はこの点について、確信はないものの、否定的であった。彼は次のように報告している。「彼此綜合スルニ汪カ蔣ノ意ヲ享ケ行動シツツアルトハ結論シ得サルモ蔣カ今後汪ヲ利用スル工作ニ出ツル可能性ハ無キニシモアラス又我方トシテモ汪ニ対シ積極的反蔣活動ヲ望ムモ無理ニシテ現在ノ段階ニ於テハ国府陣営ニ罅カ入ル程度以上ハ期待シ得ス」。(9) 汪工作の効果についても田尻はあまり大きな期待を寄せてはいなかった。

一二月二九日に汪が和平通電を発し、汪が国民党を除名された後になると、田尻は、蔣汪黙契の噂を、いわば逆利用するよう具申する。すなわち、「我方ニ於テ此ノ機ヲ逸セス蔣政権ノ内部切崩自壊促進ノ積極工作ニ出ツルニ於テハ蘇聯カ疑心暗鬼ノ結果行ヒ居ル粛清工作同様ノ事態ニ迄持行クコト必スシモ不可能ニアラスト考ヘラル」とし、「汪ノ裏面ニ蔣ノ了解及指金アルコトヲ極力強調シ共産党ノ疑心ヲ深メシメ行クコト」や、和平を求めて日本側に接触してきた汪以外の者たちの存在を暴露することにより、重慶の内部分裂、国共離間を推進するよう説いたのである。(10) 田尻は汪工作を、あくまで「謀略」の文脈で推進しようとしていた。

しかしながら、汪に続いて重慶を離脱する者は意外に少なかった。特に、期待された雲南省の龍雲をはじめとする西南将領が動かず、それは汪工作に対する失望を招くことになった。かねてより孔祥熙の密使として日本側と接触してきた樊光は、「汪ノ工作ハ一応失敗セルモノトシテ見切ヲ付ケ之ニ係リ合ハサル態度ヲ表明スルコト必要ナリ」と述べ、「蔣ヲ動カスニハ孔祥熙ヲ通シテ工作スルコト最モ捷径ナルヲ以テ汪ノ失敗ニ懲リス従来通リ孔ヲ通スル連絡工作ヲ続クル様努力セラレ度シ」と主張した。(11)

汪工作停頓の原因が日本側にもあったことは言うまでもない。近衛第三次声明は、「日華協議記録」で中国側が最も重視した日本軍の撤兵に言及しなかった。そして、近衛内閣は無責任にもまもなく総辞職してしまった。浙江財閥の重鎮で日本側とも接触のあった銭永銘（在香港）は、「一般ニ汪脱出迄ハ成功ト認メラレ居ルモ其ノ後ノ措置余リ上出来トハ言ハレス日本側ニテ今少シク何トカ出来サリシモノナリヤ」、このままでは重慶から誰も引き出すことができなくなるだろう、と語ったという。(12)

田尻も、重慶の内部分裂をねらう汪工作の現状を楽観視しなかった。ただし、彼は「未タ前途ヲ悲観スルニハ及ハサル次第」であるとし、何らかの積極的措置を講じるべきであると論じた。(13) 一九三九年一月下旬、東亜局第一課の奥村勝蔵が上海に出張してきたとき、打ち合わせのために同地にやってきた田尻は次のように語っている。「中央ニ於テハ汪ノ重慶脱出後現在ニ至ル迄ニ現ハレタル客観的情勢ヨリ判断シテ今後ニ多キヲ期待シ難シトノ見方アルヤモ知レサル処、対汪工作カ所期ノ効果ヲ発揮シ得ヘキヤ否ヤハ全ク今後ノ施策如何ニ懸ルモノト判断セラル、…汪今度ノ行動ト之ニ呼応スル我方ノ工作ト相俟テハ蔣政権ニ与ヘ得ヘキ打撃ノ可能性相当大ナリト見ルヘク、一方汪ノ閲歴手腕及其ノ一流ノ人物ヨリ見テ日支時局ノ収拾、東亜新秩序ノ建設上最モ有力ナル要素タルヲ失ハス、即チ対汪工作ハ単ニ陸軍ノ謀略トシテ之ヲ見送ルカ如キコト無ク外務当局トシテモ対支国策ノ一端トシテ積極的ニ之ヲ推進セラレンコトヲ希望ス」[14]。このとき田尻は、一一月三〇日の御前会議決定「日支新関係調整方針」を汪工作の進展に合わせて修正することや、国民党や三民主義の存在を許容することを示唆した。

田尻は汪工作を、もはや単なる陸軍の「謀略」とは見ていなかった。むしろ汪を通じた和平の達成を期待する方向に転じたかのようであった。帰国した奥村が、汪工作当事者の今井参謀本部支那班長と会談したとき、今井中佐が「田尻君ハ此ノ工作ノ将来ヲ如何ニ見透シ居ルヤ、ヤツテモ駄目タト云フ感シヲ抱キ居ルニ非スヤ」と尋ねたので、奥村は「田尻ノ積極論ヲ披露」した。今井は大いに安心したようであったという[15]。

田尻の回想録によれば、汪工作は軍の謀略という「邪道」ではあるものの、そこから新しい和平の道が開かれる可能性があり、外務省がこれに参加すれば、将来の発言権も強まると判断して香港総領事を引き受けたとされている[16]。残された外務省記録から見ると、田尻は、少なくとも当初は、和平よりもむしろ重慶の内部分裂を重視していたように見受けられるが、やがてそれ以上のものをこの工作に期待し、そのための「積極的」措置を具申するようになった。高宗武等との接触や、日本側工作当事者との連絡が、田尻の見方や態度を変化させたのかもしれない。しかし、事態は田尻の思わぬ方向へと進んでゆく。

2 高宗武のメッセージ

「日華協議記録」合意の後、日中間の連絡にあたったのは、上海の今井中佐、伊藤芳男、高公度（高宗武の兄）と、香港の太田梅一郎少佐（暗号電報連絡担当）、西義顕、高宗武、梅思平、周隆庠である。[17]たとえば、汪の重慶離脱の遅れは、高宗武の情報を周隆庠が西に伝え、西から太田少佐を経て参謀本部に連絡された。[18]

汪の動向について重要な情報を田尻総領事に伝えていたのは高宗武である。高の主張で注目されるのは、日本の軍事行動を要請したことであった。たとえば、一二月末、香港に来た今井に対し、高は工作資金として月に三〇〇万ドルと「作戦ノ援助ヲ希望」した。[19]一月中旬に高は田尻への書信で、「第二段階ニ入ル（即チ実力派ガ動キ出ス）前提トシテ我方（日本側）カ今少シ何トカ積極的ニ軍事行動ヲ起スコトヲ強ク期待」した。[20]高は、西南将領が重慶政権の拘束から離脱して汪陣営に参加することを促すため、日本軍による軍事行動を要請したのである。

その後、田尻は二月三日に妻が急死したため帰国、一ヵ月ほど帰任できなかった。[21]この間、高は二月一日ハノイに行って汪と連日協議し、[22]八日香港に戻った。さらに高は周隆庠とともに、西と伊藤に付き添われて二月二一日長崎に到着、これを犬養が出迎えた。二六日高は箱根のホテルに到着、そこで影佐や今井と協議を行った。事変勃発以後、高が渡日したのは前年七月以来二度目である。

このとき高は、ハノイでの協議に基づく汪の意向として、次のような三つの案を提示した。[23]第一案は、日本が蔣介石と妥協するならば、汪は蔣と行動をともにすることはできないが、個人として最善の援助を与える、というものである。第二案では、日本が王克敏（北京の臨時政府首班）、梁鴻志（南京の維新政府首班）、呉佩孚などによって統一中央政権を樹立させるならば、汪は野にあって援助する、とされた。第三案は、日本が汪を時局収拾の最適任者と認めるならば、汪は反共救国同盟会を組織し、西南将領の参加を得たうえで日華共同宣言を発表し、双十節（一〇月一〇日）を期して南京に中央政権としての新国民政府を組織する、というものであった。

今井が東京に滞在中の田尻に語ったところによれば、高はなるべく早く南京に中央政権を樹立したがっていたが、今井としては、まず広東の一廓にでも地盤をつくるのが先決であり、それをやらずに南京に乗り出すことには反対であった。[24]高が提示した三つの案を見せられた田尻は、影佐大佐と会った際、これは「汪ニ対スル日本ノ信任ヲ試ス為ニシテ彼等ノ真意ハ飽ク迄汪ヲ立テテ貰ヒ度訳ナリ」と述べたが、影佐も同意見であった。[25]前述したように、汪工作に対する期待がしぼみつつあったがゆえに、汪や高は日本側の態度を確認する必要があるのだろう、と見なされたわけである。

影佐と高との会談については、やや詳しい記録が残っている。[26]このとき影佐は、日本側の方針として「第三案ヲ以テ時局収拾ノ基準工作トス」とし、「帝国ハ汪及其同志ノ計画ニ満腔ノ賛意ヲ表シ為シ得ル限リノ努力ヲ惜シマス」と述べた。なお、高が要望した軍事作戦については、統帥権を楯に確約を与えなかった。西によれば、その軍事作戦は龍雲や張発奎など西南将領の汪陣営への参加を促し、さらに西南地域に汪派が拠るべき「中立地帯」をつくるための「非常措置」であったが、[27]日本側はこれに応じようとはしなかったのである。

ただし、高は日本側に対し、西南地域に「中立地帯」を設けるという提案を示してはいない。むしろ前述したように、高は南京での早期政権樹立を主張し、今井からその性急さをたしなめられていた。その後、高は、第三案に基づく具体的計画を日本側に示したが、ここでも、南京に国民政府を樹立することが謳われている。[28]

重視しなければならないのは、このときに「第三案」のなかで汪が南京に中央政権をつくるという計画が提示されていることである。これは、汪工作の重大な変更を意味するものであった。それまで汪工作の直接のねらいは、日本側からすれば重慶から要人を離脱させ国民政府の内部分裂を促すことであり、汪派の高や梅、あるいは西や伊藤、そして影佐や今井にとっては、重慶から離脱した汪が和平運動を展開し、外部から国民政府を対日和平の方向に転向させることであった。たしかに、「日華協議記録」の交渉では、工作の第二段階として、西南地域での汪による政権樹立が検討されていた。しかし、それは、日本が擁立した臨時政府や維新政府はもちろん重慶政権とも異なる第三勢力としての政権を、日本軍の未占領地域に樹立するものであって、占領地区である南京に新しい中央政権を樹立することとは大きく意味が違うはずであった。

ただし、ここで確認しておかなければならないことがある。まず、この時点では高は三つの案を提示しただけであった。高が第三案の採用を強く示唆した(少なくとも日本側ではそう受け取った)ことはたしかだが、汪がそれを採用したとは明言しなかった。次に、日本側(より正確に言えば、陸軍の工作当事者）は、提示された三案のうち第三案に賛成したが、それは汪中心の和平運動（反共救国同盟会の組織と活動展開）を支持するということに重点があった。したがって、政権樹立の問題は、もちろん協議の対象とはされたが、まだ今後さらに検討を重ねるべき課題とされていたように思われる。影佐と高との会談で、影佐は、「新中央政府籌備委員会」の樹立を提案し、これを中央政府に強化する時機は状況によると指摘した。政府をどこに樹立するかも明示しなかった。(29)

むろん、日本側が南京での政権樹立に反対を表明したわけではない。ただし、今井の対応にも示されているように、それは性急に進めるべきではないと考えられていた。重点は汪による和平運動の推進、西南将領の獲得、重慶内部分裂の促進にあった。

この頃（三月）、陸軍は次のような方針案を五相会議に提示している。

一、「汪」及其一派ヲ支持シテ抗日政権切崩シ及為シ得レハ時局収拾ニ資スル従来ノ方針ニ基キ本工作ヲ鞏化ス

二、先ツ和平救国同盟会ノ運動ヲ鞏化促進シテ速ニ気運ノ醞醸ヲ策ス機到ラハ一挙ニ再声明、雲南及西南諸将蹶起、共同宣言等ヲ実施シ秋期頃迄ニ為シ得レハ新中央政権ノ樹立ヲ期ス(30)

これを見る限り、重点が和平運動の強化促進による重慶政権切り崩しにあることは明白である。「新中央政権」は「為シ得レハ」「樹立ヲ期ス」とされたにすぎなかった。しかも、この方針案は、おそらくは事態いまだ不透明であるとして、五相会議で採用されなかったのである。

要するに、第三案は提示されたが、汪はそれだけに方針を限定したわけではなかった。日本側は、高の示唆を受けて、第三案を方針として採用しつつあったが、汪による中央政権樹立を確定したわけではなかった[31]。

このように第三案の意味が曖昧になってしまったことには、高宗武の言動にも原因があったように思われる。彼はどれだけ正確に汪の意向を伝えたのか。汪工作に対する期待が弱まるなかで、工作の継続を図るために、日本側に迎合する動機が作用しなかっただろうか。今井によれば、高は前年一一月の交渉のときから「終始批判的態度で、虚無的とも思われ、時として極めて手軽に日本側の主張に同調したりするので、私は却て彼の真意に疑惑を抱くこともあった」という[32]。この二回目の渡日のときも、高は同じような態度をとったのだろうか。

いずれにせよ、香港に戻った後の高宗武の行動は、いささか不可解であった。三月二一日、ハノイの汪の居宅で秘書の曾仲鳴が重慶のテロによって暗殺されると、日本では汪を救出するために、影佐等をハノイに派遣する計画が進められたが、それを知った高は帰任していた田尻に対し、近く汪は香港を訪れる計画なので、日本側がハノイに行っても行き違いになるだけだと述べた[33]。汪救出チームの一員として先行した矢野征記(領事、前興亜院書記官)が香港で田尻から聞いたところでは、高は田尻に対し何度も影佐のハノイ行きを引き止めるよう働きかけた。矢野と田尻が高にハノイへの同行を求めたところ、言を左右にして同意しなかった。矢野は、高が「従来汪ニ充分日本側ノ意向ヲ伝ヘ居ラサルニ付汪ト影佐一行ノ直接会見ヲ好マサリシカ…〔あるいは〕影佐ノ河内(ハノイ)行ニテ汪ノ工作ノ進捗ヲ惧レタルニ非スヤ」と推測した。後日、ハノイから戻ってきた矢野に対し、高は「猶蔣介石ヲ頭ニ戴キ時局ヲ収拾セントノ意」を明言したという。[34]

3 汪救出

重慶から昆明を経てハノイに到着した汪兆銘は、しばらくの間その郊外の避暑地ダムダオにあったが、一月末、ハノイ市内コロン街の新築家屋に転居した。その間、外務本省は在ハノイ鈴木六郎総領事に対し、汪から保護の申し出があった場合は、しかるべく保護の措置をとるよう指示したが、[35]汪と直接の接触を試みることは抑制した。[36]汪との関係はただでさえ機微なものがあった。そのうえ、日本軍が海南島を攻略した（二月一〇日上陸）ことは仏印当局の神経を苛立たせた。

一方、汪派に対するテロは激しさを増した。一月一七日、汪擁護の論陣を張ってきた香港の『南華日報』主筆林柏生は暴漢に鉄棒で殴打され負傷した。汪の甥（沈次高）は暗殺された。前年秋の唐紹儀暗殺がまだ記憶に新しい頃であった。そうした折に、汪の最も信頼する秘書、曾仲鳴が汪の居宅で就寝中を襲われ殺害されたのである。汪から保護を依頼されたハノイ駐在の門松正一少佐は、陸軍中央に対し汪救出を具申した。[37]

これを受けて、陸相（板垣征四郎）は影佐大佐に汪救出を命じた。影佐は、この工作は陸軍単独ではなく、各方面一体となって実施すべきであると主張した。その結果、海軍からは須賀彦次郎大佐、外務省・興亜院からは矢野征記、衆議院から犬養健が派遣されることになった。ハノイに出発するに際し、影佐は五相会議で救出計画を説明し、指示を受けたという。[38]

汪救出を実施するにあたり、影佐は軍務課長の職を辞し、参謀本部付となった。本来ならば何らかのかたちで関与するはずの今井は、大佐に昇進して参謀本部支那課長となり、東京を離れられなくなっていた。なお、海軍の須賀大佐は、後に汪工作を推進する梅機関の一員となるが、このときの救出チームには加わらなかった。犬養は、病気のために動けなくなった松本重治のいわば代理として、前年からこの工作に関わってきた。矢野の参加の理由はよく分からない。犬養によれば、「矢野には事務処理の大筋をすぐ把(つか)んでしまう才能がある。それと、いざという時の用心がおそろしく細かい。これが外務省から和平工作の要員に選ばれた理由だろう」とされている。(39)

矢野の「才能」は計画段階から発揮された。汪を救出する船について、影佐は大阪商船のタイ航路定期便の利用を考えていたが、矢野はそれでは安全性と機密が保てないとし、貨物船をチャーターすることを提案した。採用された矢野のプランに従い、山下汽船の貨物船「北光丸」が軍用で借り上げられ、ハイフォン港に積み上げられた鉄鉱石を積み出すための、台湾拓殖会社の傭船と偽装されることになった。(40)また、矢野は汪に宛てた板垣陸相、有田(八郎)外相、鈴木(貞一)興亜院政務部長の書簡と、米内(光政)海相の名刺を預かり、後に汪に手渡した。米内海相が名刺だけというのは、この工作に対する海軍の態度をはしなくも表していた。(41)

矢野は、前述したように影佐等より先行し、四月五日福岡から上海に飛び、七日船で香港に向かい一〇日香港着、そこで田尻総領事、一田次郎中佐、高宗武等と協議した後、一一日飛行機でハノイに到着した。(42)影佐と犬養は、四月八日「北光丸」で福岡県の三池港を出港、(43)一六日ハイフォンに到着、翌日ハノイに入った。その前日、伊藤芳男も香港から船で到着した。(44)現地では門松少佐と、松本重治

の要請によって助っ人となった同盟通信ハノイ支局員の大屋久壽雄とが、汪の連絡役を務める周隆庠との接触に協力した。(45)

唐紹儀の二の舞とならぬよう用心に用心を重ねて、影佐、犬養、矢野が周隆庠の案内で汪の居宅を訪れたのは四月一八日である。(46) 協議は午後二時前から三時間半にわたって続けられた。このとき汪は、自分の意向は高宗武を通じて了解済みのはずだと述べ、例の三案につき、「自分ハ今日ニ於テモ猶右三案何レニテモ日本側ノ御希望ニ応シ行動スルノ用意アリ」と論じた。そのうえで汪は中央政権樹立の必要性を指摘し、「和平交渉ヲナスヘキ中央政権ヲ樹立シ日本ニ依リ承認セラレ以テ和平交渉ノ衝ニ当ラシムルコトカ今後自分等ノ工作ノ根本ト思考スル次第ナルカ之ニハ多大ノ日子ト相当ノ困難ヲ予想スル次第ナリ」と述べた。汪は三案のどれにもコミットしないと言いつつ、第三案の採用を示唆したが、中央政権の樹立実現までには相当の時間と困難が伴うことを指摘したのである。(47)

その後、汪は、ハノイでは「仏印官憲ノ厳重ナル保護ノ下ニ生命ノ安全コソアレ其ノ結果ハ同志トノ連絡ニハ極メテ不便」なので、「一日モ早ク安全且運動ノ進展ニ便ナル地点タル上海ニ移転シ度キ旨」を語った。(48) ハノイ脱出方法の細部については、汪が退室した後、影佐、犬養、矢野、周の四人で検討し決定した。(49) この会見の二日後(二〇日)、重慶特務機関による暗殺の危険性が高まったとして、汪側から緊急保護の要望があり、急遽同日脱出の準備がなされたが、これは仏印官憲の対応により中止することができた。

上海の受け入れ体制はまだ万全ではなかったが、(50) 影佐等が乗る「北光丸」は四月二四日夕刻ハイフォンを出港した。汪たちは自らチャーターした「フォレンハーフェン(Von Vollenhaven)号」に乗って翌二五日未明出港した。「北光丸」は汪の船と一定の距離を保ちながら護衛する計画だったが、会合地点で出会うことができず、見失ってしまった。二九日、海南島を過ぎたあたりで無線連絡がつき、わずか七六〇トンの汪の船では今後の航海にも支障があるということとなり、翌日汕頭沖で汪一行を「北光丸」に収容した。

矢野は二六日ハイフォンから海路、香港に向かい、五月三日に香港出港、高宗武、一田中佐とともに五月五日上海に着いた。高が蔣介石とでなければ和平は実現できないと矢野に訴えたのは、このときである。影佐一行は途中、台湾の基隆に寄港し、七日に上海に入港、東京から着いた今井大佐も彼らを出迎えた。汪一行は、八日、日本側が用意した三軒の隠れ家に落ち着いた。

汪が「北光丸」に収容されてから上海に到着するまで、影佐等と協議した内容については、矢野が影佐から聞き取った記録がある。(51) これによれば、四月三〇日から五月六日までの一週間、影佐が汪とじっくり話すことができたのは五月一日と六日の二回だけであった。その二回目のとき、汪は次のように語った。「曩(さき)ニ貴方ト話合ヲ遂ケタル防共救国同盟会ノ方法ニテ工作ヲ進ムル案ハ大公報ニヨリ暴露サレタルヲ以テ方法ヲ変更スルノ要アリト思考ス　仍チ中央政権ヲ樹立シテ之ヲ日本ニヨリ承認サレ之ニテ同盟会ノ方法ニ代ヘルコトヲ以テナサント思フ」。汪は初めて第三案の採用を明言したが、それだけでなく、和平運動の展開よりも、中央政権の早期樹立を優先することを表明したのであった。

影佐の回想録では汪の言葉が以下のように記述されている。「従来和平運動の展開は国民党員を中心とする和平団体を組織し言論を以て重慶の抗日理論の非なる所以を指摘し和平が支那を救ひ東亜を救ふ唯一の方法であろうといふことを宣揚し逐次和平陣営を拡大し究局に於て重慶を転向せしめやうと云ふ案で進んで来たがよくよく考へるに言論のみにては重慶政府を転向せしむることは甚だ困難である。寧ろ百歩を進めて和平政府を樹立して叙上言論による重慶の啓発工作以外に更に日支提携すればこれだけ好く行く。従つて抗戦は無意義であるといふことを事実を以て証明しこれによつて輿論の帰趨を問ひ重慶政府の動向を和平に転ずるの外なきに至らしむる方が適当であらうといふ結論に達した。従つてもしも貴国政府に於て異存がなければ従来の計画を変更し和平政府樹立の計画に変更したい希望を持つて居る」[52]。矢野の報告書とニュアンスは若干異なるが、早期の「和平政権」樹立優先を表明したことは明らかだろう。

こうして、汪自身の決断によって、汪工作は性格を変えてゆく。言論による和平運動の展開よりも、汪を中心とした新中央政権の樹立に工作の重点が移行してゆくのである。

むすび

汪工作担当者はそれぞれの回想録で、ハノイから上海に向かう間に表明された汪の方針転換に大きな衝撃を受けたことを述べている。だが、彼らは二月の高宗武の来日時点で、第三案の存在と内容を知っていたはずであった。それなのに、なぜ彼らは衝撃を受けたのか。

工作当事者の回想の基礎となっているのは、影佐の回想録である。したがって、影佐が回想録の中で偽りを述べ、それが他の人々の回想録にも影響を及ぼしたという可能性があるかもしれない。しかし、影佐の回想録は、大東亜戦争中にラバウルで記憶のままに部下に口述筆記させたものであり、公表を意図してはいなかった。公表を意図しないものに故意に偽りを書くことは、あり得ないことではないが、常識的には考えられない。それに、ハノイ脱出直後に汪が方針転換を表明したことは、後の回想録だけではなくて、その時点での矢野の報告書にも記録されている事実である。

影佐や今井が高の伝えた第三案の内容から方針転換を知りながら、軍人以外の工作当事者にはそれを秘密にし、汪の方針転換の表明時には、ポーズとして驚いてみせた、という穿った見方も考えられないわけではない。しかし、陸軍内では第三案の検討がなされていたし、その検討記録が外務省の保管文書の中にあるということからすれば、それは外務省の関係者にも通知されていたと判断すべきだろう。事実、上述したように田尻は三つの案を承知していた。矢野も、彼の報告書を見る限り、知らなかったとは考えにくい。

このように見てくると、次のように考えるのが最も自然であるように思われる。汪はハノイ脱出まで、少なくとも建前としては三案のいずれにもコミットしていなかった。日本側もそれを承知しながら第三案を支持したが、その第三案の重点は、汪を中心とした和平運動の展開によって、短期的には重慶政権の内部分裂と西南将領の獲得を促進することであると理解された。長期的には重慶政権を外部から和平の方向に転向させる可能性もまだ消えてはいないとの期待が込められ、新中央政権を樹立するとしても、それは当面、将来に属する検討課題と見なされていた。したがって、汪が方針を転換して、和平運動の展開よりも中央政権樹立を優先すると述べたとき、日本側の工作担当者たちは驚いたのである。

実は、この方針転換に対しては、日本側の当事者の多くがあまり積極的ではなかった。影佐の回想によると、日本が「日華協議記録」に基づいた第三次近衛声明の趣旨を実行できるのならば、政権樹立方式のほうが強力な和平運動を展開でき、その実績によって重慶政権の対日不信をなくすことも可能になるが、近衛声明どおりに実行できないとすれば、政権樹立方式は失敗に帰すおそれが大きい、と考えたとされている。彼は、日本が第三次近衛声明どおりに実行できるかどうか、懐疑的だったようにに見える。だが、将来和平が実現して重慶政権が和平政権に合流してくるような場合には、自分は目的を達したのだから断然下野する、と語った汪の「崇高なる精神、高潔なる人格」に、影佐はいたく感動させられたのだという(53)。

今井は、上海に到着した汪から方針転換を聞いたとき、「事の意外に驚」いた。彼の判断では、日本占領地域の南京に政権を樹立すれば、結局は傀儡政権に堕してしまい、たとえ重慶の抗戦政策を転向させるように働きかけても、傀儡政権として国民の指弾を受けることになりかねない、と考えられた。しかし他方、汪工作がこのままでは西南将領を獲得することもできず、和平運動も盛り上がらず、南京以外に第三勢力としての政権を樹立することも覚束なかった。したがって、今井はもう一度思い返し、汪の言うことに望みを託して、たとえ上策ではないとしても、次善の策として努力しなければならない、と結論づけたという(54)。

田尻も上海に赴き、影佐から方針転換のことを聞き、意見を求められた。田尻は次のように述べたという。汪は北伐以来、「裏切り」を重ねている。彼には自分の利害があるだけで、中国や中国人のための平和という目標を捨てている。占領地での政権樹立は、蔣介石への個人的な対抗意識の表れにほかならない。自らを裏切り、占領地の中国人をも欺くことになる。日本を裏切らないという保証もない。したがって、最善の策は、汪に礼を尽くして外遊させることである。それでもなお、政権をつくらせるのならば、自分はもうこの工作から身を引きたい、と。[55]当時田尻が本当にこのように述べたとすれば、ほんの数ヵ月前、汪の人物を「一流」と評価し、汪工作を「謀略」から脱却させて積極的に推進すべきであると論じていた人物のものとは思えないほどの、厳しい汪批判であった。

西義顕は、影佐等がハノイに駆けつけた頃、上海で周仏海と会っていた。周仏海は、かつて蔣介石の側近(侍従室第二処副主任、国民党中央宣伝部部長代理)でありながら、対日和平を模索し、汪兆銘と前後して重慶を離脱、上海に滞在していた。西によれば、そのとき彼は周から、南京に中央政権を樹立する新方針を聞かされたという。西は、あくまで第三勢力として和平運動を展開しようという路線を「高宗武行程」とし、中央政権を樹立して和平の実績を挙げようとする路線を「周仏海行程」と名づけている。彼によれば、汪の方針転換は「周仏海行程」が「高宗武行程」を凌駕した結果であった。[56]

二月に来日したとき、高は、第三案の中の「高宗武行程」と「周仏海行程」との違いを明確にしなかった。南京での中央政権樹立を述べて、「周仏海行程」に近い発言までした。ただし、日本側はまだ、「高宗武行程」の文脈で第三案を理解していたようである。

高は、汪が「周仏海行程」に傾きつつあることを知っていたのではないだろうか。二月の渡日時の発言は、それによってブレが生じたのではないか。ハノイに向かった影佐と汪との会見を阻止しようとしたのも、そのためではなかったか。もちろんこれは推測の域を出ない。問題は、汪がいつ、なぜ、「周仏海行程」に転換したのか、ということである。これについては、いまだはっきりしたことは分からない。

五月二日、「北光丸」が台湾の基隆に寄港したとき、西はそこで汪を出迎え、「周仏海行程」の再考を婉曲に訴えた。だが、もはや効果はなかった。西もやがて工作から離れていった。

汪による中央政権樹立は、しかしながら、すぐ実現したのではない。実は、日本政府がまだそれを認めてはいなかったのである。そのため汪は訪日し、日本政府首脳に自らの構想を説明して協力を求めなければならなかった。その後も、政権樹立をめぐる日本との交渉は難渋をきわめた。その交渉の過程で、高宗武は陶希聖とともに汪陣営から離脱した。一九四〇年三月三〇日、汪政権はようやく成立し、日本がこれを承認したのは同年一一月三〇日であった。

第14章 桐工作をめぐって

はじめに

桐工作とは、一九三九年末から翌年秋にかけて試みられた日中和平工作である。支那事変のほぼ全期間を通じて和平の試みは何度となく繰り返されたが、桐工作ほど日本の政治指導者や軍事指導者から高い期待が寄せられたものはないと言っても過言ではない。

期待が高かったことにはそれ相応の理由がある。一九三八年秋の漢口作戦・広東作戦以降、日本は重慶に引込んだ中国国民政府(蔣介石政権)を軍事的に屈服させる力を持たなかった。つまり、軍事的な事変処理は限界に達していたのである。政治的に事変解決を図る方法として試みられたのは、国民政府を否認して、それに代わる新中央政権との間に新しい国交関係を樹立することであった。紆余曲折を経て最終的にその首班に予定されたのは汪兆銘だが、彼による新中央政権は、その実現以前に既に弱体を予想され、事変解決に役立たないのではないかと危惧されていた。

一方、日本は一九三九年五月からノモンハン事件という局地的な事実上の日ソ戦争を戦い、敗れた。

当面対ソ関係を安定化させつつ、将来の日ソ戦に備え対ソ戦備を充実させるためには、事変をできるだけ早く終結させることが必要であった。さらに同年九月、ヨーロッパで大戦が始まると、それに伴って到来すると予想された「世界的大変動」[1]に対処するうえで、国防の弾撥力を持つためにも、事変の早期解決が望まれた。重慶政権が和平のために接触を求めてきたと理解された桐工作は、こうした点から期待を集めたのである。

そうした期待を最もよく表しているのは昭和天皇である。天皇は、一九四〇年三月の段階で桐工作への期待を表明し、[2]六月にも、工作が進捗することを期待して、翌月葉山に行幸することを見合わせるべきかどうかを内大臣の木戸幸一に下問するほどであった。[3]

しかしながら、これほど期待が高かったにもかかわらず、桐工作に関する本格的な研究は数少ない。おそらくその主要な理由の一つは、この工作が結果として重慶の課報機関による「謀略」という烙印を押されたがゆえに、まともな和平工作とは見なされなかったことにある。[4]本稿では、桐工作の発端、交渉の経緯を再吟味し、なぜ日本側がそれほど期待したかの理由を含めて、その特徴を再検討してみたい。

1 工作の発端と当事者

まず注目すべきは、工作の発端である。当時陸軍省軍事課の西浦進(中佐)によれば、一九三九年の晩夏、陸軍省部の高級課員クラスが集まって、事変解決策を協議した際、彼らの間では蔣介石と手を握らなければ事変の解決は不可能だという見解に一致したが、そのとき西浦は、和平工作に着手すべき具体策として香港に参謀本部支那課の鈴木卓爾（中佐）を派遣することを提案し、賛同を得た。当時、英領植民地の香港は日中間の中立地帯で、しかも飛行機を使えば重慶からも東京からも往復しやすいという地の利があった。西浦の陸士同期（三四期）の鈴木はその香港駐在から戻ったばかりであり、誠実な人柄も買われて適任と見なされたのだとされている。

一方、参謀本部支那課長として汪兆銘工作に関与していた今井武夫（大佐）は汪工作に限界を感じ、あらためて重慶との直接接触を目指して、南京に支那派遣軍（総軍）が編成されると、その情報担当の参謀（第二課長）に転じ、鈴木卓爾に意中を漏らして彼を総軍付とし、香港に派遣して和平工作に当たらせたのだという。[5]今井が西浦らの動きに関わっていたかどうかさだかではない。西浦らと今井の動きは別個でありながらどこかでクロスし、鈴木の起用に収斂していったのかもしれない。

西浦らのメンバーの中に、参謀本部第二課戦争指導班の堀場一雄（中佐、彼も陸士三四期）がいた。堀場は、九月中旬に作成した文書で、新中央政府（汪政権）樹立工作は「其実質に於て之を重慶を包括する停戦指導たらしめ」、「重慶包括乃至屈伏工作の成果は新中央政府樹立前に具現する如く努む」と主張している。[6]堀場の起案に基づき、一〇月末、省部の関係課では「汪工作を強化推進しつつ対重慶工作を併進せしめ…対重慶停戦及汪、重慶の合流を指導す」との合意が形成された。[7]同じ頃、堀場はまた新たな起案文書の中で、「対重慶触接を確保し連絡網を準備し之が工作機関設定を促進す」として、香港に工作機関を設定し、重慶との接触を確保したならば「大物責任者会談」の開催と汪との合流を慫慂することを強調した。[8]

こうしてみると、秋以降、堀場をメンバーとする省部関係者の間で、対重慶和平工作のお膳立てが進められていたことはほぼ間違いない。そして、そこでは既に香港機関の設置、「大物会談」の開催、重慶・汪の合流などの構想が射程に収められていた。

一一月下旬に総軍司令部付となり香港に駐在した鈴木卓爾は、一二月中旬、宋子文の弟、宋子良との接触を図り当初は断られたが、同月二七日先方からの求めにより初めて会見した。[9] 両者の斡旋をしたのは香港大学教授の張治平である。だが、この張治平なる人物の正体がもうひとつよく分からない。今井は彼の北京駐在(大使館付武官補佐官)時に張治平と面識があった。張治平は、その頃、冀東政権に勤めたり新聞記者であったこともあるという。海軍側には、彼が軍統(国民政府軍事委員会調査統計局)の工作員であるとの情報があった。[10]

さらに正体が分からなかったのは、宋子良である。日本側で宋子良と面識のある者は誰もいなかった。宋子良と名乗る人物がはたして本物であるかどうか、当初から疑問があった。一九四〇年三月に、日中双方の「私的」代表が香港で予備会談を行ったとき、重慶側の代表三人のうち宋子良だけは最高国防会議秘書長・張群の証明書を提示しなかった。あるとき鈴木は相手に気づかれないよう会合場所のホテルの鍵穴から宋子良の写真を撮り、それを今井が南京まで持って行き汪政権の要人に確認してもらったが、それでもはっきりした答えは得られなかったという。[11] 六月に澳門(マカオ)で会談がなされたとき、中国側が提示した蔣介石の署名入りの委任状には、宋子良ではなく宋子傑という名が記されていた。

桐工作の前半段階で通訳を務めた阪田誠盛(総軍の特務工作員)は、宋子良は偽者で実は軍統の工作員と睨んでいたとされる。[12] 上海総領事館で特別調査班を組織し諜報活動に関与していた副領事の岩井英一によれば、彼のもとに出入りしていた中国共産党の地下工作責任者・潘漢年から宋子良は偽者であるとの情報提供を受けていたという。[13] 事実、今井は、桐工作が終了してからだいぶ経った大東亜戦争末期、上海の日本軍憲兵隊に逮捕された中国人の中に、かつて宋子良と自称した人物がいることを阪田から知らされた。彼は、曽広という軍統の幹部であった。[14]

だが実は、既に桐工作の過程でも重慶側代表との接触を重ねるにつれ、日本側は、宋子良が本物であるかどうかを重視しなくなっていたのである。彼の話の内容や、飛行機による重慶との往復、他の二人の中国側代表との関係から、宋子良と称する人物が重慶政権の中枢と直結していることは間違いないと判断され、彼の真偽には拘泥しないことになったという。

たしかに、重慶側の代表は、周囲に軍統の影がちらつくとはいえ、相当の地位と職責を有する者たちであった。三月の予備会談では、宋子良のほかに、重慶行営参謀処副処長の陳超霖（陸軍中将）と、最高国防会議秘書主任の章友三（元駐独大使館参事官）が代表委員で、侍従次長の張漢年（陸軍少将）が予備員、張治平は連絡員として通訳を務めた。これに対して、日本側では鈴木卓爾（総軍付、中佐）、今井武夫（総軍参謀、大佐）、臼井茂樹（参謀本部第八課長、大佐）が代表で、前述したように阪田誠盛が通訳であった。日本側は陸軍だけを代表し、それも参謀本部と総軍の課長クラスでしかない。地位やポストからすれば重慶側代表のほうが明らかに格上である。こうした事実が、宋子良の真偽を不問にし、和平への期待を高めたのであろう。

2　工作の展開

重慶側との接触の経過をたどってみよう。前述したように一二月二七日に鈴木と宋子良との初めての会談が行われた後、翌年一月二二日に第二回、二月三日に第三回、一〇日に第四回、一四日に第五回の会談がなされ、第五回の会談には今井も参加した。ここで合意されたのは、日中間で正式の和平会談を行う前に、できるだけ早く香港で双方の私的代表による円卓会議(予備会談)を開く、ということであった。

二月一七日、仏印に出張した西浦が香港で鈴木と話し合った後に帰国し、鈴木・宋子良会談の経緯を陸軍省部首脳に報告した。香港から南京に戻った今井は、一九日東京に飛び、省部首脳に工作の内容を委細説明して、了解を得た。参謀本部は香港での工作を桐工作と命名し、総軍に実施を指示した。三月一日頃、汪兆銘の新中央政権樹立工作を推進する梅機関の影佐禎昭(少将)は、総軍からの要請により汪に桐工作の経緯を伝えて協力を求め、同意を得た。

三月七日、二月の鈴木・今井と宋子良との合意に基づき、日中双方の代表による予備会談が開始された。前述したように日本側の代表は、鈴木、今井、臼井であり、重慶側代表は宋子良、陳超霖、章友三である。会談は一〇日まで毎晩開かれ(臼井は到着が遅れ八日から参加)、日本側が作成した「覚書」に中国側も同意したかに見えたが、最終段階になって中国側は調印を躊躇し、「和平意見」なるものを提示した。一四日、臼井は帰国して省部首脳に香港会談の経緯を報告し、これに基づき一七日、参謀総長から総軍司令部に対し桐工作の実施に関する大陸指(大本営陸軍部指示)第六七六号が発せられた。

一八日、参謀本部情報部長の土橋勇逸(少将)が南京に飛びこの大陸指を直接総軍に伝達した。

中国側代表は重慶政権首脳を説得して「覚書」に正式回答することを約したが、その回答はなかなか来なかった。三月二三日頃、総軍参謀長の板垣征四郎(中将)は、二六日に予定されていた新中央政府樹立を三〇日まで延期するよう汪兆銘に懇請し、了承を得た。一方、鈴木は二一日と二三日に宋子良と会談したが、重慶側は正式回答をもたらさなかったうえ、汪政権樹立を四月中旬まで延期するよう求めてきた。鈴木は二五日を回答期限としたが、結局、回答は来ず、三〇日の汪政権樹立によって桐工作は一時中断した。ここまでが、桐工作のいわば前半である。

ここまで日中間の議論の主たる争点となったのは、①満洲国承認問題、②日本軍の駐兵問題、③汪と重慶との合流問題、である。まず①について日本側は満洲国承認を原則としたうえで、その実行を平和条約締結後でもよいとしたが、重慶側は当初強く抵抗した後、最終的にはこれに同意した。ただし、承認の方式については、和平後の交渉で協議することを主張した。②について日本側は防共協定を締結し、和平実現後の秘密条約によって華北・内蒙の一部に一定期間軍隊を駐屯させることを要求したが、重慶側は防共協定の締結には同意したものの、華北への日本軍駐兵には抵抗し、同地域での撤兵の延期という方式を示唆した。また和平後に秘密軍事協定の協議に応じることを了承した。③に関して日本側は停戦成立後(和平達成前)の汪・重慶合作を主張したが、重慶側はこれを内政問題として自主的に処置するとし、和平条件としないことを強調した。

こうしてみると、この香港の予備会談で主要問題についての決着がついたわけではない。だが、日本側当事者としては、重慶側の和平に対する態度に「誠意」が認められ真摯であることを重視したのである。また、予備会談の後に「大物」による正式停戦会談を予定するシナリオが描かれていただけに、[15]「覚書」のラインで大まかな了解が成立すれば、あとは「大物会談」に委ねて双方の譲歩と妥協により最終的決着が図られると考えたのであろう。一部に、これは汪政権樹立を牽制するための謀略ではないかとの疑問があり、[16]事実、結果的にはそうなったにもかかわらず、その後も桐工作が継続されたのは、おそらくそうした理由による。

総軍は汪政権樹立の延期はできないとしながら、「先方ノ希望ヲ失ハシメザル如ク」、その後も汪政権の承認までの間、和平実現のための接触を続けるよう指示した。[17]鈴木は総軍の指示と激励を受け、三月二七日からあらためて宋子良との接触を図り、第二次折衝を開始した。四月一二日、重慶から戻った宋子良は鈴木に会見を求め、重慶の内部事情を説明するとともに第二次折衝の継続を訴えた。鈴木は二六日、南京の総軍司令部で工作の状況を説明し、さらに月末今井とともに東京に行き省部首脳部に報告した。五月一日その報告を受けた畑俊六陸相によれば、「まだ脈が全然切れたといふ訳にあらず。依然此動にて行くが可なり」とされ、陸軍省としても工作継続を承認した。[18]

五月一三日、香港島対岸の九龍で今井、鈴木と章友三、宋子良が会談した。このとき今井は、「巨頭会談」(大物会談)を開催し、そこで大所高所に立った双方の「交譲妥協」により一気に解決を図るべきではないかと提案したが、中国側は「巨頭会談」が失敗した場合は重慶政権内の強硬派に反蔣介石の口実を与えるので、「巨頭会談」は必ず成功させなければならず、そのためにはもう一度私的代表による予備会談を開いてお互いにもっと話を詰めておく必要がある、と主張した。こうして相互の合意により第二次予備会談が開かれることになった。なお、ひそかに宋子良の写真を撮ったのは、このときである。また、通訳を務めるはずであった阪田は、洪帮(ホンパン)工作に関係する危険人物として、このときの会談直前にイギリス官憲によって身柄を拘束された[19]。

第二次予備会談は澳門で六月四日から三日間、いずれも夜に開かれた。澳門を会談地としたのは、香港のイギリス官憲の目がうるさかったからである。日中双方のメンバーは、阪田に代わって総軍から別の通訳が派遣されていることを除き、第一次予備会談と同じ顔触れで、それぞれ日本側代表は閑院宮参謀総長の、中国側代表は蔣介石軍事委員長の委任状を提示した。宋子良の名前が宋子傑となっていたのは、このときの委任状である。

結局、この第二次会談でも、第一次会談で対立の争点となった三つの問題について双方の溝は埋まらなかった。満洲国承認問題、華北駐兵問題について歩み寄りはなく、汪・重慶合作問題は、汪政権の樹立によってかえって複雑さを増した。膠着状態を打開するため、宋子良は、重慶政権が派遣する大官と汪兆銘が協議して合作問題を解決した後、蔣介石と板垣征四郎との巨頭会談を開き、そこで最終的な決着を図るとの案を提示した。これに対して今井が、板垣・蔣・汪の三者会談を提案し、中国側もこれに同調することになった。

このように巨頭三者会談開催については原則的に合意したものの、従来からの対立点に関しての距離は実質的に縮まらなかった。ところが、それにもかかわらず、この後の交渉は、実質的対立点をめぐってではなく、三者会談の方式をめぐる一見して瑣末な問題に焦点を移してしまうのである。

六月二〇日、宋子良は鈴木に重慶首脳が三者会談を受諾したとの回答をもたらした。重慶側は、会談の開催時期を、和平問題を協議するはずの中央執行委員会終了後のおおむね七月中旬とし、場所は長沙に固執した。場所に関して日本側は洞庭湖上を主張し、やむを得ない場合は長沙付近でも仕方がないが、その場合は水路を用いて会談地に行くことにこだわった。二二日、総軍から三者会談の了承を求められた汪兆銘も、会談に同意しつつ場所は洞庭湖が望ましいと述べた。南京に出張した参謀次長の沢田茂(中将)は二五日、総軍首脳と桐工作の進め方と三者会談を行う際の安全確保について協議した。[20] 二九日、総軍参謀の堀場一雄(前年一二月着任)が香港の鈴木のもとに派遣された。

三〇日、会談場所をめぐる論争が長引くことを避けるため、鈴木は堀場と協議した以下の四つの案を宋子良に提示した。すなわち①洞庭湖もしくは戦線中間地点で板垣・蔣・汪三者会談を開く、②長沙で板垣・蔣会談を開き、停戦後、汪と重慶との合作を行う、③長沙で板垣・蔣会談を開き、並行して上海で蔣の代表と汪が会談する、④長沙で板垣・蔣会談を開き、次いで蔣と汪がそれぞれ代表を派遣して交渉し、その後に洞庭湖で三者会談を開く、の四案である。これに対して七月九日、重慶側は会談の期日は七月下旬、場所は長沙、板垣と蔣が停戦問題を協議し、蔣・汪会談についてはその後に話し合って決める、との回答を寄せた。重慶は②を選択したことになる。

総軍はこれを歓迎し、中国側の回答内容を覚書として作成し、相互に板垣・蔣の親書を提示して調印するよう鈴木に指示した。このときが総軍にとって桐工作のピークであったと言えよう。七月一六日、宋子良は、覚書の了承を得るのに時間がかかるので、会談開催は八月上旬に延期しなければならないと主張し、板垣を迎えるために重慶から要人を漢口に派遣する案も考慮されようと述べた。日本側が板垣の安全確保を懸念して長沙での会談に消極的であることに配慮を示したのである。日本側はこの提案を重視し、出迎えの要人が張群や何応欽であることを望んだ。一方、東京の参謀本部は長沙会談での安全を保障するため局地的停戦を望ましいとして、第八課の門松正一(少佐)を南京に派遣して説明させた(二八日)。

二一日、鈴木と総軍参謀の片山二良(少佐)は宋子良、章友三と相互に板垣・蔣の親書を提示し、二二日には覚書を交換した。日本側は長沙会談の安全確保のため、安全を保障する蔣の親書交付と局地的停戦を提案し、中国側は親書交付は不可能として拒否したが、局地的停戦については、二三日、区域をできるだけ制限することを条件として必要性を認めるに至った。長沙までの往復について日本側は空路と水路、両方の準備を要求したが、重慶側は空路を望んだ。鈴木は、漢口へ出迎えに来る要人の人名、空路・水路の準備、局地的停戦の三点について蔣政権の確答を求めた。

二九日、宋子良は重慶当局が長沙飛行場修理の命令を発したことを伝え、空路の準備しかしないことを示唆した。三一日と八月一日の連夜、重慶から戻ってきた章友三を交え、宋子良、鈴木の三者協議が行われた。漢口出迎え要人や長沙までの水路・空路の準備に関して、章友三が伝えた重慶側の回答は要領を得なかった。局地停戦については、日本側が正式協定の調印を要求したのに対し、紳士協定くらいでしか応じられないと回答した。さらに、七月二二日に第二次近衛内閣が発足していたので、重慶側は、第一次近衛内閣の「国民政府ヲ対手トセス」声明を打消す趣旨の何らかの宣言が必要であると主張した。また、板垣・蔣会談で汪・重慶合作問題には触れないことと、日本と汪政権との条約を解消することを約した板垣の覚書を提示するよう求めた。

八月四日、鈴木は、重慶側の申入れに対し、総軍からの指示に基づき、宋子良らに以下のように説明した。局地停戦協定を紳士協定とする場合は安全保障に関する蔣介石の親書を必要とする。長沙への連絡路は水路を断念してもよい。「対手トセス」声明を打消すことはできないが、板垣・蔣会談時に近衛首相の委任状を提示することはできる。日本と汪政権との条約は目下交渉中であり、成立していないものを解消することはできない、と。八日届いた重慶からの返答は、漢口への出迎えは日本側の要望に応じ張群とし、汪・重慶合作問題についても日本側の言い分を認めたが、近衛声明問題、局地停戦手続についてはは依然として頑なであった。一一日、重慶側は、①近衛声明の打消し要求は撤回するが、その代わり板垣が近衛の親書を提示する、②近衛声明の打消しに対する代償として重慶政権も声明を発表する、という二案を提示してきた。鈴木は、②を拒否して①を可とし、ただし近衛の親書と蔣の親書を同時に交換することを主張した。一三日、重慶側は近衛親書に対する返事として蔣の親書を手交するという案をもたらしたが、鈴木は、それでは日本側が和を乞うかたちになるとして受け容れなかった。停戦手続き問題も依然として平行線をたどった。

一七日、鈴木は南京で総軍首脳部に工作の経緯を説明し、一九日には参謀本部から出張してきた土橋情報部長、臼井第八課長を交えて協議がなされた。二一日、鈴木は土橋・臼井の帰国に同行し、連日、東条陸相を含む省部首脳、近衛首相、海軍側に経緯を説明した。そして近衛に親書を書いてもらい、それを携行して二八日香港に戻った。同日、鈴木は章友三と会い、三一日には重慶から戻った宋子良も交えて協議した。鈴木は、長沙では近衛と蔣の親書を同時に交換すること、局地停戦協定については、張群を出迎えに派遣するという趣旨の蔣の親書と、汪・重慶合作を停戦条件としないという趣旨の板垣の親書を相互に提示して澳門で交渉すること、を提案した。時日の余裕のないことを強調した鈴木の提案に、重慶側代表の二人は同意した。さらに、このとき鈴木は、近衛書簡の写しを手交し重慶政権の事前の同意を得ようとした。

ところが九月五日、蔣介石の意向として伝えられた回答は、近衛親書が「内容甚シク空疎ニシテ」傍観者的態度を示し、和平交渉を板垣個人のものとしか位置づけていない、と強い不満を表明するものであった。重慶側に理解を示してきた鈴木ですら、それは「難癖」としか思えなかった。彼もついに工作中止を進言せざるを得なかった。[21] 一二日、宋子良は、近衛親書には一言も触れず、満洲国問題と華北駐兵問題を蒸し返し日本側の譲歩を打診してきた。そして一七日、宋子良は鈴木と会い、重慶政権首脳が長沙会談に消極的である状況を説明した。鈴木からこの報告を受けた総軍は、一九日ついに工作打切りを決心した。二一日にも宋子良は鈴木に和平(停戦)条件の緩和を促したが、鈴木はこれに応じず、二七日南京で総軍首脳に工作の結末を報告した。一〇月一日、今井と鈴木は上京して陸軍省部首脳に工作打切りの経緯を説明し、八日に大本営陸軍部は大陸指第六七六号による総軍の工作に中止を指示するに至ったのである。

3 工作への期待と挫折

なぜ日本は、より正確に言えば陸軍は、これほどまでに桐工作に期待をかけたのだろうか。三月までの前半段階で期待をかけたのは、ある程度まで理解できるとして、それ以後の期待のかけ方は度を超していたと言うべきだろう。

たとえば総軍は、四月、汪政権指導に関して「新中央政府の第一任務は対重慶工作に在り」とし、五月には「新中央政府は先づ重慶を包括して行ふ事変解決の方略に即して之を育成活用」するとの方針を掲げている。[22] 秋までは汪政権と重慶政権との合流による事変解決を目指し、それが成功しなかった場合に、汪政権の承認に踏み切り「大持久戦」に入る、とされたのである。陸軍省部の方針も、「新中央政府に対しては…特に其謀略的機能を発揮して対重慶工作に努力を集中せしむ」と述べ、[23] 総軍とほぼ同じ方向を向いていた。

重慶政権を和平に応じさせるためには軍事的圧力を強めることも必要と考えられた。そこで注目されたのが宜昌作戦である。宜昌は六月一二日に陥落したが、当初の計画では一週間ほど確保した後、部隊は撤退することになっていた。ところが大本営は急遽、宜昌の占領を決定し、このため一旦撤退した部隊が反転し混乱するという一幕があった。大本営は、宜昌占領によって重慶政権に対する圧力を強めようとしたのである。[24] 作戦を担当した第一一軍は兵力不足の点から宜昌占領には消極的であったが、大本営と総軍からの指示を受け、やむなくそれに従った。[25]

陸軍がこれほどまで桐工作に期待した理由は、いくつか考えられる。一つは軍備充実計画である。陸軍の軍備充実計画はソ連を対象とし、支那事変前の一九三六年に策定されていたが、事変の長期化によって再検討を余儀なくされ、一九三八年秋、事変遂行中に対ソ開戦しなければならない場合を想定して新たな軍備充実計画がつくられた。しかし、そのための経費は、事変遂行に莫大な戦費を使っていることでもあり、陸軍が自前で捻出しなければならず、しかもノモンハンでの敗北によって対ソ軍備充実の必要性はますます高まっていた。もし桐工作の進展によって停戦・和平が成立すれば、中国の戦場から大半の派遣部隊を撤退させることが可能となり、軍備充実の経費捻出が容易になるはずであった。

第二の理由はヨーロッパ情勢の急変と南進への傾斜である。一九三九年秋に始まったヨーロッパの戦争は、独ソ両国によるポーランド分割の後、しばらくの間小康状態に入ったが、一九四〇年四月、ドイツ軍はノルウェー、デンマークに侵攻、さらに五月にはベルギー、オランダにも侵入、いずれも降伏に追い込んだ。同月二七日、イギリス軍がダンケルクから撤退、六月一〇日、ついにイタリアが参戦、一四日にはドイツ軍がパリに無血入城した。こうした急展開に応じるため、陸軍では南進の機運が高まり、事変処理を急ぐ動きが顕著となったのである。

そうした動きの核となっていたのは沢田参謀次長である。五月以来、沢田は、ドイツの勝利に協力するとともに、「支那事変は欧州戦争と其の運命を共にすべく…為し得れば南方作戦を敢行することが、支那事変を有利に解決する途にあらずや」と主張した[26]。当初、省部首脳で彼の主張に賛同する者は少なかったが、やがてヨーロッパ情勢の展開とともに同調者が急速に増えていった。陸軍は、ドイツとの同盟と武力南進に慎重な米内光政内閣を、陸相の単独辞職という手段で総辞職に追い込み、それと並行して、武力南進と独伊との結束強化を内容とする新しい国策の策定を進めた。その国策策定に深く関与していたのが臼井茂樹であり、そこでは桐工作による支那事変解決の展望が陸軍を武力南進策採用に傾斜させる要因として作用していたのである[27]。なお、この国策は、近衛内閣の成立後まもなく、「世界情勢の推移に伴ふ時局処理要綱」として決定されることになる。

第三に、交渉当事者の熱意も桐工作に対する期待を高めた理由に挙げられるだろう。前述したように鈴木や今井は、宋子良らが重慶政権内部の機微に触れる話を伝えたり、飛行機で何度も香港と重慶を往復したり、あるいは彼らの香港滞在が蔣介石夫人・宋美齢の香港来訪と時期的に一致し彼女との間に連絡があるように見えたりすることを重視した。彼らと交渉した臼井も、その「誠意」に強く印象づけられた。[28]

重慶側の誠意は、第一次予備会談で汪政権樹立の延期を求めてこないことに表れていると判断されたが、その後に延期要請がなされても、誠意に対する信頼は失われなかった。六月、鈴木は澳門での第二次予備会談終了時、中国側が最も苦慮しているのは、日本の条件を受け容れるうえで、いかにしてその面子を保持し、離反者を出さず、民心を繋ぎ止めるか、ということなので、日本側としては「彼ノ面子ヲ或程度保チ置クノ雅量ヲ示シ」てやることが必要である、と意見具申している。[29]

鈴木が、同じ言い分を繰り返す先方の誠意に疑念を示し、工作打切りの可能性に言及したのは七月下旬である。[30] それでも鈴木は、この工作が蔣介石に直結していることを疑わなかった。[31] その後も一時は、局地停戦協定のための澳門会談開催に望みがあるかのように観測するほどであった。[32] こうした熱意が、少なくとも七月あたりまでは総軍と陸軍省部の桐工作に対する期待を繋ぎ止めていたように思われる。今井は、鈴木ほど工作にのめり込んではいなかったが、五月の時点でも、巨頭会談(三者会談)にさえ持ち込めば大局的判断に立った巨頭間の妥協によって事変解決ができると考えていた。[33] こうした観測が、三つの基本問題に関する溝が埋まらなくても、巨頭会談に対する期待とこだわりを続けさせたのだろう。

だが、はたして巨頭会談が開かれたとして、停戦や和平が可能だったろうか。一九三九年末、新中央政権樹立を控え、汪兆銘グループと梅機関との間にいわゆる「内約」[34]が成立した。「内約」は約一年後、日本が汪政権を承認するときに調印した日華基本条約の基礎となったが、日本の膨大な権益要求を盛り込んだ「内約」の内容を、桐工作の停戦段階から次の和平段階に持ち出したならば、重慶との和平はあり得なかっただろう。一九四〇年一月、鈴木と宋子良との接触が始まった頃、高宗武と陶希聖が汪兆銘グループから離脱して香港の『大公報』紙上に「内約」を暴露した。日本側は、暴露された「内約」は交渉途中の一案にすぎないと説明して、このときは何とか事なきを得たが、重慶側が納得したかどうか、さだかではない。

その後、工作が進捗した段階でも、海軍は海南島の軍事的利用を認めさせるよう主張し、板垣総軍参謀長は満洲国の正式承認について頑なであった[35]。東京の陸軍首脳には、従来からの蔣下野要求を下ろすべきではないとの声もあった[36]。六月下旬、沢田参謀次長は、満洲国承認問題も駐兵問題も停戦条件としないことについて畑陸相の了解を得[37]、南京に飛んだが、これを総軍が受け容れたかどうかは判然としない。いずれにしても、停戦会談・和平会談で「内約」が日本側をどれほど拘束するかが問題となっただろう。

むすびにかえて

冒頭にも述べたように、桐工作には重慶側の諜報機関が絡んでいた。だが、諜報機関が介在していたがゆえに、これが和平工作として考察するに値しないとは言えないだろう。軍統のボス戴笠は蔣介石の側近であったから、日本側の工作当事者が観察していたように、このルートが蔣介石あるいは重慶政権中枢に直結していた公算はかなり高い。

むろんこれが汪政権の発足を遅らせ、さらには日本による汪政権承認を牽制する謀略であった可能性も高い。だが、実は日本側も少なくとも当初は桐工作を謀略と位置づけていたのである。一九四〇年二月、大本営陸軍部は総軍に対し香港予備会談を「謀略」として実施するよう指示していた[38]。そして実際に、日本側の工作当事者も陸軍の情報・謀略関係者が多かった。臼井が課長を務める参謀本部第八課は通称「謀略課」で、謀略・宣伝を担当していた。今井も総軍で情報・謀略を担当する第二課長、阪田はその工作員であった。

陸軍が桐工作を総軍の「謀略」と位置づけていたことには、それなりの理由が考えられる。まず、当時日本の公式方針は汪工作の推進による事変処理にあった。もし桐工作を「和平」工作とすれば、既定方針に矛盾するものであるとして強い抵抗を受けただろう。桐工作はあくまで重慶「屈服」あるいは「包括」のための工作でなければならなかった。次に、陸軍の一部は海軍やその他の勢力が権益要求に傾きがちであると見なしていた。したがって、それらが工作に関与してくることを排除するために、これを「謀略」と位置づけた。「謀略」であれば、総軍がもっぱら担当すべき事項と主張できたからである。さらに、やはりこれが重慶側の謀略かもしれないとの疑念を完全に拭い去ることはできなかったという事情も関わっていただろう。それゆえ、謀略には謀略をもって対抗し、少なくとも重慶側の重要な情報を入手しようとの思惑も含まれていた、と見ることができる。事実、桐工作を打切ったとき、多分に負け惜しみの嫌いはあったが、総軍はこれが「謀略」として一定の成果を挙げたと総括したのである[39]。

重慶側の真意はどうだったのだろうか。蔣介石は、この時点で日本との和平を試みたということは、当然ながら認めていない。(40) しかし、当時の重慶政権が置かれていた立場を考えてみると、特に国際情勢が不利な方向に進んでいたという事実が浮かび上がってくる。ヨーロッパでの大戦の勃発は、英仏等のいわゆる援蔣諸国が東アジアへの介入能力を失うことを意味した。ドイツ軍による西ヨーロッパ席捲も、重慶政権にとって不利な情勢の展開であった。一九四〇年六月、フランスは日本からの仏印国境援蔣物資禁絶監視団を受け容れ、七月イギリスもビルマ援蔣ルートの三ヵ月閉鎖を表明した。これに加えて、宣昌占領が重慶に強い圧迫感を与えた。(41) こうした状況下で、重慶政権の中に条件次第では対日和平の可能性を探ろうという動きが出たとしても、不思議ではなかったろう。蔣介石は否定的であったかもしれない。しかし、その側近が本気で対日和平の可能性を探ろうとし、蔣介石がそれを「謀略」の一部として黙認していたということもあり得よう。

現在、『蔣介石日記』がスタンフォード大学で公開されている。そこに、桐工作についてどのような記述があるのか、きわめて興味深いものがある。また、日本側の当事者のうち、臼井と鈴木が大東亜戦争で戦死し回想を残していないためもあって、桐工作の研究は、もう一人の直接当事者である今井の回想録に頼るところが大きいのだが、先頃、彼の遺族によって日記を含むその関係文書が国会図書館に寄贈された。これを詳細に分析すれば、桐工作の不明部分が明らかになるかもしれない。(42) いずれにせよ、桐工作がたとえ謀略であっても、この工作の全貌解明によって、当時の日中双方の相互認識や政策の本質的部分が抉り出されることは疑いない。

第15章 対中和平工作 一九四二〜四五年

はじめに

大東亜戦争（太平洋戦争）中その末期に至るまで、日本が連合国に対して和平を求めなかったことはよく知られている。しかし実はこれには一ヵ国だけ例外がある。つまり、中国（重慶政権）に対してだけは、日本はかなり早い時期から単独和平を試みていたのである。

なぜ、中国に対してだけ単独和平が試みられたのであろうか。いったい日本はいかなるねらいと、どのような根拠に基づいて対中和平を試みたのか。対中和平はどのような構想のもとに、いかなる方策が検討されたのか。また、実際にどのような工作が実施されたのか。大東亜戦争中のもっとも有名な対中和平工作はいわゆる繆斌工作だが、この工作は日本の首脳部に深い亀裂を生ぜしめたことでもよく知られている。いったいこの対立の本質はどこにあったのか。対中和平のあり方に関して基本的な対立があったのだろうか。

本稿では、以上のような観点から、大東亜戦争中の対中和平工作の構想と実践の推移を追跡してみることにする。

1 諜報路線の設定

開戦当初の対中和平工作は重慶屈服方策の一環として構想された。開戦前の戦争終結構想[1]では、イギリスと重慶政権を屈服させてアメリカの継戦意志を喪失させるとの方針が謳われたが、開戦後しばらくの間軍事行動の重点は南方作戦に置かれたため、重慶政権屈服のためには軍事的措置よりも政治的・外交的措置に頼らざるを得なかった。開戦直後の方針[2]によれば、まず対重慶諜報路線を設定して重慶側の動向を探り、その動揺を察知した場合に適時諜報工作を屈服工作に転移させることが構想されている。当面情報収集に限定すべき重慶工作は陸軍が担当し、南京の汪兆銘政権や、香港占領と上海租界の接収によって「獲得」した中国要人を活用することが基本方針とされた。なお、諜報工作では「屈伏条件等ニハ一切触レサルモノトス」と釘をさされたが、この文意からすれば、諜報工作に続く屈服工作とは要するに屈服を目指す和平工作にほかならなかった。

しかしながら、緒戦の華々しい勝利にもかかわらず、こうした諜報工作を屈服工作に転移させる機会は生まれなかった。転移させようとする努力も乏しかったようである。むろん緒戦の勝利を重慶工作に連動させようとする発想がなかったわけではない。たとえば四二年三月、大本営政府連絡会議で東郷外相は、重慶に対して諜報路線の設定だけでなく、軍事的・外交的に何か手を打つ必要があるのではないかと指摘している。しかし、重慶攻略作戦は軍事的に当分無理であり、外交的な働きかけも

「却テ先方ヲツケ上ラセ解決ヲ遷延スル」だけであろう、というのが連絡会議の大勢であった。(3) 戦局の不利な展開にもかかわらず重慶政権は連合国の最後の勝利を信じており、抗戦意志を放棄するには至っていないと判断されたのである。(4) 当面重慶工作を情報収集に限定するという開戦直後の方針に変更は認められなかった。(5)

現地でも、南京政権財政部長の周仏海や最高軍事顧問の影佐禎昭は、蔣介石には対日和平の意思がないという判断で一致していた。(6) したがって南京政権の重慶工作も諜報路線の設定以上には出ようとしなかった。同年七月の参謀本部情報部長の報告によれば、(7) 諜報路線の設定ですら陸軍（支那派遣軍）の工作は遅々として進まず、まして重慶が和を求めてくる可能性は米英が屈服でもしない限り皆無に近いと見なされた。たとえ重慶内部に和平論が出てきたように見えても、それは米英を威嚇して援助増大を引き出そうとしたものにすぎないと判断されたのである。

重慶屈服を図るためには、重慶工作を諜報路線の設定以上に積極化させながら、他方では重慶に対する軍事的圧力を強化する必要があると考えられた。そして南方作戦が一段落した後、重慶進攻作戦の構想が持ち上がり、九月ようやく大本営は支那派遣軍に作戦準備を命じた。ところがガダルカナルの戦局悪化により、一二月には重慶作戦中止が決定されてしまう。重慶屈服のために政治工作を開始すべき機会はほとんど見出せなかったのである。

2 「対支新政策」

大東亜戦争開戦後、日中関係における最初の大きな出来事と見なされるのは、四三年一月に南京政権が米英に宣戦を布告し、これに応じて日本が治外法権撤廃・租界返還を表明したことである。これは前年一二月の御前会議決定[8]を受けて実施に移されたものだが、この決定には南京政権の参戦要望だけでなく、別の要因も絡んでいた。それは駐華大使重光葵の提唱した「対支新政策」である。重光は、日本が南京政権の自主性を尊重してその内政に一切干渉せず真の対等関係を築かなければ、中国問題を解決することはできないと主張した。[9]治外法権撤廃や租界返還など不平等条約の解消は真の対等関係構築への重要な第一歩であった。

さらに重光の回想によれば、この「対支新政策」は重慶政権との和平、そして連合国との全面和平にも連動してゆくものと構想されていた。すなわち、新政策が実行されれば、重慶が日本と戦う理由はなくなり、蔣介石と汪兆銘との妥協の道が開かれ、ひいては日本と重慶との和平の可能性も生まれる。また日本の新政策が米英の主張するところとそれほど違わないことが理解されるようになれば、重慶だけでなく米英との妥協の余地も出てくるであろう。つまり「新政策は、一般平和恢復のため、内外に対する基礎工作でもあった」というわけである。[10]

従来の対中政策を抜本的に修正して南京政権との関係を本来のあるべき姿にすることがいずれは重慶との和平にもつながってゆく、という発想は参謀本部の中にも見られた。特に重慶進攻作戦が断念されたあたりから、軍事的圧力ではなく、そうした「政略施策」の必要性があらためて痛感されていた。[11] しかも、大本営政府連絡会議で杉山参謀総長が述べたように、戦局が悪化しつつある状況においては、何とか日中間に和平を実現して中国に駐留する兵力を他の戦場に転用し得る「弾撥力」を持ちたいとの事情もあった。[12]

ところが、先に触れた一九四二年一二月の御前会議決定は、「新政策」による南京政権の政治力強化と「重慶抗日ノ根拠名目ノ覆滅」を謳いながら、実は重慶に対する和平工作を当面否定していたのである。ただし、情勢の変化があれば和平工作もあり得ると付言されているので、結局は重慶工作について従来の方針に実質的な変化はなかったということになろう。新政策の掛け声にもかかわらず和平に関する方針が変わらなかったのは、重慶政権が依然として抗戦意志を放棄していないと判断されたことに大きな理由があった。[13]

たしかに、この御前会議決定に至る案文の中には和平への積極性を示したものが存在する。[14] しかし、いかに和平を期待しようとも、相手側に応じる気配がないのでは手の打ちようがなかった。やはり当面は南京政権との対等関係構築の実績を示し、戦局の好転と相俟って重慶側の姿勢の変化を待つほかなかったのである。大本営政府連絡会議で陸軍省軍務局長の佐藤賢了は、重慶工作について「現情勢下ニ於テハヤラヌガ好条件ガ揃ツタラヤル意志ナリ」と述べ、「但シ現在ノ情勢デハ到底重慶側カラヤツテ来ルト言フガ如キコト無シト考ヘアリ」と説明せざるを得なかった。[15]

重慶政権の抗戦意志に大きな変化は見られないという判断はしばらくの間変えようがなかった。[16] しかし、重光の外相就任(四三年四月)前後、「対支新政策」が重慶にも効果を及ぼしているのではないかとの観測がようやく強まってくる。[17] 五月下旬、新政策の徹底を図るべく日華基本条約を改訂するとの方針が審議されたとき、大本営政府連絡会議では重慶工作の是非があらためて論議された。[18] だが結局はこのときも、重慶政権内の傍系分子に対する切り崩し工作ならともかく、和平を目指す重慶「政治」工作成功の可能性は低いと判定され、過早に工作に着手すると「我弱体ヲ露呈スルニ等シキ結果ヲ招来スルコトナシトセス」と結論づけられたのである。[19]

ただし、審議の過程で重光外相や東条首相が、重慶政治工作は成功の可能性が出てきたら実施するのではなく、「情勢ノ推移」に応じ機会をとらえて実施すべきである、と主張しているのは注目に値する。香港に対する処置（中国に返還するかどうか）を決めないのも、これを重慶政治工作の「最後ノ切札」とするためだと論じられた。[20] こうした点で、重慶との和平に従来よりも積極的な姿勢が見られたことは疑いない。また、重慶工作がもはや「屈服」工作ではなく「政治」工作と表現されていることも注目されよう。戦局の悪化により、一方的に条件を押しつけて重慶を戦線から脱落させることが可能な状況ではなくなったのである。結局このときの最終決定では、前年一二月の御前会議決定を踏襲しながら、「機ヲ見テ」南京政権に重慶政治工作を実施させるよう指導することが方針に付加され、政治工作開始の時機としては敵の反攻撃破、独ソ戦でのドイツの勝利、「対支新政策」の具現化による重慶政権の動揺などが想定された。[21]

やがてその四ヵ月後の四三年九月、南京政権に重慶政治工作を開始させるとの方針がようやく決定されるに至る。[22] この方針転換の契機が何であったのか、必ずしも判然とはしない。先に政治工作開始の時機として想定された状況が現実化したわけでもない。おそらくは戦況の悪化とイタリアの戦線離脱など枢軸陣営の弱体化に原因があったのではないかと思われる。この方針決定の前に開かれた関係各省主任者の会合では、当面情勢が日本に有利になる見込みはないが、他方もはや和平を口にすると弱みを見せることになると懸念する時期でもないので、今こそ重慶政治工作を断行すべきだ、との声が聞かれた。[23] 状況の好転ではなく、その悪化が政治工作（和平工作）開始の契機となったのである。

重慶との和平を考慮するにあたって、日本が重慶に要求するのは主として在中国米英軍の武装解除もしくは国外退去であった。[24] これに対して日本としては、当時審議中であった日華基本条約の改訂の趣旨、特に中国からの撤兵と駐兵権の放棄、特殊地帯の廃止を交換条件とするとの構想が立てられた。[25]「対支新政策」を反映した和平条件は注目されるが、対米英戦遂行のための負担軽減あるいは「弾撥力」保持にねらいがあったことは否定できない。

重慶政治工作開始をめぐって何ら問題が生じなかったわけではない。まず、南京政権に不安や動揺を与えるのではないかとの懸念があった。ただし、これは来日した汪兆銘の了解を得ることができ、大した問題とはならなかった。次に、条約改訂と重慶工作との関係をどのように位置づけるかについて論争があった。重光外相は「正攻法」を主張した。つまり、南京政権とは同盟条約を締結すべきであり、これを重慶との取引に使うなどという姑息なことは考えず、日本の根本的政策を世界に公示したうえで南京政権から重慶政権に和平を提議させる、というのが重光の構想であった。[26] 重光にあっては、重慶工作の前に「新政策」の具現化が優先されねばならなかったのである。これに対して大東亜相の青木一男は、連合国に敵対する同盟条約とすれば連合国の一員である重慶との工作に支障が出ると論じ、基本条約の改訂にとどめるべきだと主張した。[27] そこには重慶工作優先の発想があったと見るべきであろう。結局、条約改訂問題は同盟条約の締結に落ち着いたが、そこに至る対立のため、重慶工作の指導は外相や大東亜相ではなく、当分の間首相が行うことになった。[28]

最後に、重慶工作の成功の見通しについての疑問があった。実は見通しは依然として暗かったのである。重慶政権内の蔣介石の地位は強固で抗戦意志も衰えていないと判断され、[29]戦局が好転した場合にのみ「条件ノ如何ニ依リテハ和平実現ノ可能性ナシトセス」とされたにすぎなかった。[30]日本は戦局を好転させるために対中和平を実現し他の戦場への兵力転用をもくろんだ。しかし他方、戦局が好転しなければ和平実現の可能性はないと見なされた。このディレンマは容易に解消できなかったのである。

3　重慶政治工作の展開

首相の指導のもとで南京政権に重慶政治工作を実施させるという方針は、その後約一年間、小磯内閣が登場して重慶工作の再検討を行うまで変わらなかった。ではその間、実際にどのような重慶工作が実施されたのであろうか。

まず、陸軍の工作から見てみよう。重慶工作開始に関する四三年九月の決定を受け、陸軍は作戦課報以外の対重慶諜報工作を廃止し、支那派遣軍が南京政権の重慶工作に関与することを禁じた。[31]したがって支那派遣軍の重慶工作は建前上あり得なかった。かねて北支那方面軍司令官岡村寧次の依頼により殷同（華北政務委員会常務委員）が始めた工作は、重慶の王大楨なる人物と連絡がとれ、四二年九月この連絡ルートにより重慶から何沛石が北京の岡村を訪れ、殷同邸内に重慶と連絡する無電施設を設けるに至ったが、同年末に殷同が死去し、その後同僚の汪時璟によって終戦時まで保持された連絡も、情報収集以上に発展することはなかった。[32]

期待されたのは、やはり南京政権要人による重慶工作であった。その中に主席汪兆銘が間接的に関与した工作がある。汪の来日時（四三年九月）の説明によれば、[33]彼が情報収集のため部下を澳門に派遣していたところ、馮祝萬（李済深の参謀長）との接触に成功し、同年九月これに基づいて南京側から汪夫人陳璧君と褚民誼外交部長が、重慶側の連絡者として香港から孫科の母（孫文の前夫人）盧慕貞が澳門に集まり和平に関する協議がなされた。協議の場では和平の意図を表明した孫科の電報が示され、さらにその電報は重慶からの代表者の派遣を述べていた。実際に重慶からは蕭萱（監察院監察委員）が出発したが、途中で引き返してしまったという。

この工作の概要は汪訪日の直前に東京に報告されており、重慶政治工作や日華同盟条約をめぐる論議に微妙な影響を与えていた。[34]しかしやがて汪は工作の不成功を示唆し、[35]実際この工作はその後何ら進展を見せず立ち消えとなったのである。周仏海によれば、軍統副局長の戴笠が孫科の暗号電報を使って馮に和平条件を探るよう指示していたのだという。[36]

周仏海が保持していた重慶との連絡も依然として情報収集以上には発展しなかった。『周仏海日記』から開戦以来彼が連絡ルートとして用いてきた人物を拾えば、李北濤（交通銀行秘書）、張子羽（第三戦区司令長官顧祝同の駐上海代表）、陳宝驊（国民党中央執行委員会調査統計局〈中統〉駐上海事務所主任）、程克祥（国民政府軍事委員会調査統計局〈軍統〉要員）、彭壽（軍統要員）、劉百川（軍統要員）、呉開先（国民党上海工作統一委員会常務委員）、徐采丞（杜月笙の上海駐在代表）、葛敬恩（元青島市長・参謀次長）などがおり、重慶側の諜報関係者が大半を占めている。[37] 周仏海は重慶の軍統本部および第三戦区（浙江・福建等を担当）司令部と連絡する二つの無電台を持っていたという。[38]

しかしながら、このように重慶との間に多数の連絡チャネルを有する南京政権が重慶工作を担当するようになっても、結局のところその実績はきわめて乏しかったのである。一方戦局は悪化の一途をたどっていた。四三年九月末の御前会議で定められた絶対国防圏は四四年六月のサイパン失陥により破綻し、ヨーロッパでも連合軍のノルマンジー上陸によって枢軸国側の不利がいよいよ明らかとなった。カイロ会談（四三年一一月）に出席した蔣介石はますます連合国側の勝利を確信したかのようであった。

こうしたなかで四四年七月に発足した小磯内閣では重慶工作についての見直しがなされ、まず、重慶工作は南京政権を通じて実施するものとし他の系統の工作は一切禁止するとの従来の方針が確認されたが、[39] その後具体的方策をめぐって外務省案、大東亜省案、総理私案が提出され論議が重ねられた。[40]

このうち特に注目されるのは大東亜省案と総理私案である。大東亜省案は、「支那問題解決ノ根本ハ飽ク迄対華新政策ノ根本精神ノ徹底具現ニアリ」とし、その徹底具現こそ対重慶政治施策にほかならず、新政策の強力推進によって重慶を和平に誘導すべきであると論じ、和平条件は日華同盟条約の内容に準じたものとすべきことを主張している。大東亜省案は重光外相兼大東亜相の見解を反映したものであろう。「新政策」の意義の強調にそれが端的に示されている。しかも大東亜省案は重慶工作の実施に慎重さを訴え、特に反共を基調とした工作では米英に日ソ離間の材料を提供してしまう、と当時並行して審議されていた対ソ工作への影響を指摘した。

一方総理私案は、重慶工作が進捗したならば日中合作の「太平洋憲章」なるものを蔣介石から米英に提唱させ、米英がこれを聞き入れた場合は日中米英間に交渉を開始し、聞き入れない場合は蔣を米英側から離脱させる、という構想を表明している。これは、日中和平が連合国との全面和平に連動し得る可能性を初めて明示したものであった。なおこの案では、工作が最高潮に達する時機を「我ヵ陸海軍ノ太平洋決戦ニ於ケル戦果挙レル」直後に設定しており、これはまもなく小磯首相がレイテ決戦を呼号したこととの関連を思わせる。

結局、九月初旬の最高戦争指導会議（大本営政府連絡会議の後身）で決定された方針[41]は、直接交渉の機会をつくるために南京政権から重慶に適任者を派遣させることを当面の目標とし、和平条件としては、中国の好意的中立、蔣介石の南京帰還（統一政府の樹立）、日華同盟条約の廃棄、完全撤兵、満洲国の現状維持、香港の譲渡、南方権益の提供などを列挙した。この和平条件は外務省案からやや後退してはいたが、以前のものと比べればかなり譲歩が目立つ。中国からの米英軍の撤退が望ましいとしても、当面は中国の好意的中立で満足するとし、蔣介石が南京政権を事実上吸収した統一政府をつくることを認めていた。

ただし天皇はこの方針に不満だったようである[42]。おそらくその不満は、南京政権ないし汪兆銘個人に対する信義の問題に関係していたのではないかと思われる。締結したばかりの日華同盟条約を簡単に廃棄してしまうことは、蔣介石による統一政府樹立承認と並んで、南京政権に対する背信につながりかねないと懸念されたのであろう。したがって、南京政権に工作実施の意思があるかどうかがまず問題であった。さらに、そもそも重慶工作に成功の成算があるのかどうかも疑問であった。この頃の情勢判断[43]によれば、戦局の推移、米英ソの動向、日本の態度如何によっては重慶政権の政策転換の可能性もあり、特に日本が完敗すれば米英の対中圧迫が強まることを蔣介石は恐れるだろう、と観測されたが、現状は依然として重慶の抗戦意識が強いことに変わりはなかった。事実、陸軍次官の柴山兼四郎が南京に赴き日本の方針を説明したとき、工作の見通しを尋ねられた周仏海は、きわめて困難だが努力はしてみると答えるにとどまった[44]。やがて南京政権最高軍事顧問の矢崎勘十は、南京政権の重慶工作は当面成功の見込みがなく今後は中立国を利用して重慶との接触をはかる以外に方法がない、と報告することになるのである[45]。

実は中立国を利用する工作もかねてから検討されてはいた。前述したように小磯内閣は重慶工作と並行して対ソ工作についても協議を重ねていたが、この対ソ工作には、ソ連を介して重慶に和平を促すというねらいも込められていたのである。特に陸軍は対ソ工作に積極的で、ソ連の仲介によって重慶政権との和平あるいは少なくとも延安政権との停戦を実現することを望み、その場合は重慶の支配地域をソ連の勢力圏とし日本の占領地域は日ソ勢力の混淆地域とするとの譲歩案さえ示した[46]。これと並行して現地軍に対しては、延安を重慶に対抗する地方政権として扱い、宣伝工作等によってその対日抗戦目的の解消に努めよとの指示が送られた[47]。重慶工作をめぐる論議でも、ソ連や延安への接近を重慶工作のための牽制として利用することが示唆され、最終決定にはソ連仲介への期待が明記された。

しかしながら、結局、対ソ工作は日本側が申し入れた特使派遣をソ連側が拒否したことにより頓挫し、延安への接近も進展しなかった。かくして南京政権を通じる工作も中立国を通じる工作も当面成果を挙げることはできなかったのである。繆斌工作が浮上してくるのはこうした時期であった。

4 繆斌工作

繆斌工作[48]は、四四年七月、上海在住の元朝日新聞記者田村真作が一時帰国し、小磯内閣に情報局総裁として入閣した元上司の緒方竹虎に、繆斌（南京政権考試院副院長）を通じる重慶工作の推進を訴えたことから始まる。田村はかねて東亜連盟運動の関係で繆と親交があり、繆の保持しているルートが重慶工作として最も有望であることを緒方に説いた。緒方は繆を東京に招致するため支那派遣軍に便宜供与を依頼したが、現地軍の反応は鈍かった。

一方、小磯首相は組閣時点から対ソ工作と重慶工作に積極的であり、宇垣一成に中国大使就任を要請したが、宇垣はこれを断り、私人として九月下旬から約一ヵ月現地中国を視察した。彼の視察報告は重慶工作にまだ可能性ありとするものだったようだが[49]、視察に同行した渡辺渡（陸軍少将）はその報告の中で対中政策の転換を訴え、南京政権の解消もしくは根本的改造を提唱した[50]。同じ頃、繆斌の上司の江亢虎考試院長が来日し、重慶工作には陳公博や周仏海など南京政権首脳以外の関与は禁じられており、首脳はいずれも重慶との和平に熱意がないが、繆の対重慶ルートは有望であることを伝え、和平を実現するには南京政権要人がすべて身を引き無条件で政府を重慶側に譲ることが必要だと主張した[51]。

繆斌の対重慶ルートについて緒方から報告を受け、また江亢虎からもそのルートの存在を聞いた小磯は、やがて自らこの工作の可能性を確認すべく、年末に士官学校同期の山県初男を現地に派遣する。

小磯にとって、当初期待をかけた対ソ工作がうまくゆかず、その分重慶工作へ寄せる期待が高まっていた。レイテ決戦に敗れ太平洋戦場での敗色濃厚となったことも、重慶工作を急がせる要因となったであろう。他方、この頃いわゆる大陸打通作戦が一応の成功裡に終了したことは、重慶に和平を考慮させる圧力として作用するのではないかとの希望的観測を生んだかもしれない。

上海で繆斌と接触した山県は、両者の間で協議した和平案を持って四五年二月帰国した。その和平案は、南京政権を即時解消して重慶側が留守府を南京に設置し、留守府は日本の中国撤兵を実行させるとともに米英に全面和平を提唱する、という点にポイントがあった。山県の報告を受けた小磯は早速繆斌の東京招致を決意したが、繆が希望した無電技師を含む数名の訪日は現地軍の反対により実現せず、三月中旬ようやく繆は一人で空路来日した。繆は緒方の案内で防衛総司令官の東久邇宮や小磯首相と会見し自らの和平構想を説明した。

繆斌の説明に基づき緒方が作成した和平案が最高戦争指導会議に提出されたのは三月二一日である。[52]しかし、この会議では重光外相が繆斌工作に強硬に反対し、杉山陸相、米内海相、梅津参謀総長も反対意見を述べ、議事は中断してしまった。その後、緒方は米内海相や柴山陸軍次官に説得を試みたが、彼らを翻意させることはできなかった。米軍が沖縄に上陸した翌日の四月二日、小磯は天皇への上奏の中で繆斌工作の経緯を報告し、工作推進の意向を表明した。天皇はこれに消極的な意見を示唆し、その後木戸内大臣の助言を得て陸海外三相に説明を求めたところ、いずれも繆斌工作には反対であることが確認された。かくして天皇は四月四日小磯に繆斌を帰国させよと言明し、翌日小磯内閣は総辞職して繆斌工作も打ち切られることになったのである。

以上が繆斌工作の概略であるが、ここで工作の細部についてまで検討することはできないので、その主たる問題点だけを再検討して、この工作の特徴をとらえてみよう。

まず手続きの問題がある。本来重慶工作は首相が外相等と連絡のうえで指導し南京政権を通じて実施するものとされてきた。[53] しかし繆斌工作は、南京政権を通さずになされた。たしかに、南京政権が真剣に重慶工作に取り組むかどうかについてはかなりの懐疑論があり、[54]「南京政権を通じて」という文言を重慶工作に関する方針から削除しようとの動きもあった。[55] だが結局方針は変更されず、小磯はこの方針を棚上げにして南京政権を介在させずに重慶工作を推進しようとし、最高戦争指導会議のメンバーの不信をかったのである。なお、小磯は重慶工作推進のため、重光の大東亜相兼任をはずして専任の大臣を任命しようと画策したことがあり、これも重光の不信を強めていた。

次に繆斌の和平仲介者としての資格の問題がある。重光らは繆の経歴から見て人格に問題があるとし、「重慶の廻し者」であり「和平ブローカー」だから信用できないと主張した。事実、繆の経歴には不審の点が少なくなかった。かつて彼は国民党中央委員であったが失脚し、支那事変勃発後は三民主義に対抗する新民会の幹部となり、南京政権が発足するとその立法院副院長に転じ、重慶との連絡が発覚したため考試院副院長に左遷されていたのである。ただし、彼の人格をいくら議論しても決着はつかない。問題はむしろ、彼と重慶とを結ぶルートがどのような性格のものであったか、ということであろう。

繆斌自身は何応欽を通じて蔣介石と連絡があると主張したが、[56] 実際に彼が接触していたのは軍統のルートで、陳長風(顧敦吉)なる軍統幹部が直接彼に指示を与えていたという。繆斌工作の反対者は繆が軍統とつながっているがゆえに「重慶の廻し者」であると批判したのに対し、工作関係者からすれば、軍統のルートは蔣介石の側近である副局長戴笠に直結していたがゆえに本物であったとされる。しかし、ここで想起すべきは、汪兆銘がかつて関与した工作にも戴笠が関係していた形跡があり、周仏海のもとにも数人の軍統要員が出入りしていたことである。つまり、南京政権には何本もの軍統ルートが食い込んでおり、繆斌のルートを特別視する理由はないことになろう。周仏海は、繆自身が重慶を代表することができると語ったとき、無知にもほどがあるとしてその後の接触を絶った[57]。軍統との接触を絶やさなかった周仏海からすれば、繆斌クラスの人物が重慶を代表して交渉できるとはとても考えられなかったのである。

さて、繆斌工作に関して重光が最も強く反対したのは南京政権即時解消・留守府設置という条件であった。その反対の論拠は、これが日本側の一方的譲歩に終わり重慶側が約束を果たす保障がないという点にあったが、実はこの反対には南京政権に対する信義の問題も絡んでいたのである。重光は、「繆斌の策動に乗せらるれば、日本は南京政府の取消しや撤兵を直に着手せねばならぬ。国際信誼も大義名分も敵の謀略に依つて二つ乍ら失はれてしまう。記者(重光)が勅旨を奉じて対支新政策以来樹てて来た信誼を基とする大義外交は崩壊するのであつて、日本の履み又は履み行くべき大道は全く顚(覆)へされる次第である[58]」と述べている。前年九月の重慶工作に関する協議のときも、大東亜省(重光)案だけは他の案文のように日華同盟条約の廃棄を謳わなかった。むろん重光としても、和平達成の場合に南京政権が事実上解消されるか重慶政権に吸収されることが不可避であることはよく承知していたであろう。しかし、それは南京政権の納得づくでなされるべきであって、日本が正式承認しただけでなく同盟を結び「新政策」で対等の関係を築いてきたはずの南京政権をないがしろにして、日本の都合だけでその解消を進めるのは国際信義に反すると見なされたのである。南京政権を通じて重慶工作を実施するという手続きに彼が固執したことにも、こうした信義と大義名分が絡んでいたと言えよう。信義にこだわったのは重光だけではない。天皇や木戸内大臣、そして米内海相もそうであったように思われる。

これに対して小磯や緒方にとっては和平達成が最優先課題であって、それに比べれば信義も大義名分もあくまで二義的でしかなかった。しかも彼らは従来から南京政権を重視せず、しばしばその存在を有害無益なものとさえ考えていた。「不幸にして愚にもつかぬ汪精衛政権工作は日華問題を底知らぬ泥沼に突落した」[59]という緒方の言葉に、そうした見方がよく示されていよう。そして、汪兆銘の死去(四四年一一月)により、少なくとも汪個人に対する信義の問題は軽減されたと彼らは判断したのであろう。さらに、和平実現のためには南京政権の解消が必要であると論じた江亢虎や渡辺渡の主張もあった。緒方は、「太平洋戦争は謂はば日華事変の延長である。従つて和平は先づ日華の間を調整することから始むべき」である、と考えていたという。[60]小磯もおそらく同じであったろう。前年九月の総理私案には、日中和平から連合国との全面和平へ、というシナリオが描かれていた。繆斌がもたらした和平案はこのシナリオに合致したのである。

ところで、本来は重光も日中和平から連合国との全面和平への展開を期待していた一人であった。そもそも彼の「対支新政策」には、そうしたねらいも込められていたはずである。はたして、その構想はどうなったのだろうか。おそらく彼は、この時点では重慶との和平を半ば断念していたのではないかと思われる。カイロ宣言以後、蔣介石には米英の意向に反して対日和平を図る意志も力もなく、ましてや日本と連合国との間を仲介して無条件降伏以外の和平を達成する能力はなかった、と重光は戦後に回想している。[61]前年九月の大東亜省案も重慶工作の実施に関して慎重さを説いていた。しかも重光は、全面和平の時期はドイツが敗北して単独不講和の約束が消滅した後だと考えていた。[62]この点では彼はどこまでも「信義」を重んじる人であった。いずれにせよ、重光は既に重慶工作にあまり多くを期待していなかったのである。

では、繆斌工作とは重慶側にとってどれほどの意味を持っていたのだろうか。戦後繆斌は戴笠が飛行機事故で死去した直後に漢奸として処刑されたがゆえに、庇護者がいなくなり口封じのために処刑されたのだと言われる。しかし、口封じは和平工作が本物であったことを隠すためとばかりは言えない。戴笠および軍統は対日情報収集または攪乱工作を実施し、それを繆斌は和平工作と信じて戦後の裁判でも戴笠との関係を公言したために、それが蔣介石政権にとっては都合が悪く口を封じられたとも解釈できるからである。仮に戴笠が本気で対日和平工作を行ったとしても、また蔣介石がそれを黙認していたとしても、問題ははたして蔣が米英の意に反してまで対日単独講和に踏み切る意思を持っていたかどうかであろう。当時の重慶工作は、蔣介石政権がアメリカにこれ以上干渉されることを嫌い、あるいは共産勢力の増大を防止するために日本との早期講和を望んでいる、との観測に基づいていたが、たとえそうした事情が重慶側にあったとしても、それが対日単独講和の強力な動機となり得たかどうかは疑問であろう。

5　その後の重慶工作

最後に、繆斌工作と並行して、あるいはその後に実施された重慶工作に簡単に触れておこう。

四四年九月柴山陸軍次官から重慶への密使派遣を要請された周仏海は、李思浩（新聞報社長・上海市市政諮詢委員会主席）の息子と劉百川を派遣した。しかしこの動きから成果は生まれなかった。[63] また、周は陳公博と協議して朱文雄（重慶政権鉄道部長張公権の娘婿）を重慶に派遣したが、これも成果はなかった。[64] そのほか周は彼の日記によれば、張子羽、徐明誠（重慶政権軍令部東南弁事処主任として第三戦区司令部に駐在）、唐生明（唐生智の弟、南京側に偽装投降した軍統要員）、程克祥、何世楨（上海持志大学校長）などをチャネルとして重慶側との連絡を保っており、従来と同様、そのチャネルは軍統と第三戦区司令部に通じるものが大半であった。[65] そして、こうしたチャネルはやがて日本の敗北を見越したうえでの周の保身を図るため、あるいは重慶側が南京政権支配地域への共産勢力の浸透を防止し最終的には同地域をスムースに接収するための連絡ルートとして用いられるようになってゆく。

ところで、何世楨は汪兆銘の和平運動に参加しながら重慶側の第三戦区司令部のための情報工作に関与していた人物であったが、[66] 彼は、開戦前後から上海の満鉄調査部関係者（土井章など）が日中和平のために情報交換していたグループの一員でもあり、このグループには水谷川忠麿（近衛文麿の弟）も加わっていた。何世楨工作と呼ばれる和平工作が本格化したのは、四四年一〇月、何の教え子と称してグループに出入りしていた徐明誠が、天皇親政、戦争責任者の処罰、日本軍の撤兵という重慶側の和平条件なるものを伝えたときからである。[67] 口頭で伝えられた和平条件は何と水谷川との往復書簡に文書化され、土井と水谷川はこれを持って東京に向かい近衛に工作の経緯を報告し、近衛は重光外相にこれを諮った。しかし、当時は南京政権を通じる系統以外の重慶工作は一切禁じられており、重光も真剣には取り合わなかったようである。こうしてこの和平工作もそれ以上進展せずに終わった。

一方、この頃、支那派遣軍も重慶工作に手を染めていた。現地軍のこのような行動は本国の指示からやや逸脱しているはずであったが、四四年一二月、重慶工作の指導に関しては支那派遣軍総司令官が現地機関の調整にあたるべしとの最高戦争指導会議決定[68]が打ち出されているので、この決定が拡張解釈されたのかもしれない。また、和平工作への関与が禁じられてはいても、情報収集の名目でさまざまの対重慶ルートが以前から保持されていたのでもあろう。同年一一月に総司令官に就任した岡村寧次は重慶との間に三本の無電ルートを開設したほか、翌年二月袁良（元北平市長）から蒋介石の伝言なるものを聞き、三月には何応欽の使者と称する人物に何宛ての書簡を託した。しかし、岡村は日本の敗勢の実情を充分に認識せず、ピントはずれの対応しかできなかったという[69]。

戦局の深刻化に伴い、現地軍に重慶・延安政治工作を直接実施するよう指示が出されたのは、小磯内閣総辞職後の四月下旬である。その目的は戦線の収縮と兵力転用のための停戦実現にあり、もはや南京政権に対する背信をおそれて重慶工作をためらうときではないとされた[70]。同じ頃大東亜省の杉原荒太総務局長は、重慶工作のねらいを、対中和平の実現だけでなく「対米英戦争終末ヲ有利ニ導クベキ政治的素因ヲ今日ヨリ蒔キ置クコト」に設定し、日中和平を連合国との全面和平に連動させることを示唆した[71]。しかし他方、五月中旬、最高戦争指導会議構成員会議は、重慶や中立国のスイス、スウェーデン、ヴァチカンなどを仲介としても無条件降伏以外の和平を達成するのは不可能であるとの結論を出し、[72]重慶を仲介として日中和平を米英との和平に連動させる可能性を否定していた。六月上旬の御前会議では東郷外相が、重慶工作を試みる必要性を指摘しながら、戦局や米中関係の現状から考えて日中和平の可能性はきわめて乏しいと論じた。[73]このときの御前会議決定は、戦争遂行を有利にするため対ソ・対中施策の強力な実行を謳ったが、終戦工作の焦点が対ソ工作に絞られつつあったことは否定できない。

このように本国の方針は必ずしも明確ではなかったが、その間現地では依然として重慶工作が模索されていた。支那派遣軍総参謀副長の今井武夫は四五年二月、南京政権要人の紹介で、何柱国（重慶政権第一〇戦区副司令長官兼第一五集団軍司令官）が派遣した密使と会見し、和平のための連絡ルートを開いたが、その後現地軍による重慶工作実施を認める本国から指示を受けて、この工作を本格化させようとした。[74]何回かの連絡と準備を経て、今井がようやく何柱国と河南省で会うことができたのは七月上旬である。しかし何は、カイロ宣言以後もはや日中の単独和平はあり得ないと論じ、日本の要請があればその和平提案を連合国に取り次いでもよいが、その場合日本は本土以外の海外領土をすべて譲渡しなければならないと説明した。今井は条件の厳しさに大きな衝撃を受けながら、この会談の詳細を大本営に報告した。大本営の一部でもこれに大きな関心が払われたが、[75]ポツダム宣言をめぐる紛糾のためか、その後何の進展も見られなかった。

戦争中軟禁していたアメリカ人レイトン・スチュアート（燕京大学学長）を起用して重慶側に和平を打診しようとの、最後のあがきにも似た試みもなされた。大東亜戦争前、北支那方面軍の要請を受けて和平打診のために何度か北京と重慶との間を往復したスチュアートをもう一度起用してみようとのアイデアは、中山優（元建国大学教授、満洲国駐華公使）が杉原大東亜省総務局長に持ち込んだと言われ、六月下旬、東郷外相、阿南陸相の同意を得た。スチュアートの説得には河相達夫（元公使、大東亜省顧問）と中国通の外交官永井洵一があたることになった。[76] 東郷は、このルートからアメリカとの接触の糸口が見つかるかも知れないとの期待を持ったという。[77] 前述した杉原の重慶工作構想はこのスチュアート工作に結びついたと考えられよう。河相と永井は七月中旬北京に飛びスチュアートの秘書と接触したが、現地軍の横槍があって本人と会うことができず、上海、南京を訪れた後ようやくスチュアートと会見できたのは八月一一日であった。そしてスチュアートはポツダム宣言受諾を勧めるだけだったのである。[78]

むすび

大東亜戦争中、中国に対する単独和平の試みは、重慶屈服工作の一環として始められ、敗戦に至るまで断続的に何度も繰り返された。冒頭で述べたとおり、これは日本と他の連合国との関係と際立った対照をなしている。なぜこのようなことがあり得たのか。その理由の一つとして、長年続いた支那事変（日中戦争）の惰性とでも言うべきものの作用を指摘することができるかもしれない。そしてそれは、中国（重慶政権）を連合国の一員と見る視点が弱かったことにもつながっている。

この点は、和平条件の中によく示されている。戦況の悪化により和平をめぐる日中の立場は逆転し、中国戦場で日本が軍事的に劣勢になったとは言えないが、かつてのように強者の立場から和平工作に臨むことは許されなくなった。四四年九月には、以前に比べれば大幅に譲歩した和平条件が決定された。しかし、それでもカイロ宣言との間には大きな懸隔があったのである。その差を重視しなかったとすれば、それはやはり事変の惰性と、中国を連合国の一員と見る認識の不充分さによるものだったと考えるべきであろう。

さて、先に述べたことと一見矛盾するようではあるが、中国に対する単独和平の試みを日本が自ら本格的に実施したことはない、という事実にも注目する必要がある。重慶工作は当初諜報路線の設定に限定され、戦況悪化により政治工作の必要が認められてもしばらくは状況の好転を待つべきだと考えられた。状況の如何にかかわらず重慶工作に本格的に取り組むべきだとの合意がようやく形成されるのは、さらに戦況が悪化した四三年九月だが、このときも重慶工作は南京政権を通じて行うものとされ、この原則が小磯内閣総辞職まで維持されたのである。繆斌工作はこの原則から逸脱していたが、重慶側との交渉に入る前に挫折してしまった。四五年四月に現地軍の重慶工作実施が許可された後は、もはや特筆するに足る工作はなされなかった。

結局日本は、重慶工作の必要性を痛感しながら、自ら主体的な努力は払わなかったことになる。たしかに、アメリカの戦意を弱めるため、あるいは中国から他に兵力を転用するため、さらには連合国との和平仲介を求めるため、中国との和平が望ましく、かつ必要であることは明白であった。しかしながら、戦争中の情勢判断が一貫して示したように、重慶の対日抗戦の意志は衰えを見せず、和平工作を展開すべき機会を日本に提供しなかったのである。そうした機会を日本が自らつくりだすとすれば、戦局を大きく好転させるしかなかったが、これはそうしたくてもできないままに終わった。

大東亜戦争以前の対中和平工作が失敗と挫折の連続であったことも想起すべきであろう。つまり、日本はあらためて中国に和平を働きかける《すべ》をもはや持ち合わせてはいなかったのである。南京政権を通じて重慶工作を実施するとの方針は、弱みを見せたくないという思惑だけでなく、あるいは南京政権に対する信義のためばかりでなく、重慶工作を行うには南京政権に頼らざるを得ないという事情もあったと考えるべきであろう。

ただし結果的に見て、南京政権への依存が重慶工作の展開をさまざまの点で制約したことは疑いない。南京政権要人は重慶との間に数多くの連絡ルートを保持していたが、そうしたルートを日本側の思惑どおりに用いたわけではなかった。特に日本の敗色が濃厚になってから、日本側が重慶工作に真剣になればなるほど、南京の重慶との接触は、日本の敗戦を見越したうえでの、和平とは別のねらいを帯びたものとなっていった。

興味深いのは、重慶工作の大半が軍統など諜報関係のルートを通して行われたことである。重慶との直接連絡のほかに、第三戦区司令部との間にも連絡チャネルがあったが、ここにも諜報関係者が介在していた。こうした諜報ルートが和平工作に多用されたことは、大東亜戦争中の対中工作の最も際立った特徴の一つと言ってもよい。日本と南京側からすれば、もはや諜報ルートしか重慶側と接触する道は残されていなかったとも言えよう。そしてまた、蔣介石の真意は、こうした諜報ルートを多用したところにこそ窺えるのかもしれない。

註

第3章

(1) モーリス・マトロフ「ヨーロッパにおける連合国戦略、一九三九〜一九四五年」ピーター・パレット編(防衛大学校「戦争・戦略の変遷」研究会訳)『現代戦略思想の系譜』ダイヤモンド社、一九八九年、六〇二頁。
(2) 入江昭(篠原初枝訳)『太平洋戦争の起源』東京大学出版会、一九九一年、二頁。
(3) What If?についてはたとえば、Robert Cowley, ed., *What If?: Military Historians Imagine What Might Have Been*, Pan Books, 2001を参照。
(4) アーネスト・B・メイ「二〇世紀と太平洋戦争の意味」細谷千博ほか編『太平洋戦争』東京大学出版会、一九九三年。
(5) Gerhard L. Weinberg, *A World at Arms: A Global History of World War II*, second edition, Cambridge University Press, 2004, pp.2-3.
(6) クリストファー・ソーン(市川洋一訳)『太平洋戦争とは何だったのか』草思社、二〇〇五年、九五頁。
(7) 北岡伸一「太平洋戦争の『争点』と『目的』」細谷ほか編『太平洋戦争』五六六頁。
(8) ソーン『太平洋戦争とは何だったのか』四〇六〜四〇七頁。
(9) 大東亜共同宣言については、波多野澄雄『太平洋戦争とアジア外交』東京大学出版会、一九九六年、第六章〜第九章、終章を参照。
(10) 戸部良一「日本の戦争指導——三つの視点から——」『太平洋戦争の新視点——戦争指導・軍政・捕虜——戦争史研究国際フォーラム報告書』防衛省防衛研究所、二〇〇八年三月、二四〜二五頁。

（11）ジョン・ダワー（斎藤元一訳）『人種偏見』ＴＢＳブリタニカ、一九八七年。クリストファー・ソーン（市川洋一訳）『太平洋戦争における人種問題』草思社、一九九一年。

（12）たとえば、S. P. Mackenzie, “The Second World War,” Jeremy Black, ed., *European Warfare 1815-2000*, Palgrave, 2002, pp.132-134を参照。

（13）Wilhelm Deist, “The Road to Ideological War: Germany, 1918-1945,” Williamson Murray, MacGregor Knox and Alvin Bernstein, ed., *The Making of Strategy: Rulers, States, and War*, Cambridge University Press, 1994, p.359.

（14）第二次世界大戦が消耗戦であったことについては、特に航空戦力に関して、秦郁彦「太平洋戦争敗因の計量的分析——航空戦を中心に」『新防衛論集』第一一巻第二号（一九八三年一〇月）を参照。

（15）Eliot A. Cohen, “The Strategy of Innocence? The United States, 1920-1945,” Murray, Knox and Bernstein, ed., *The Making of Strategy*, p.449.

（16）*Ibid.*

（17）波多野澄雄『幕僚たちの真珠湾』朝日新聞社、一九九一年、二一四頁。

（18）Alan Beyerchen, “From Radio to Radar: Interwar Military Adaptation to Technological Change in Germany, the United Kingdom, and the United States,” Williamson Murray and Allan R. Millett, ed., *Military Innovation in the Interwar Period*, Cambridge University Press, 1996, p.282.

（19）戦間期の軍事ドクトリン開発に関しては、Barry R. Posen, *The Sources of Military Doctrine: France, Britain, and Germany between the World Wars*, Cornell University Press, 1984を参照。

第4章

（1）「宣戦の詔書」（一九四一年一二月八日）外務省編『日本外交年表竝主要文書』下巻、原書房、一九六六年、五七三～五七四頁。

(2) たとえば、矢野暢『「南進」の系譜』中公新書、一九七五年（千倉書房、二〇〇九年再刊）、を参照。

(3) アジア主義の定義については、清水元「アジア主義と南進」『岩波講座 近代日本と植民地』四、岩波書店、一九九三年、八八～八九頁を参考にした。

(4) 「国策の基準」（一九三六年八月七日、五相会議）、「帝国外交方針」（同日、四相会議）外務省編『日本外交年表竝主要文書』下巻、三四四～三四七頁。

(5) 「第七十五議会擬問擬答」（一九三九年一二月、外務省欧亜局第三課）アジア歴史資料センター、レファレンスコード（以下JACAR）B02031357200。

(6) 「第七十六議会擬問擬答」（一九四一年一月一五日、外務省南洋局）、JACAR:B02031386000。

(7) 松岡洋右「皇国外交の指針」『週報』第一九九号（一九四〇年八月七日）二頁。

(8) 「第七十七議会擬問擬答」（外務省南洋局第一課）、JACAR:B02031357600。

(9) 「新状勢ト対南方政策案」（一九三九年九月八日、外務省欧亜局第三課）、JACAR:B02003529900。

(10) 「新状勢ト対南方政策案」（一九三九年九月一八日、外務省欧亜局第三課）、JACAR:B02030530100。

(11) 「欧洲新状勢ニ対応スル南方政策案」（一九三九年一〇月二一日）、JACAR:B02030530200。

(12) 「欧洲新状勢ニ対応スル南方政策」（一九三九年一一月一五日、欧洲戦対策審議委員会決定）、JACAR:B02030530600。

(13) 「欧洲新情勢ニ対応スル南方政策案ニ関スル件」（一九四〇年二月五日、外務省欧亜局長）、JACAR:B02030015600。

(14) 「欧洲ノ新情勢ニ即応スル南方政策（右実行ノ為ノ基礎的外交工作及実行要綱）（案）」（一九四〇年五月三一日、外務省欧亜局第三課）、JACAR:B02030016300。

(15) 「帝国外交方針案」（一九四〇年七月二七日、欧洲戦対策審議委員会幹事会決定）、JACAR:B02030544600。

(16) 南洋局の設置経緯については、「外務省官制中改正ノ件説明書」（一九四〇年一一月）、JACAR:A0203169200。

(17) 「南方戦ノ性格、戦争目的ニ関スル一意見」（一九四一年一一月一九日、外務省南洋局）、JACAR:B02032965600。

(18) 太田弘毅「「大東亜戦争」の呼称決定について」『軍事史学』第一三巻第三号(一九七七年一二月)を参照。
(19) 防衛庁防衛研修所戦史室『戦史叢書　大本営陸軍部〈3〉』朝雲新聞社、一九七〇年、一九二頁。
(20) 「対米英蘭蔣戦争終末促進ニ関スル腹案」(一九四一年一一月一五日、大本営政府連絡会議決定)外務省編『日本外交年表竝主要文書』下巻、五六〇～五六一頁。
(21) 重光葵『昭和の動乱』下、中央公論社、一九五二年、一七三頁。
(22) この点については、波多野澄雄『太平洋戦争とアジア外交』東京大学出版会、一九九六年、を参照。
(23) 「大東亜共同宣言」(一九四三年一一月六日)外務省編『日本外交年表竝主要文書』下巻、五九三～五九四頁。

第5章

(1) 秋田茂は、イギリスによる植民地時代のインド軍(いわゆる英印軍)について、この三つの機能を指摘している。秋田茂『イギリス帝国とアジア国際秩序』名古屋大学出版会、二〇〇三年、三五～三六頁。
(2) 大江志乃夫「山県系と植民地武断政治」『岩波講座　近代日本と植民地』四、東京大学出版会、一九九三年、二四頁。
(3) 松田利彦「解説　朝鮮憲兵隊小史」『朝鮮憲兵隊歴史』第一巻、不二出版、二〇〇〇年、四～五頁。
(4) 大江「山県系と植民地武断政治」二五頁。
(5) 小森徳治『明石元二郎』上巻、復刻版、原書房、一九六八年、四八一頁。
(6) 同右、四五〇頁。
(7) 松田「解説　朝鮮憲兵隊小史」二頁、八頁。
(8) 古野直也『朝鮮軍司令部　一九〇四～一九四五』国書刊行会、一九九〇年、一七二頁。
(9) 小林道彦『日本の大陸政策　一八九五－一九一四』南窓社、一九九六年、一四八～一四九頁(『大正政変』千倉書房、二〇一五年として再刊)。

(10) 北岡伸一『日本陸軍と大陸政策』東京大学出版会、一九七八年、一二六～一二七頁。

(11)「二師団増設理由書」陸軍省軍務局『二個師団増設理由書・同所要額調』防衛研究所戦史研究センター蔵。

(12)「第十九、第二十師団、航空大隊新設及輜重兵大隊、電信隊編制改正要領制定ノ件」『陸軍省密大日記』大正四年第一冊第一九号。以下、『陸軍省密大日記』はアジア歴史資料センターにアクセスして閲覧したものである。

(13)「朝鮮総督及台湾総督ヘ御委任事項ニ関スル件」同右、大正八年第一冊第一六号。

(14) 松田「解説　朝鮮憲兵隊小史」一一～一三頁。

(15) 糟谷憲一「朝鮮総督府の文化政治」『岩波講座　近代日本と植民地』二、東京大学出版会、一九九二年、一五一頁。

(16)「鮮内守備隊整理完了ニ関スル件報告」『陸軍省密大日記』大正十二年第一冊第七号。

(17)「第十九、第二十師団歩兵連隊増加定員充足ニ関スル特別規定ノ件」同右、大正十四年第一冊第二号。

(18)「第十九師団歩兵連隊増加定員配属換並朝鮮軍司令部編制改正ニ関スル意見提出ノ件」同右、大正十五年第五号。

(19)「朝鮮ニ陸軍兵力増加ヲ要スル件」『斎藤実文書』国立国会図書館蔵。

(20)「朝鮮ニ陸軍常備兵力ノ増加ヲ要スルノ件」『陸軍省密大日記』大正十二年第一冊第三号。

(21) 朝鮮総督発陸軍大臣宛電文（一九二五年七月六日）同右、大正十四年第四冊。

(22)「軍司令官朝鮮旅行ノ所見送付ノ件」同右、大正十三年第四冊第三号。

(23)「全州旅団設置請願書」『斎藤実文書』。

(24)「請願書　朝鮮師団増設ニ就キ再請願」同右。

(25)「朝鮮師団増置説ニ対スル反響ニ関スル件報告」「朝鮮増師運動ニ関スル件報告」「朝鮮兵備充実運動ニ関スル件報告」「朝鮮兵備充実促進期成会組織ニ関スル件報告」『陸軍省密大日記』昭和三年第五冊第一三号、第一四号。なお、『斎藤実文書』には、一九三一年にも全州や木浦で兵備充実を陳情した文書が収められている。

(26)「第十九師団国境守備隊新設概況報告」『陸軍省密大日記』昭和十年第一冊第一五号。
(27) 防衛研修所戦史室『戦史叢書　大本営陸軍部〈1〉』朝雲新聞社、一九六七年、三〇三頁。
(28) 併合後、約二〇年間、師団対抗演習を行わなかったのは、朝鮮人をいたずらに刺激しないためであったという。古野『朝鮮軍司令部』一八六頁。
(29)「朝鮮ニ於ケル師団対抗演習実施希望ニ関スル件」『陸軍省密大日記』昭和四年第二冊第二号。
(30) 一九三〇年度の師団対抗演習については、朝鮮軍司令部編『朝鮮軍歴史』第四巻、一九三二年、防衛研究所戦史研究センター蔵、三六～四〇頁を参照。
(31)「朝鮮国境守備隊ノ移駐ニ伴フ警察力増備ノ件」『陸軍省密大日記』昭和十三年第三冊第七号、宮田節子編・解説『朝鮮軍概要史（十五年戦争極秘資料集　第十五集）』不二出版、一九八九年、二二頁。
(32) 外山操・森松俊夫編『帝国陸軍編制総覧』第一巻、芙蓉書房、一九九三年、三五二～三五三頁、四〇〇～四〇四頁。
(33) 朝鮮駐箚軍司令部編『朝鮮暴徒討伐史』朝鮮総督府官房総務局印刷所、一九一三年、附表第三「自明治四十年至同四十四年暴徒衝突回数及衝突暴徒数区分表」。
(34) 山村健『義兵戦　一九〇七～一九〇九――併合直前期韓国抗日義兵闘争の研究』防衛研究所戦史部研究資料01RO-3H、二〇〇一年、二〇～二二頁、三七頁。
(35)『朝鮮暴徒討伐史』一三頁。
(36) 山村『義兵戦　一九〇七～一九〇九』六六頁。
(37)『朝鮮暴徒討伐史』、附表第二「自明治三十九年至同四十四年暴徒討伐彼我損傷類別表」。
(38) 山村『義兵戦　一九〇七～一九〇九』三五頁。
(39)「龍山駐箚工兵中隊移転ノ件」『陸軍省密大日記』大正元年第二冊第一七号。
(40)「朝鮮における独立運動の騒擾事件漫延（ママ）につき兵力配備に関し軍司令官へ指示の件」金正明編『朝鮮独立運動』Ⅰ、原書房、一九六七年、三四七頁。
(41)「独立運動防止のため軍隊分散配備の件」同右、三五六頁。

(42) 芳井研一「植民地治安維持体制と軍部――朝鮮軍の場合」『季刊現代史』第七号(一九七六年六月)一六九頁より再引用。
(43)「陸軍省発表の損害内訳数訂正方に関する件」金正明編『朝鮮独立運動』I・分冊、原書房、一九六七年、二五三頁。
(44) 以下、間島出兵については、李盛煥『近代東アジアの政治力学――間島をめぐる日中朝関係の史的展開』錦正社、一九九一年、第四章、佐々木春隆「「琿春事件」考」『防衛大学校紀要　人文社会科学編』第三九輯(一九七九年九月)、第四〇輯(一九八〇年三月)、第四一輯(一九八〇年九月)、を参照。
(45)「大正九年十月七日　閣議決定」姜徳相編『現代史資料(28)　朝鮮(四)』みすず書房、一九七二年、一八四頁。
(46)「朝参密第一〇〇八号」「作命第五七号」同右、一八九〜一九〇頁。
(47) 第十九師団司令部「間島事件鮮支人死傷者調」同右、五二〇〜五四四頁。
(48) 前掲「軍司令官朝鮮旅行ノ所見送付ノ件」。
(49) 朝鮮軍司令部「鮮人問題ト其ノ対策」『陸軍省密大日記』昭和二年第四冊第六号。
(50)「朝鮮博覧会ニ対スル感想等内査ノ件報告」同右、昭和五年第二冊第二号。
(51) 参謀本部編『昭和三年支那事変出兵史』復刻版、巌南堂書店、一九七一年、六二六〜六九九頁。
(52) 豊嶋房太郎「朝鮮軍越境進撃す!」『別冊知性　秘められた昭和史』一九五六年一二月、五三頁。
(53)「在満鮮人圧迫ニ関スル意見具申」『陸軍省密大日記』昭和三年第四冊第一号。
(54)「朝鮮軍司令官意見ノ件上申」同右、昭和三年第四冊第三号。
(55) 朝鮮軍司令部『朝鮮軍歴史』第五巻、一九三六年、防衛研究所戦史研究センター蔵、一九八頁。
(56) 神田正種「鴨緑江」小林龍夫・島田俊彦編『現代史資料(7)　満洲事変』みすず書房、一九六四年、四六一頁。
(57)『林銑十郎　満洲事変日誌』みすず書房、一九九六年、一二〇頁。
(58) 同右、一五二頁。

(59)「時局ニ伴フ対「ソ」支両国作戦計画大綱」『戦史叢書　大本営陸軍部〈1〉』三二二頁。
(60)防衛研修所戦史室『戦史叢書　関東軍〈1〉』朝雲新聞社、一九六九年、四一一～四一二頁。
(61)マーク・ピーティーによれば、日本は現地住民の部隊を育てなかった唯一の植民勢力であったとされている。マーク・ピーティー（浅野豊美訳）『植民地（二〇世紀の日本　4）』読売新聞社、一九九六年、一七〇～一七一頁。
(62)「朝鮮人将校に関する書類」『斎藤実文書』。
(63)「朝鮮歩兵隊編制改正同騎兵隊廃止要領制定施行ノ件」『陸軍省密大日記』大正元年第三冊第五号。
(64)「朝鮮歩兵隊編制改正ノ件」同右、昭和四年第一冊第二号。
(65)「朝鮮歩兵隊除隊者ノ地方ニ於ケル状況ニ関スル件」同右、昭和五年第二冊第二一号。
(66)山村『義兵戦　一九〇七～一九〇九』七〇頁。
(67)「朝鮮人志願兵制度ニ関スル件」『陸軍省密大日記』昭和十二年第二冊第四号。
(68)「朝鮮人学生陸軍軍医依託学生志望ノ件」同右、昭和四年第二冊第一四号。なお、陸士は、一九三七年度に朝鮮人二名、一九三八年度に一名を採用している。「鮮内思想状況ニ関スル件」同右、昭和十四年第四冊第一八号。
(69)前掲「朝鮮人学生陸軍軍医依託学生志望ノ件」。
(70)前掲「全州旅団設置請願書」。
(71)「抗日独立運動に関する調査報告の件」『朝鮮独立運動』I・分冊、二七頁。
(72)「朝鮮歩兵隊訓練向上ニ関スル内議ノ件」『陸軍省密大日記』昭和二年第二冊第一一号。
(73)同右。
(74)朝鮮軍参謀長「朝鮮人志願兵問題ニ関スル件回答」、前掲「朝鮮人志願兵制度ニ関スル件」所収。
(75)御手洗辰雄編『南次郎』南次郎伝記刊行会、一九五七年、四六七頁。
(76)小磯国昭『小磯国昭自伝　葛山鴻爪』丸ノ内出版、一九六五年、六三〇頁。
(77)朝鮮軍司令部「朝鮮人志願兵制度ニ関スル意見」、前掲「朝鮮人志願兵制度ニ関スル件」所収。

(78)「朝鮮人志願兵問題ニ関スル件」『陸軍省密大日記』昭和十三年第二冊第五号。

(79)志願兵制度の実施については、宮田節子「朝鮮における志願兵制度の展開とその意義」旗田巍先生古稀記念会編『朝鮮歴史論集』下巻、龍渓書舎、一九七九年、を参照。

(80)古野『朝鮮軍司令部』二〇五～二〇六頁、「「皇軍」兵士になった朝鮮人」『季刊現代史』第四号(一九七四年八月)一三九頁。

(81)『小磯国昭自伝　葛山鴻爪』六四一頁。

(82)「鮮内思想状況ニ関スル件」『陸軍省密大日記』昭和十四年第四冊第三九号。

(83)「鮮内兵事部長会議書類提出ノ件」同右、昭和十四年第二冊第二一号。一九四〇年度の応募者については、「下流ノ生計ヲ為スモノ」が五〇パーセント、尋常小学校卒業または中退者が九三パーセントであり、「制度ヲ理解シ自発的ノモノ」はわずか一九パーセントにしかすぎなかった。「鮮内思想状況ニ関スル件」同右、昭和十五年第六冊第五九号。

(84)「「皇軍」兵士になった朝鮮人」一三八頁。

(85)「朝鮮軍諸施設希望要綱送付ノ件通牒」『陸軍省密大日記』昭和十四年第四冊第一号。

(86)同右。

(87)宮田節子「皇民化政策と民族抵抗――朝鮮における徴兵制度の展開を中心として」鹿野政直・由井正臣編『近代日本の統合と抵抗』四、日本評論社、一九八二年、二三九頁。

(88)田中義男「朝鮮における徴兵制」『軍事史学』第八巻第四号(一九七三年三月)、七七頁。

(89)同右、八〇～八一頁。

(90)「「皇軍」兵士になった朝鮮人」一三九頁。

(91)この点は、少なくとも第一次世界大戦まで、他の列国も同様であった。Douglas Porch, "Imperial Wars: From the Seven Years War to the First World War," in Charles Townshend, ed., *The Oxford History of Modern War*, Oxford University Press, 2000, pp.115-116.

第6章

（1）たとえば、Richard J. Smethurst, *A Social Basis for Prewar Japanese Militarism: The Army and the Rural Community*, University of California Press, 1974や『季刊現代史』第九号（特集・日本軍国主義の組織的基盤――在郷軍人会と青年団）、一九七八年、など。

（2）『帝国在郷軍人会三十年史』帝国在郷軍人会本部、一九四四年、一二～二五頁。

（3）「帝国在郷軍人会設立の趣意」『戦友』第一号（一九一〇年一一月）二頁。

（4）『帝国在郷軍人会業務指針』帝国在郷軍人会本部、一九二五年、八九～九〇頁。

（5）『帝国在郷軍人会三十年史』一一四頁。

（6）藤井徳行「帝国在郷軍人会創設におけるドイツの影響」『海外事情』第二六巻第三号（一九七八年三月）六〇頁。

（7）Richard J. Smethurst, "The Creation of the Imperial Military Reserve Association in Japan" *Journal of Asian Studies*, vol.30, no.4 (August 1971), p.819.

（8）*Ibid*., pp.819-820.

（9）海軍は在郷軍人会の創設時に組織としてこれに関与しなかった（個人加入は許可）が、一九一四年に陸軍とともに同会を監督することになった。

（10）陸軍省徴募課「帝国在郷軍人会規約改正に就て」『偕行社記事』第七〇三号（一九三三年四月）一三〇頁。

（11）同右「帝国在郷軍人会の概要」『偕行社記事』第七五一号（一九三七年四月）九〇頁。

（12）加藤陽子「政友会における「変化の制度化」――田中義一の方法」有馬学・三谷博編『近代日本の政治構造』吉川弘文館、一九九三年、一九〇～一九一頁。

（13）陸軍省徴募課「帝国在郷軍人会規約改正に就て」一三二頁。

（14）『帝国在郷軍人会三十年史』七一～七二頁。

（15）当初、衆議院議員選挙権の納税資格は国税一五円以上だったが、一九〇〇年に一〇円以上となり、一九一九年には三円以上に引き下げられた。

(16)『帝国在郷軍人会三十年史』一二九頁。検事処分を受けた八一八五人のうち、在郷軍人は九九〇人を数えたともいう。由井正臣「軍部と国民統合」東京大学社会科学研究所編『昭和恐慌 ファシズム期の国家と社会』1、東京大学出版会、一九七八年、一五二頁。

(17)『帝国在郷軍人会三十年史』一四一頁。

(18)「在郷軍人ニ選挙権付与ノ件」『海軍省公文備考』防衛研究所戦史研究センター蔵、大正十年第二分冊。

(19)神奈川県知事「在郷軍人選挙権付与請願運動ノ件第六報」『海軍省公文備考』大正十二年第四分冊。

(20)京都府知事「在郷軍人会参政同盟組織ニ関スル件」同右。

(21)「在郷将校参政権獲得運動ニ関スル件」同右。

(22)「在郷将校ノ「政治的色彩アル社交団体組織計画」ニ関スル件続報」同右。

(23)『帝国在郷軍人会三十年史』一四四頁。

(24)「現役終了者ニ衆議院議員ノ選挙権ヲ付与セラレ度請願ニ関シ覚書」『海軍省公文備考』大正十二年第四分冊。

(25)「現役終了者ニ衆議院ノ選挙権付与ノ件」同右。

(26)松尾尊兊『普通選挙制度成立史の研究』岩波書店、一九八九年、二六五〜二七〇頁。

(27)「現役ヲ終リタル在郷軍人ニ選挙権付与ニ関スル建議案提出ノ件」『海軍省公文備考』大正十二年第五分冊。

(28)藤井徳行「日本陸軍と普選運動――在郷軍人選挙権獲得運動を中心として」『法学研究』第五一巻第五号(一九七八年五月)一九四頁。

(29)現代史の会共同研究班「総合研究在郷軍人会史論」『季刊現代史』第九号、二四〇頁。

(30)後に第二次近衛文麿内閣の書記官長になる冨田健治のこと。

(31)京都府知事「在郷軍人ノ言動ニ関スル件」『海軍省公文備考』大正十二年第四分冊。

(32)藤井「日本陸軍と普選運動」二二六頁。

(33)『帝国在郷軍人会三十年史』一四五頁。

(34) 規約改正については、帝国在郷軍人会「帝国在郷軍人会規約改正ノ件」『陸軍省大日記甲輯』大正十四年(アジア歴史資料センター)を、田中の提案については、「参謀長会同ニ於ケル田中副会長口演要旨」『海軍省公文備考』大正十二年第四分冊を参照。

(35) 『帝国在郷軍人会三十年史』一九五～二一一頁。由井「軍部と国民統合」一七四～一七九頁。須崎慎一『日本ファシズムとその時代――天皇制・軍部・戦争・民衆』大月書店、一九九八年、一四一～一四六頁。

(36) 国体明徴運動全体については、松本清張『昭和史発掘』6、文藝春秋、一九六八年、宮沢俊義『天皇機関説事件――史料は語る』上下、有斐閣、一九七〇年、浅沼和典「「国体明徴運動」覚書」『拓殖大学論集』第一〇〇号(一九七五年三月)などを参照。

(37) 菅谷幸浩「天皇機関説事件展開過程の再検討――岡田内閣・宮中の対応を中心に」『日本歴史』第七〇五号(二〇〇七年二月)五三頁、六六頁。

(38) 政友会の国体明徴運動への関わりについては、官田光史「国体明徴運動と政友会」『日本歴史』第六七二号(二〇〇四年五月)を参照。

(39) 天皇機関説問題をめぐる陸海軍出身帝国議会議員の活動については、土田宏成「戦前期陸海軍出身議員に関する予備的考察」『史学雑誌』第一〇九編第三号(二〇〇〇年三月)一〇四頁。

(40) 以下では、内務省警保局「反美濃部運動ノ概況」荻野富士夫編『特高警察関係資料集成』第二九巻、不二出版、一九九四年、それを整理した警保局保安課「所謂機関説反対運動の状況」(のち「国体明徴運動」と改題)『特高月報』(アジア歴史資料センター)別冊、これらを材料とした司法省の研究である玉沢光三郎「所謂「天皇機関説」を契機とする国体明徴運動」今井清一・高橋正衛編『現代史資料(4) 国家主義運動(一)』みすず書房、一九六三年、を資料とする。

(41) 内務省警保局「反美濃部運動ノ概況(其ノ三)」三八七頁。

(42) 由井「軍部と国民統合」一八八頁。

(43) 警保局保安課「所謂機関説反対運動の状況(其の一)」『特高月報』昭和十年三月、二二～二四頁。

(44) 菅谷幸浩「岡田内閣期における機関説問題処理と政軍関係――第二次国体明徴声明をめぐる攻防を中心

に」学習院大学大学院政治学研究科『政治学論集』第一八号（二〇〇五年三月）八～九頁。

(45) 須崎『日本ファシズムとその時代』一三八～一四〇頁、一六五～一六六頁、一八一～一八二頁。

(46) 警保局保安課「所謂機関説反対運動の状況（其の二）」『特高月報』昭和十年四月、二一～二三頁、同「所謂機関説反対運動の状況（其の三）」『特高月報』昭和十年五月、五頁。

(47) 陸軍省徴募課「退役軍人ヲ以テスル団体ノ指導ノ件」『陸軍省密大日記』昭和十年第三冊、アジア歴史資料センター。

(48) 陸軍省兵務課「部外団体ノ軍部利用ニ関スル件」同右。

(49) 五明祐貴「天皇機関説排撃運動の一断面――「小林グループ」を中心に」『日本歴史』第六四九号（二〇〇二年六月）七四頁。

(50) 大木康栄「国体明徴運動と軍部ファシズム」『季刊現代史』第二号（一九七三年五月）二四三頁。

(51) 第一次政府声明の作成経緯については、滝口剛「岡田内閣と国体明徴声明――軍部との関係を中心に」『阪大法学』第四〇巻第一号（一九九〇年八月）八一～八四頁。

(52) 警保局保安課「所謂機関説反対運動の状況（其の六）」『特高月報』昭和十年八月、一一～一二頁。

(53) 同右、六～一一頁。

(54) 同右、六頁。

(55) 警保局保安課「所謂機関説反対運動の状況（其の七）」『特高月報』昭和十年九月、六～七頁。

(56) 同右、一二頁。

(57) 警保局保安課「国体明徴運動（其八）」『特高月報』昭和十年十月、七頁。

(58) 警保局保安課「所謂機関説反対運動の状況（其の七）」五～六頁。

(59) 警保局保安課「国体明徴運動（其八）」六頁。

(60) 第二次政府声明の作成経緯については、滝口「岡田内閣と国体明徴声明」九〇～九六頁。菅谷「岡田内閣期における機関説問題処理と政軍関係」二二～四〇頁。

(61) 警保局保安課「国体明徴運動（其八）」四頁。

（62）同右、三〜五頁。
（63）同右、一〇〜一一頁。
（64）陸軍省徴募課「在郷軍人会指導ニ関スル件」『陸軍省密大日記』昭和十一年第八冊、アジア歴史資料センター。
（65）Richard J. Smethurst, "The Military Reserve Association and the Minobe Crisis of 1935," in George M. Wilson, ed., *Crisis Politics in Prewar Japan: Institutional and Ideological Problems of the 1930s*, Sophia University, 1970, p.23.
（66）陸軍省徴募課「帝国在郷軍人会ノ指導ニ関スル件」『陸軍省大日記甲輯』昭和十一年、アジア歴史資料センター。
（67）玉沢「所謂「天皇機関説」を契機とする国体明徴運動」三四七頁。
（68）三谷太一郎「天皇機関説事件の政治史的意味」三谷『近代日本の戦争と政治』岩波書店、一九九七年、二二七〜二二八頁。
（69）たとえば、菅谷「岡田内閣期における機関説問題処理と政軍関係」二〜四頁。
（70）大木「国体明徴運動と軍部ファシズム」二五五〜二五六頁。Smethurst, "The Military Reserve Association and the Minobe Crisis of 1935," p.22.
（71）郡司厚「軍人の政治化――在郷将校をめぐる軍事と政治」大濱徹也編『国民国家の構図』雄山閣、一九九九年、一九二頁。

第7章

（1）磯谷廉介「孫伝芳江西撤退後の情勢判断並に対策私見」『粤特報』第五号（二七年四月二〇日）。なお、原文のカタカナをひらがなに改め、濁点を付した。以下、同じ。
（2）磯谷廉介「広東最近の政情」『粤常報』第四号（二六年四月三日）。

(3) 前掲「孫伝芳江西撤退後の情勢判断並に対策私見」。
(4) 磯谷廉介「広東に於ける共産党暴動事件」『粤常報』第一三号(二七年一二月一六日)。
(5) 磯谷廉介「広東に於ける共産党暴動事件其後の状況」『粤特報』第一四号(二七年一二月二七日)。
(6) 同右。
(7) 佐々木凡禅(佐々木到一のペンネーム)『曙光の支那』偕行社、一九二六年、一六二〜一六三頁。
(8) 同右、一六四頁。
(9) 佐々木到一『南方革命勢力の実相と其の批判』極東新信社、一九二七年、三〇九〜三一一頁。
(10) 同右、三二九頁。
(11) 同右、三三〇〜三三二頁。
(12) 高山謙介(佐々木到一のペンネーム)『武漢乎南京乎』行地社、一九二七年、三頁、五頁、一一頁。
(13) 同右、一六頁。
(14) 同右、四七頁。
(15) 同右、五四頁。
(16) 同右、八七頁。
(17) 詳しくは戸部良一『日本陸軍と中国——「支那通」に見る夢と蹉跌』講談社、一九九九年、第四章を参照されたい。
(18) 参謀本部「国民党内共産非共産の内訌」(二六年一月一五日)アジア歴史資料センター・レファレンスコード(以下、JACARと略す)B03050711200。
(19) 松井私見「支那時局対策に関する意見」(二六年八月二日)JACAR:B02031895100。なお、この意見の執筆者は、松井石根参謀本部情報部長と思われる。
(20) KM生「支那共産匪軍の実相」『偕行社記事』第六七二号(三〇年九月)一七三頁。
(21) 同右、一七四頁。
(22) 阿南友亮『中国革命と軍隊——近代広東における党・軍・社会の関係』慶應義塾大学出版会、二〇一二年。

(23) たとえば、参謀本部で三二年に作成された『支那時局報』には、「湖北江西方面に於ける共産軍と其討伐状況」（第五〇号、四月四日）、「湖北福建両方面の共産軍の状況」（第五六号、四月二六日）、「共産軍の侵入したる厦門方面の情況」（第六〇号、五月六日）といった表題を持つものがある。JACAR:C09123204500、C09123205100、C09123205500。

(24) 参謀本部TT生「最近に於ける支那の情勢」『偕行社記事』第七〇九号（三三年一〇月）四四頁。

(25) 陸軍省調査班『支那共産軍の近況に就て』（三三年四月一三日）一五頁、JACAR:C13032489000。

(26) 暁峯山人「最近支那の情勢」『偕行社記事』第七一三号（三四年二月）五五～五六頁。

(27) 研支生「昭和九年中に於ける支那政局の回顧」『偕行社記事』第七二四号（三五年一月）六七頁。

(28) たとえば、三五年に作成された『支那時局報』には、「四川、貴州省方面共産軍情況」（第一五号、四月一〇日）、「四川貴州湖南方面共産軍状況」（第一八号、四月二五日）、「共産軍情況並蔣介石の西方支那工作」（第二四号、五月一五日）、「西北方面共産軍状況要図」（第三六号、一〇月二一日）といった表題を持つものがある。JACAR:C01110580600、C11110581800、C11110585800、C11110594100。

(29) 関東軍参謀部「蘇聯邦の新疆赤化の状況に就て」（三五年一〇月一七日）JACAR:B02031848300。

(30) 酒井哲哉「日本におけるソ連観の変遷（一九二三～三七）」『国家学会雑誌』第九七巻第三・四号（一九八四年四月）一二九頁。

(31) 島田俊彦「華北工作と国交調整（一九三三年～一九三七年）」日本国際政治学会編『太平洋戦争への道』第三巻、朝日新聞社、一九六二年、一八四頁。

(32) 詳しくは、松崎昭一「支那駐屯軍増強問題」『國學院雜誌』第九六巻第二号・第三号（一九九五年二月・三月）を参照。

(33) 安井三吉『盧溝橋事件』研文出版、一九九三年、九一頁。

(34) 参謀本部「陝甘地方に於ける中央及旧東北軍」『支那時局報』第一九号（三六年一二月一四日）JACAR:B02032033200。

(35) 参謀本部「西安事件前に於ける陝甘の共産軍」『支那時局報』第二一号（一二月一五日）JACAR:B02032033

200。

(36) 参謀本部「西安其後の情勢」『支那時局報』第三号(三七年一月二七日)軍令部第六課「昭和十一年西安兵編綴(丙)」『島田俊彦文書』。

(37) 陸軍省新聞班「支那共産党及共産軍の過去及現在」『大日本国防義会々報』第一九三号(三七年九月、『偕行社記事』第七五六号からの転載)三三頁。

(38) 同右、四二頁。

第8章

(1) 陸軍支那通については、戸部良一『日本陸軍と中国――「支那通」にみる夢と蹉跌』講談社、一九九九年、を参照されたい。

(2) 北岡伸一「支那課官僚の役割」『年報政治学・近代化過程における政軍関係』岩波書店、一九九〇年、を参照。

(3) 波多野澄雄「日本陸軍の中国認識」井上清・衛藤瀋吉編『日中戦争と日中関係』原書房、一九八九年、はこれを「北方の視点」と「南方の視点」と表現している。

(4) 佐々木凡禅『曙光の支那』(凡禅はペンネーム)偕行社、一九二五年、二二七頁、二四六頁。

(5) 佐々木到一『南方革命勢力の実相と其の批判』極東新信社、一九二七年、六九頁。

(6) 佐々木到一『ある軍人の自伝』増補版、勁草書房、一九六七年、九六頁。

(7) 佐々木到一「国民党ノ将来ニ就テ」一九二五年一月三一日、『(陸軍省)密大日記』防衛研究所戦史研究センター蔵、大正十四年第五冊。

(8) 佐々木到一「支那改造の根本問題(支那軍隊改造と近づける第四革命)」『外交時報』一九二五年九月一五日号。

(9) 佐々木到一『中国国民党の歴史と其解剖』東亜同文会調査編纂部、一九二六年、七八頁。

(10) 佐々木『南方革命勢力の実相と其の批判』七〇頁。

(11) 佐々木『中国国民党の歴史と其解剖』四一頁、八四頁。

(12) 佐々木『南方革命勢力の実相と其の批判』六七頁、七四頁、一七一頁。

(13) 高山謙介『武漢乎南京乎』(高山謙介は佐々木のペンネーム)行地社出版部、一九二七年、一〇頁。

(14) 「大臣官邸ニ於ケル講話案」『磯谷資料・其二』防衛研究所戦史研究センター蔵。

(15) 磯谷廉介「広東ニ於ケル国民党第二次全国代表大会ノ情況」『粤常報』第一号(一九二六年一月二七日)『磯谷資料・其二』防衛研究所戦史研究センター蔵、アジア歴史資料センター・レファレンスコード(以下JACARと略記)C11110683200。

(16) 磯谷廉介「広東最近ノ政情」『粤常報』第四号(一九二六年四月三日)、JACAR:C11110683400。

(17) 磯谷廉介「政情」『粤常報』第一二号(一九二六年五月二四日)、JACAR:C11110684000。

(18) 磯谷廉介「国民革命軍総司令部ノ設置ト北伐」『粤常報』第一五号(一九二六年七月一二日)、JACAR:C11110684900。

(19) 参謀本部「支那ノ全局ニ影響ヲ及ホサントスル広東北伐軍ノ行動ト露国ノ援助」一九二六年七月一三日調製、『各国内政関係雑纂・支那ノ部・地方』第四七巻、外務省外交史料館蔵、JACAR:B03050158400。

(20) 佐々木『南方革命勢力の実相と其の批判』一頁、一三五頁。

(21) 同右、四一五～四一七頁。佐々木『曙光の支那』一六四頁。佐々木『中国国民党の歴史と其解剖』四二～四四頁。

(22) 佐々木『南方革命勢力の実相と其の批判』四〇四頁、四〇六頁。

(23) 同右、一六六頁、一八一頁。

(24) 高山(佐々木)『武漢乎南京乎』一三九～一四〇頁。

(25) 坂西利八郎「中華民国談」『大日本国防義会々報』第八八号(一九二五年一一月)。

(26) 雲樵「蔣介石の立場」『偕行社記事』第六三二号(一九二七年五月)。

(27) 坂西利八郎「支那の近状に就て」『大日本国防義会々報』第九九号(一九二七年六月)。

(28)『日本外交文書』昭和期Ⅰ第一部第一巻、二八頁、二四頁。

(29)参謀本部第二部「対南方方針」一九二七年三月二八日、同右、五二〇頁。

(30)「枢密院会議筆記・附支那問題報告」一九二七年五月一八日、『枢密院会議文書』国立公文書館蔵、JACAR:A03033694100。

(31)従軍の記録については、佐々木到一『支那内争戦従軍記』豊文堂出版部、一九三一年、を参照。

(32)佐々木到一『支那陸軍改造論』増補版、東亜経済調査局、一九三〇年、九四頁、九七頁、一三四頁。

(33)佐々木到一『私は支那を斯く見る』満洲雑誌社、一九四二年、三二頁。

(34)「研究会勅撰議員坂西利八郎支那視察談速記ノ件」一九三〇年一一月二四日、『帝国ノ対支外交政策関係一件』第二巻、外交史料館蔵、JACAR:B02030146300。

(35)「満蒙問題私見」一九三一年五月、角田順編『石原莞爾資料――国防論策篇』原書房、一九七一年、七七頁。

(36)陸軍省新聞班「蔣介石の北支対策」陸発表情報(甲)第七一号(一九三三年三月二六日)『内閣・各種情報資料・陸軍省発表』国立公文書館蔵、JACAR:A03023788800。

(37)佐々木大佐「華北政務委員会ニ対スル観察」一九三三年七月八日『陸満密大日記』防衛研究所戦史研究センター蔵、昭和八年第十七冊、JACAR:C01002896800。

(38)陸軍省新聞班「最近における支那共産軍及剿共軍の情況」陸発表情報(甲)第九四号(一九三三年四月八日)『内閣・各種情報資料・陸軍省発表』JACAR:A03023789900。

(39)陸軍省調査班『中国国民党の輪郭』一九三三年六月二日、一一頁、三三頁。

(40)同右、二七〜二八頁。

(41)たとえば、在上海総領事村井倉松「蔣介石ヲ中心トスル中国「ファッショ」運動ニ関スル件」一九三二年八月八日、『(海軍省)公文備考』防衛研究所戦史研究センター蔵、昭和七年D外事巻六、JACAR:C05022021100、在漢口総領事清水八百一「藍衣社ニ関シ査報ノ件」同年一一月一一日、同右、昭和八年D外事巻七、JACAR:C05022769800を参照。

(42) 陸軍省新聞班「藍衣社の排日運動に就て」陸発表情報(甲)第一〇〇号(一九三三年四月一五日)『内閣・各種情報資料・陸軍省発表』JACAR:A03023791900。
(43) 陸軍省新聞班「蔣介石対日方針に関する密電を発す」陸発表情報(甲)第一一〇号(一九三三年五月一一日)同右、JACAR:A03023794200。
(44) 研支生「昭和九年中に於ける支那政局の回顧」『偕行社記事』第七二四号(一九三五年一月)七一～七二頁。
(45) 参謀本部「蔣介石独裁制権確立ノ為ノ秘密結社藍衣社(実名復興社)ノ概況」『支那時局報』第二〇号(一九三五年五月六日)『支那時局報綴』防衛研究所戦史研究センター蔵。なお、藍衣社と並ぶ秘密組織CC団も蔣介石独裁化を支える組織と見なされた。参謀本部「蔣介石独裁制権確立ノ為ノ秘密結社CC団ニ就テ」『支那時局報』第三五号(一九三五年九月一五日)同右。
(46) 参謀本部「南京対西南関係ニ就テ」『支那時局報』第一七号(一九三五年四月二三日)同右。
(47) 参謀次長宛・済南石野少佐電文、一九三五年九月一九日、『中国道路関係雑件』第一巻、外交史料館蔵、JACAR:B04121059200。
(48) 陸軍省調査班『中国国民党の輪郭』三三頁。
(49) 影佐禎昭「曽走路我記」一九四三年一二月、『人間影佐禎昭』非売品、一九八〇年、一三～一四頁。
(50) 酒井隆「極東最近の情勢」『大日本国防義会々報』第一五六号(一九三四年六月)三六頁。
(51) 楠本実隆「支那全般に関する最近の事情」『大日本国防義会々報』第一六四号(一九三五年二月)二頁、一二頁、一四～一五頁。
(52) 参謀本部「英国ノ対支経済策動ト支那親欧派ノ金融界制覇」『支那時局報』第一四号(一九三五年四月八日)『支那時局報綴』。
(53) 参謀本部「南京対西南関係ニ就テ」『支那時局報』第一七号。
(54) 和知鷹二「最近の支那情勢」『大日本国防義会々報』第一六七号(一九三五年五月)二〇頁。
(55) 参謀本部「北支ニ於ケル排日具体的事例」『支那時局報』第二六号(一九三五年五月二三日)『支那時局報綴』。

(56) 参謀本部「最近ニ於ケル排日抗日ノ四大例」『支那時局報』第二八号(一九三五年五月二五日)同右。
(57) 参謀本部「駐支大使昇格ト其支那側ニ於ケル反響」『支那時局報』第二九号(一九三五年五月二八日)同右。
(58) 井戸川辰三宛磯谷書簡、一九三五年五月二三日、『磯谷資料・其二』。
(59) 上海大使館付武官発・参謀次長宛電報、一九三五年五月二七日、軍令部第六課「昭和十年華北ニ於ケル日支軍交渉(二)(北支事件)陸軍電」『島田俊彦文書』。
(60) 参謀本部「北支事件ニ就テ」『支那時局報』第三〇号(一九三五年六月一〇日)『支那時局報綴』。
(61) 上海大使館付武官発・参謀次長宛電報、一九三五年五月三〇日、軍令部第六課「昭和十年華北ニ於ケル日支軍交渉(二)(北支事件)陸軍電」。
(62) 今井武夫「北支那の近情に就て」『大日本国防義会々報』第一七〇号(一九三五年八月)一～二頁。
(63) 本庄繁宛磯谷書簡、一九三五年八月二日、『磯谷資料・其二』。
(64) 在北平若杉参事官発・広田外相宛電文第一二一号、一九三五年六月七日、『現代史資料(8) 日中戦争(一)』みすず書房、一九六四年、九〇頁。
(65) 楠本実隆「日支関係より観たる北支事件」『偕行社記事』第七三一号(一九三五年八月)一～三頁。
(66) 永田鉄山宛磯谷書簡、一九三五年七月一七日、『磯谷資料・其二』。
(67) 「岡村少将来談要領」、一九三五年一〇月一八日、『帝国ノ対支外交政策一件』第四巻。
(68) 板垣征四郎「関東軍ノ任務ニ基ク対外諸問題ニ関スル軍ノ意見(有田大使トノ懇談席上)」、一九三六年三月二八日、『日本外交文書』昭和期Ⅱ第一部第五巻上、五一頁。
(69) 磯谷廉介「対支管見」、一九三六年三月、日本貿易協会、『帝国ノ対支外交政策関係一件』第八巻。
(70) 参謀本部「南京対西南関係ニ就テ」『支那時局報』第一七号。
(71) 和知「最近の支那情勢」二四頁。
(72) 「岡村少将来談要領」。
(73) 磯谷廉介「在支雑感」、一九三六年九月二四日講演、『経済倶楽部講演』第一三七輯、二八～三五頁、『磯谷資料・其二』。

(74) 広東宮崎中佐発・参謀次長宛電報、一九三六年一〇月二六日、軍令部第一部直属部員室「昭和十一年支那関係経緯」『島田俊彦文書』。
(75) 関東軍第二課高級参謀発・参謀次長宛電報、一九三六年一一月二八日、軍令部第六課「昭和十一年綏東問題」同右。
(76) 支那駐屯軍参謀長発・参謀次長宛電報、一九三六年一二月七日、軍令部第六課「昭和十一年西安兵変綴(丙)」同右。
(77) 上海大使館付武官発・参謀次長宛電報、一九三六年一〇月二四日、広東宮崎中佐発・参謀次長宛電報、一一月四日、『新疆政況及事情関係雑纂』第七巻、外交史料館蔵、JACAR:B02031850800。
(78) 参謀本部第二課「帝国外交方針及対支実行策改正に関する理由竝支那観察の一端」、一九三六年一月六日、『現代史資料(8) 日中戦争(一)』、三八二頁。
(79) 参謀本部「西安事件続報」『支那時局報』第一号(一九三七年一月一一日)軍令部第六課「昭和十一年西安兵変綴(丙)」。
(80) 参謀本部「西安其後ノ情勢」『支那時局報』第三号(一九三七年一月二七日)同右。
(81) 関東軍参謀部「対支情勢判断」、一九三七年二月、『帝国ノ対支外交政策一件』第七巻。
(82) 土肥原賢二「対支工作の再建」『文藝春秋』一九三七年三月号、六三~六五頁。
(83) 宇垣一成宛佐藤安之助書簡、一九三七年一月二〇日、宇垣一成文書研究会編『宇垣一成関係文書』芙蓉書房、一九九五年、二二二~二二三頁。
(84) 『岡部直三郎大将の日記』芙蓉書房、一九八二年、一三二頁。
(85) 中支那方面軍司令部「蔣政権ニ対スル帝国ノ執ルヘキ態度ニ就テ」、一九三八年一月七日、『陸支密大日記』防衛研究所戦史研究センター蔵、昭和十三年第一冊。
(86) 舩木繁『支那派遣軍総司令官岡村寧次』河出書房新社、一九八四年、三一九頁。

第9章

(1) 三つのケースを含む北伐に対する日本の対応については、臼井勝美『日中外交史——北伐の時代』塙書房、一九七一年、を参照。史料としては、『日本外交文書』昭和期I第一部第一巻、外務省、一九八九年、同第二巻、一九九〇年、を用いた。

(2) 南京事件と漢口事件については、主として次の文献を参照。幣原平和財団編『幣原喜重郎』幣原平和財団、一九五五年、第九章。衛藤瀋吉『東アジア政治史研究』東京大学出版会、一九六八年、IV章。岸野博光「南京事件と漢口事件」『軍事史学』第四巻第一号（一九六八年五月）。大山梓「南京事件と幣原外交」『政経論叢』第四〇巻第三・四号（一九七一年一二月）。防衛庁防衛研修所戦史室『戦史叢書　中国方面海軍作戦〈1〉』朝雲新聞社、一九七四年、第一章。

(3) 第一次山東出兵については、主として次の文献を参照。田中義一伝記刊行会編『田中義一伝記』下巻、一九五八年、復刻版・原書房、一九八一年、第六編第五章。馬場明『日中関係と外政機構の研究』原書房、一九八三年、第五章。佐藤元英『昭和初期対中国政策の研究』原書房、一九九二年、第一章。

(4) 第二次山東出兵については、主として次の文献を参照。参謀本部編『昭和三年支那事変出兵史』、一九三〇年。佐藤『昭和初期対中国政策の研究』第六章。邵建国「『済南事件』交渉と蔣介石」『国際政治』第一〇四号（一九九三年一〇月）。服部龍二「済南事件の経緯と原因」『軍事史学』第三四巻第二号（一九九八年九月）。佐藤元英『近代日本の外交と軍事』吉川弘文館、二〇〇〇年、第三章。

第10章

(1) 軍事史学会編（黒沢文貴・相澤淳監修）『海軍大将嶋田繁太郎備忘録・日記I（備忘録第一～第五）』（以下、『嶋田備忘録』と略す）錦正社、二〇一七年、一〇一頁。なお、嶋田はこのとき海軍の軍令部次長。内閣書記官長の風見章によれば、閣議の前に首相、外相、陸相、海相の四相会議が開かれたとされている。風見章

『近衛内閣』日本出版協同、一九五一年、中公文庫版、一九八二年、三一頁。正式の会議というよりも、閣議前に四相が集まって情報交換と意見調整を行った程度だったように思われる。

(2)『嶋田備忘録』一〇一～一〇二頁。緒方竹虎『一軍人の生涯』(以下、「米内手記」と略す)文藝春秋新社、一九五五年、二四頁。事件から約一年後に作成された外務省東亜局第一課「日支事変処理経過」『支那事変関係一件』第一巻(外交史料館蔵)にも九日の臨時閣議の審議内容が記述されているが、これは一一日の五相会議との混同があるようである。なお、外務省編『日本外交文書　日中戦争』第一冊(以下、『外交文書』と略す)二〇一一年、第二文書(四頁)も「日支事件処理経過」の記述と同文である。

(3)『風見章日記・関係資料』(以下、『風見手記』と略す)みすず書房、二〇〇八年、二〇頁。風見の手記には、陸相から足止め解除の要請があったのは一〇日と回想している記述もある(同、五八頁)。

(4) 風見『近衛内閣』三〇頁。

(5)『風見手記』二〇～二一頁。風見の手記には、広田の自宅に電話が通じたのは午前五時頃であったと回想している記述もある(同、五八～五九頁)。また戦後の回想で風見は、一〇日夜の外務省および広田への連絡不備についてはまったく触れず、同夜、陸相から派兵決定のために閣議を開いてほしいという要請があったので、一一日に閣議を開催したと述べている。風見『近衛内閣』三一～三二頁。

(6)「閣議ノ情況　一二・七・一一」軍令部第一部甲部員(横井忠雄)『支那事変処理』(防衛研究所戦史研究センター蔵)。「米内手記」二四～二五頁。『外交文書』、第一一文書編注(一四頁)。

(7)『昭和天皇実録』第七巻(以下、『天皇実録』と略す)東京書籍、二〇一六年、三七〇頁。『外交文書』第一一文書。

(8)『風見手記』二二～二三頁、五九～六〇頁。

(9)『有馬頼寧日記』第三巻(以下、『有馬日記』と略す)山川出版社、二〇〇〇年、三八七頁。

(10)『嶋田備忘録』一〇五頁。

(11)「十三日閣議ノ状況」『支那事変処理』。「米内手記」二六～二七頁。風見は、この閣議で一五日に地方長官会議を開くことが決められたと述べている。『風見手記』二四頁。

(12)『有馬日記』三八九頁。
(13)『嶋田備忘録』一〇六頁。
(14)「七月十七日　五相会議」『支那事変処理』。
(15)『風見手記』二七頁。
(16)「七月十八日　五相会議」『支那事変処理』、『嶋田備忘録』一〇八頁。
(17)『風見手記』二八頁。
(18)『有馬日記』三八九頁。
(19)「七月十八日　五相会議」『支那事変処理』。
(20)『嶋田備忘録』一〇九頁。
(21)「参本二課トノ連絡　一二・七・一八」『支那事変処理』。
(22)『外交文書』第二三文書(二七〜二八頁)。
(23)「七月二十日　閣議ノ状況」『支那事変処理』。『嶋田備忘録』一〇九〜一一〇頁。外務省の記録によれば、海相は一一日にも青島・上海への陸軍派兵の可能性に言及していた。『外交文書』第一一文書編注(一四頁)。
(24)「七月二十日　閣議状況」『支那事変処理』。『嶋田備忘録』一一〇〜一一一頁。
(25)この制限解除により、支那駐屯軍では二七日未明の武力行使を計画したが、最終的に二八日早朝の総攻撃となった。『外交文書』第二八文書編注(三九頁)。
(26)外務省東亜局長の石射猪太郎の日記によると、二二日に閣議があったように記されているが、これを裏付ける記録はない。伊藤隆・劉傑編『石射猪太郎日記』(以下、『石射日記』と略す)中央公論社、一九九三年、一七〇頁。もしかすると、これは首相官邸で毎日開かれたという閣僚の昼食会(後述)のことかもしれない。
(27)『有馬日記』三九一頁。
(28)同右、三九二〜三九三頁。『風見手記』六三頁。
(29)『嶋田備忘録』一一五頁。
(30)近衛文麿『平和への努力』(日本電報通信社、一九四六年)中公文庫版『最後の御前会議/戦後欧米見聞録近衛文麿手記集成』二〇一五年、一一〇～一一一頁。風見『近衛内閣』四一頁。
(31)『天皇実録』三八四頁。
(32)『風見手記』六〇頁。
(33)同右、二四～二七頁。風見は手記の別の個所で、石原が南京乗り込み案を申し入れたのは一四日と述べている(同、六〇～六二頁)。戦後の回想では、八月上旬とされている(風見『近衛内閣』六六～七〇頁)。
(34)「一二・八・一二」『支那事変処理』。
(35)『天皇実録』三八四～三八五頁。
(36)『石射日記』一七四～一七五頁。
(37)同右、一七六～一七七頁。
(38)『天皇実録』三八七～三八八頁。
(39)『有馬日記』三九六頁。
(40)同右、三九九頁。船津工作は本来、民間人としての船津が、政府筋から得た和平条件を非公式に中国側に伝えることにねらいがあった。ところが、華北出張中に盧溝橋事件に際会し現地に居座っていた駐華大使の川越茂が突如、上海に戻ってきて、和平交渉に割り込んできたため、民間人による非公式接触という船津工作の本来のねらいは有耶無耶となってしまった。
(41)『嶋田備忘録』一二五頁。
(42)「中支出兵の決定(大東亜戦争海軍戦史本紀巻一)」小林龍夫ほか編『現代史資料(12) 日中戦争(四)』みすず書房、一九六五年、三八四～三九二頁。『嶋田備忘録』一二七頁。
(43)『嶋田備忘録』一二八頁。
(44)同右。
(45)風見『近衛内閣』四六頁。
(46)『嶋田備忘録』一二八頁。
(47)『風見手記』三〇～三一頁。

(48)『外交文書』第五四文書(七八〜七九頁)。

(49) 風見『近衛内閣』四五頁。

(50)「不拡大方針抛棄の閣議決定」臼井勝美・稲葉正夫編『現代史資料(9) 日中戦争(二)』みすず書房、一九六四年、三四頁。『嶋田備忘録』一三二頁によれば、閣議では不拡大方針は「自然消滅」と了解されたという。

(51)「内閣海甲第二九号(昭和十二年八月十七日)」内閣書記官長『昭和十二・十三年満州支那方面国策大綱閣議決定文書綴』防衛研究所戦史研究センター蔵。

(52)「八月二十日閣議ノ状況」『支那事変処理』。『石射日記』一八三頁。

(53)「青島作戦中止ニ関スル論議(一二・八・二四)」『支那事変処理』。

(54)「閣議ノ状況(一二・八・二四)」同右。『風見手記』三一頁。『石射日記』一八五頁。

(55)「閣議ノ状況(一二・八・二七)」『支那事変処理』。『有馬日記』四〇〇〜四〇一頁。

(56)『有馬日記』四〇二頁。

(57)『外交文書』第六二文書(九三頁)。

(58) 佐藤賢了『大東亜戦争回顧録』徳間書店、一九六六年、七四頁。佐藤は当時、陸軍省軍務課の国内班長(中佐)。八月二四日か二五日に開かれた(総理・外・陸・海)四相会議で宣戦布告問題が協議され、開院式の勅語は宣戦の詔勅に代わるものとして起案された、という解釈もある。防衛庁防衛研修所戦史室『戦史叢書 支那事変陸軍作戦〈1〉』朝雲新聞社、一九七五年、二八九頁、三〇五頁。これは陸軍省軍事課長の田中新一(大佐)の業務日誌に基づいているという。

(59)「第七十二回帝国議会における近衛内閣総理大臣演説」情報局記者会編『日本の動きと政府声明』新興亜社、一九四二年、一二〜一三頁。

(60) この時期の海軍部内の動向については、以下の研究を参照。森松俊夫『昭和一二年八月における上海派兵をめぐる陸海軍の問題』防衛研修所(戦史部)研究資料 80RO-6H(一九八〇年)。久保健治「盧溝橋事件の拡大と海軍の派兵決定論理――米内光政の意思決定を中心に」『創価大学人文論集』第二四号(二〇一二年)。

(61) 船津工作については、島田俊彦「「船津工作」など」『国際政治』第四七号(一九七二年一二月)を参照。

〔付記〕本稿は、中央研究院(台湾)近代史研究所のプロジェクト「邁向和解之道：中日戦争的再検討」の報告書に寄稿した拙稿の日本語版である。

第11章

(1) 『外交時報』については、伊藤信哉『近代日本の外交論壇と外交史学——戦前期の『外交時報』と外交史教育』日本経済評論社、二〇一一年、を参照。
(2) 半沢玉城「支那国民に望む」(『外交時報』〔以下『時報』と略す〕一九三七年八月一日号)。
(3) 中保与作「北支事変の必然性と合法性」(『時報』同右)。
(4) 田中香苗「北支事変と廿九軍並びに支那軍隊」(『中央公論』〔以下、『中公』と略す〕八月号)。
(5) 中山優「無礼打ちの後に来るもの」(『時報』九月一日号)。
(6) 半沢「東亜の西班牙化を救へ」(『時報』九月一五日号)。
(7) 清水安三「支那事変の見透し」(『中公』一一月号)。
(8) 宮崎龍介「蔣介石に与ふるの書」(『中公』一〇月号)。
(9) 林久治郎「日支事変終局の目標」(『時報』一〇月一日号)。
(10) 米内山庸夫「日支両民族の対峙」(『時報』同右)。
(11) 米内山「南京政府の将来」(『中公』一二月号)。
(12) 岡部三郎「日支事変は如何にして終局を告ぐるのか」(『時報』一一月一日号)。
(13) 半沢「支那側の事変対策如何」(『時報』一〇月一日号)。
(14) 及川六三四「支那の対日長期抗戦は可能か」(『中公』一〇月号)。
(15) 原勝「対日抗戦か社会革命か」(『中公』六〇〇号記念臨時増刊)。

(16) 直海善三「事変の永続不可避とその対策」(『時報』一〇月一五日号)。
(17) 及川「支那の対日長期抗戦は可能か」。
(18) 大西斎「南京政府の行方」(『中公』六〇〇号記念臨時増刊)。
(19) 井村薫雄「東亜の繁栄と支那民衆」(『時報』一〇月一日号)。
(20) 大西「南京政府の行方」。
(21) 金崎賢「事変拾収方策実現の要点」(『時報』一二月一五日号)。
(22) 米内山「南京政府の将来」。
(23) 梶原勝三郎「日支直接交渉の相手は誰か」(『時報』一二月一日号)。
(24) 吉岡文六「蔣介石独裁の動揺を思ふ」(『中公』一二月号)。
(25) 吉岡「聡明を欠いた蔣介石」(『時報』一九三八年一月一日号)。
(26) 田村幸策「時局に対処すべき三大急務」(『時報』一月一五日号)。
(27) 清水「支那事変の見透し」。
(28) 横田実「瓦解せる南京政権」(『時報』一九三七年一二月一五日号)。
(29) 吉岡「聡明を欠いた蔣介石」。
(30) 三枝茂智「時局拾収の根本認識」(『時報』一二月一五日号)。
(31) 田村「時局に対処すべき三大急務」。
(32) 直海「事変の永続不可避とその対策」。
(33) 吉岡「蔣介石独裁の動揺を思ふ」。
(34) 藤枝丈夫「抗日民族戦線の行方」(『中公』一九三八年一月号)。
(35) 岡部「日支事変は如何にして終局を告ぐるのか」。
(36) 半沢「首相・外相の演説」(『時報』二月一日号)。
(37) ソ・支情報「支那はスペイン化するか」(『中公』二月号)。
(38) 大西「漢口攻陥の価値」(『時報』八月一日号)。

(39) 吉岡「徐州戦とその後に来るもの」(『中公』六月号)。
(40) 和田耕作「長期戦の特質と大陸政策の方向」(『中公』七月号)。
(41) 井村「支那事変の帰結」(『時報』二月一五日号)。
(42) 半沢「徐州陥落後の新段階」(『時報』六月一日号)。
(43) 半沢「支那事変一周年」(『時報』七月一日号)。
(44) 宮崎「広東攻略すべし」(『中公』一〇月号)。
(45) 和田「長期戦の特質と大陸政策の方向」。
(46) 吉岡「広東攻略の重要性」(『中公』一〇月号)。
(47) 梶原「日本の新たなる危機」(『時報』四月一五日号)。
(48) 大西「事変と新支那再建」(『時報』一一月一日号)。
(49) 直海「事変収拾の目標とその基本的要件」(『時報』八月一日号)。
(50) 梨本祐平「大陸政策の基本的問題」(『中公』八月号)。
(51) 堀真琴「大陸経営の諸工作について」(『時報』八月一五日号)。
(52) 宮崎「広東攻略すべし」。
(53) 同右。
(54) 太田宇之助「新支那認識への道」(『中公』一一月号)。
(55) 田中直吉「長期建設と対支新認識」(『時報』一一月一五日号)。
(56) 東亜協同体論については、高橋久志「『東亜協同体論』——蠟山政道、尾崎秀実、加田哲二の場合」三輪公忠『日本の一九三〇年代』創流社、一九八〇年、五味俊樹「一九三〇年代の国際政治観における逆説——蠟山政道を中心にして斎藤隆夫との比較」『外交時報』(一九八四年八月号)を参照。
(57) 尾崎秀実「「東亜協同体」の理念とその成立の客観的基礎」(『中公』一九三九年一月号)。
(58) 同右。
(59) 蠟山政道「東亜協同体と帝国主義」(『中公』九月号)。

(60) 梨本「事変処理の政治的任務」(『中公』四月号)。
(61) 米内山「興亜院の設立と我が対支政策」(『時報』一月一五日号)。
(62) 米内山「大陸政策の理想」(『時報』四月一五日号)。
(63) 高木友三郎「東亜協同体論の批判」(『時報』三月一五日号)。
(64) 大谷孝太郎「事変と支那民族の世界観」(『時報』八月一日号)。
(65) 田中香苗「汪兆銘の脱出とその影響」(『時報』二月一日号)、吉岡「汪兆銘論」(『中公』二月号)。
(66) 大西「事変処理の前途」(『時報』四月一日号)。
(67) 太田「汪兆銘の影響」(『時報』五月一日号)。
(68) 梶原「汪兆銘と日本の関係」(『時報』同右)。
(69) 横田「汪兆銘コースと重慶の動揺」(『中公』九月号)。
(70) 松本鎗吉「新政権に対する援助の限界」(『時報』一二月一日号)。
(71) 三木清「汪兆銘氏に寄す」(『中公』一二月号)。
(72) 松本「支那民衆の動向に就て」(『時報』一九四〇年三月一日号)。
(73) 半沢「東亜時局の本格的進展」(『時報』七月一日号)。
(74) 田知花信量「事変処理への考察」(『中公』七月号)。
(75) 大西「事変と本格的段階」(『時報』一九三九年八月一日号)。
(76) 中保「独ソ不可侵条約と支那共産党」(『時報』一〇月一五日号)。
(77) 半谷高雄「支那新中央政府の樹立」(『時報』一〇月一日号)。
(78) 吉岡「蔣介石の苦悶」(『中公』世界大戦・支那事変処理臨時増刊)。
(79) 大沢章「新生支那と国際秩序」(『中公』一九四〇年五月号)。
(80) 半沢「世界動乱と日本の役割」(『時報』六月一五日号)。
(81) 半沢「東亜新秩序と蘭印・仏印」(『時報』七月一五日号)。
(82) 平貞蔵「事変処理の視角から」(『中公』七月号)。

(83) 田中香苗「運命共同感と東亜民族主義」(『時報』一〇月一日号)。
(84) 大西「事変完遂の大試練」(『時報』一〇月一五日号)。
(85) 橘善守「南京交渉の妥結と外交転換」(『時報』一一月一日号)。
(86) 川上散逸「東亜連盟のために」(『時報』一二月一五日号)。
(87) 新明正道「新東亜建設の現段階」(『時報』一九四一年一月一五日号)。
(88) 宇治田直義「事変処理の政治的段階」(『時報』三月一日号)。
(89) 松本「南京政府の強化と基礎との関係」(『時報』四月一日号)。
(90) 吉岡「汪政権強化の一方法」(『時報』六月一五日号)。
(91) 半沢「褚大使の来任に際して」(『時報』二月一五日号)。
(92) 橘「重慶抗戦態勢再建の新動向」(『時報』三月一五日号)。
(93) 直海「事変終結策としての南方策実践論」(『時報』二月一日号)。
(94) 亀井貫一郎「興亜団体統合の構想」(『中公』三月号)。
(95) 平「世界政局と事変処理」(『中公』六月号)。
(96) 小室誠「新東亜建設推進の次期段階」(『時報』五月一日号)。
(97) 小室「近衛・汪共同声明の意義と指向」(『時報』七月一五日号)。
(98) 外務省革新派については、戸部良一『外務省革新派』中公新書、二〇一〇年、を参照されたい。
(99) 津田左右吉「日本に於ける支那学の使命」(『中公』一九三九年三月号)。
(100) 山野義一「大東亜戦争と支那の将来」(『支那』一九四二年六月号)。

第12章

(1) 戸部良一『ピース・フィーラー』論創社、一九九一年。
(2) 劉傑『日中戦争下の外交』吉川弘文館、一九九五年。

(3) この史料には、外務省から北平(北京)に宛てて打電しそれを中国各地の領事館等に転電した電文が含まれ、現在では外務省に残っていないものがある。ただし、その史料にどれほどの量の文書が含まれているのか、またどこに所蔵されているかも、いまだ不明である。

(4) 宮杉浩泰「戦前期日本の暗号解読情報の伝達ルート」『日本歴史』二〇〇六年一二月号。

(5) 小野田摂子「蒋介石政権とドイツ和平調停」『政治経済史学』一九九五年一二月~九六年三月。

(6) 楊天石「一九三七、中国軍対日作戦の第一年」波多野澄雄・戸部良一編『日中戦争の軍事的展開』慶應義塾大学出版会、二〇〇六年。

(7) 伊藤智巳「宇垣時代の外務省と『宇垣外交』」堀真琴編『宇垣一成とその時代』新評論、一九九九年。

(8) 戸部良一「汪兆銘のハノイ脱出をめぐって」『外交史料館報』二〇〇五年九月。

(9) 戸部良一「対中国和平工作 一九四二–四五」『国際政治』一九九五年五月、同「日本の対中国和平工作」細谷千博ほか編『太平洋戦争の終結』柏書房、一九九七年。

(10) Joseph K. S. Yick, "Communist-Puppet Collaboration in Japanese-Occupied China," *Intelligence and National Security*, Winter 2001. 謝幼田『抗日戦争中、中国共産党は何をしていたか』草思社、二〇〇六年。

(11) 汪朝光「戦後中国をめぐる葛藤」波多野・戸部編『日中戦争の軍事的展開』。

第13章

(1) 汪兆銘工作に関する研究としては、臼井勝美「日中戦争の政治的展開」日本国際政治学会編『太平洋戦争への道』第四巻、朝日新聞社、一九六三年、John Hunter Boyle, *China and Japan at War 1937-1945: The Politics of Collaboration*, Stanford U. P., 1972, Gerald E. Bunker, *The Peace Conspiracy: Wang Ching-wei and the China War, 1937-1941*, Harvard U. P., 1971, 高橋久志「支那事変の泥沼化と国家戦略の行き詰まり」近代戦史研究会編『近代日本と戦争4 国家戦略の分裂と錯誤(下)』PHP研究所、一九八六年、土屋光芳「汪精衛と「和平運動」——高宗武の視点から」『(明治大学)政経論叢』第五七巻第一・二号(一九八八年八月)、戸部良一『ピース・フィーラー――支那事変和平工作の群像』論創社、一九九一年、劉傑『日中戦争下の外交』吉川弘文館、一九九五年、などを参照。

(2) 伊藤隆・劉傑編『石射猪太郎日記』中央公論社、一九九三年、二八一頁。

(3) 影佐禎昭「曽走路我記」人間・影佐禎昭出版世話人会編『人間影佐禎昭』非売品、一九八〇年、三七頁。

(4) 在上海後藤総領事代理発有田大臣宛第三七八七号電(一二月二三日)『支那事変ニ際シ支那新政府樹立関係一件　汪精衛関係』第二巻(以下、『外交文書　汪精衛関係』と略す)外交史料館蔵。

(5) 今井武夫『支那事変の回想』みすず書房、一九六四年、八二頁。

(6) 田尻愛義『田尻愛義回想録――半生を賭けた中国外交の記録』原書房、一九七七年、六八頁、西義顕『悲劇の証人――日華和平工作秘史』非売品・文献社、一九六二年、二一八〜二一九頁。田尻は一九三六年八月から約二年間、中国大使館一等書記官として上海に在勤していたので、亜洲司長の高宗武とよく知り合うようになったのだろう。

(7)『田尻愛義回想録』六七頁。

(8) 有田大臣発在香港田尻総領事宛電報(一二月二四日)『外交文書　汪精衛関係』。

(9) 在香港田尻総領事発有田大臣宛第一六七七号電(一二月二六日)同右。

(10) 在香港田尻総領事発有田大臣宛第一一号電(一月四日)同右。本省で受信したこの電文の欄外には、「工作ノ主眼トスル所ハ内部切崩自壊促進ニアリテ、……之ニ基礎ヲオキテ和平ヲナサントスルカ如キ考ナキハ勿論」という注記がある。

(11) 在上海三浦総領事発有田大臣宛第五三号電(一月一二日)同右。

(12) 在上海三浦総領事発有田大臣宛第一〇五号電(一月一八日)同右。

(13) 在香港田尻総領事発有田大臣宛第三四号電(一月八日)同右。

(14)「汪精衛一件　田尻総領事トノ打合要領(亜一、奥村事務官、一月二十七日)」同右。

(15)「汪精衛工作一件(亜一、奥村記、一月二十八日)」同右。

(16)『田尻愛義回想録』六八頁。

(17)「渡辺工作ノ現況（第三号）（今井中佐、昭和十三年十二月六日）」稲葉正夫・島田俊彦ほか編『太平洋戦争への道』別巻・資料編、朝日新聞社、一九六三年、二七九頁。なお、「渡辺」とは高宗武の秘匿名である。
(18)「汪兆銘ニ関スル電報」稲葉正夫・臼井勝美解説『現代史資料（9）日中戦争（二）』みすず書房、一九六四年、六二四〜六二五頁。
(19)在香港田尻総領事発有田大臣宛第一七一四号電（一九三八年一二月三一日）『外交文書　汪精衛関係』。この点は、今井の報告でも確認される。「渡辺工作ノ状況（第四号）（今井中佐、昭和十四年一月十五日）」『太平洋戦争への道』別巻・資料編、二八三頁。
(20)在香港田尻総領事発有田大臣宛第六二号電（一月一四日）『外交文書　汪精衛関係』。
(21)『田尻愛義回想録』六九頁。
(22)邵銘煌「高宗武対日謀和活動」『近代中国歴史人物論文集』中央研究院近代史研究所、一九九三年、四一六頁。
(23)「渡辺工作（第二期計画）（今井中佐、昭和十四年二月）」『太平洋戦争への道』別巻・資料編、二八三〜二八四頁。
(24)「汪精衛問題（田尻記）」『外交文書　汪精衛関係』。
(25)「汪精衛一件（田尻総領事記）」同右。
(26)「影佐渡辺会談報告（一四・二・二八）」『支那事変関係一件』第二七巻（以下、『外交文書　支那事変』と略す）外交史料館蔵。
(27)西『悲劇の証人』二三九頁。
(28)「渡辺工作　時局収拾ノ具体弁法（昭和十四、三、三）」『外交文書　支那事変』。
(29)前掲「影佐渡辺会談報告」。
(30)「渡辺工作指導要領」『外交文書　支那事変』。
(31)かつて筆者は、この高の来日時に、汪を中心とする新中央政権樹立について、高と日本側当事者との間にほぼ完全な合意が成立した、と書いたが（戸部『ピース・フィーラー』三三二頁）、この解釈は修正されなければならない。

(32)『支那事変の回想』七八頁。

(33)在香港田尻総領事発有田外相宛第三九七号電(四月一日)『支那事変ニ際シ支那新政府樹立関係一件　支那中央政権樹立問題(臨時、維新政府合流問題連合委員会関係、呉佩孚運動及反共、反蔣救国民衆運動)』第二巻(以下『外交文書　中央政権樹立問題』と略す)外交史料館蔵。香港機関発次長宛・香港電第三七〇号(四月一日)『外交文書　汪精衛関係』。

参謀本部に送られている。陸軍の香港機関からも同趣旨の情報が

(34)「渡辺工作現地報告(矢野領事　昭和十四・五・十五)」『支那事変ニ際シ支那新政府樹立関係一件　汪精衛関係』第三巻(矢野記録)(以下、『外交文書　矢野記録』と略す)外交史料館蔵。今井武夫・伊藤芳男・西義顕・矢野征記・清水董三「座談会　汪兆銘脱出行」『日本評論』一九五〇年一一月号、一四八頁。

(35)有田大臣発在ハノイ鈴木総領事宛第二号電「汪精衛保護ノ件」(一月七日)『外交文書　汪精衛関係』。

(36)有田大臣発在ハノイ鈴木総領事宛第一三号電「汪精衛一件」(二月一〇日)同右。

(37)影佐「曽走路我記」四一頁。

(38)同右、四二頁。曾仲鳴暗殺以前から、陸軍には、責任者を汪のもとに派遣し直接意見を交換する、という構想があったようである。前掲「渡辺工作指導要領」。

(39)犬養健『揚子江は今も流れている』文藝春秋新社、一九六〇年、一三六頁。なお戦後、犬養はこの回想録を執筆するにあたり、汪救出に関する日時等を矢野に問い合わせている。一九五九年三月一一日付矢野宛犬養書簡『外交文書　矢野記録』。

(40)矢野征記「汪兆銘工作の密使となりて」『人物往来』一九五五年一二月号、八三頁。

(41)「座談会　汪兆銘脱出行」一四六頁。ハノイ発四月一九日付電報『外交文書　中央政権樹立問題』。

(42)前掲「渡辺工作現地報告」。以下、汪救出に関する記述は、特に断らない限り、この報告書による。

(43)有田大臣発在香港田尻総領事宛電報「汪一件」(四月一日)『外交文書　中央政権樹立問題』。影佐と犬養は糖業連合会広東出張員として偽名を使った。なお、影佐等の出発は当初の予定よりも数日遅れたようである。有田大臣発在ハノイ鈴木総領事宛電報「影佐大佐及犬養健両氏ノ仏印渡航ニ関スル件」(三月二九日起

草）『外交文書　汪精衛関係』、有田大臣発在香港田尻総領事宛第二八七号電「汪一件」（四月一日）『外交文書　中央政権樹立問題』。

(44) 犬養『揚子江は今も流れている』一三五頁。このとき伊藤は、汪との会見をやめるよう要請する高宗武のメモを犬養に渡したという。同右、一四〇頁。

(45)『外交文書　矢野記録』には、敗戦直前に執筆された「汪精衛工作備忘録」と題する大屋の回想録の原稿が収録されているが、残念ながら、それは全文ではなく、一九三八年段階で途切れている。

(46)『外交文書　矢野記録』には、接触相手の真偽を見極めるため日本側が要求した汪の親書、会見の時間を通知してきた周隆庠の手紙が収録されている。影佐・犬養宛汪兆銘書簡（四月一七日）、伊沢（犬養の偽名）・河村（影佐の偽名）宛中山（周の偽名）書簡（一八日朝）。

(47) この点に関する汪の発言については、会見直後に書かれたと思われる矢野のメモが『外交文書　矢野記録』の中に収められている。四月一八日の日付があり、簡単な符牒を用いたこのメモでは、中央政権樹立（符牒では「本家再興」）は、第二案と第三案の場合だけに限定されている。

(48) 引用の後半部分は、四月一九日付ハノイ発東京宛電報『外交文書　中央政権樹立問題』。なお、ハノイ脱出、上海移転に関する汪の発言については、「河村（影佐の偽名）ヨリ土田課長（外務省東亜局第一課長）へ」と題するメモが『外交文書　矢野記録』にある。

(49) 会見後、周は、上海共同租界に用意すべき汪の住宅に、ハノイの居宅と同様の鋼鉄板・鉄条網の防御施設を備えるよう要望し、その準備が間に合わなければ、しばらくの間、朝鮮あるいは太平洋委任統治領付近の洋上を巡航してもよい、と通知した。矢野宛中山（周の偽名）メモ（一八日夕刻）『外交文書　矢野記録』。

(50) 上海の準備が整ったという連絡（「大阪（上海の符牒）ノ倉庫ハ準備完了セリ」）がハノイに伝えられたのは四月二六日である。有田大臣発在ハノイ鈴木総領事宛電報「渡辺工作一件」（四月二六日）『外交文書　中央政権樹立問題』。

(51)「竹内工作一件　上海ニ於ケル工作（矢野領事、五月十六日）」『外交文書　矢野記録』。「竹内」は汪の符牒である。なお、この報告書には昭和一五年五月一六日の日付があるが、昭和一四年の誤記であることは間違いない。

(52) 影佐「曽走路我記」四五～四六頁。

(53) 同右、四八～五一頁。

(54) 今井武夫『支那事変の回想』九六頁。

(55) 『田尻愛義回想録』七〇～七一頁。

(56) 西『悲劇の証人』二四三～二六〇頁。

第14章

(1) 沢田茂『参謀次長沢田茂回想録』芙蓉書房、一九八二年、四六頁。

(2) 伊藤隆・照沼康孝編『続・現代史資料(4) 陸軍 畑俊六日誌』みすず書房、一九八三年(以下『畑日誌』と略す)二四八頁。

(3) 木戸日記研究会校訂『木戸幸一日記』下巻、東京大学出版会、一九六六年、七九六頁。

(4) 唯一本格的な研究と見なされるのは、軍令部の史料に依拠した島田俊彦「日華事変における和平工作(上)(下)」『武蔵大学人文学会雑誌』第三巻第一号・第二号(一九七一年)である。

(5) 今井武夫「日中和平「桐工作」の全貌」『歴史と人物』第八巻第八号(一九七八年八月)一三五頁。

(6) 「新中央政府樹立を中心とする事変処理指導方策」堀場一雄『支那事変戦争指導史』復刻版・原書房、一九七三年、三〇三頁。

(7) 「新中央政府樹立を中心とする事変処理最高指導方針」臼井勝美・稲葉正夫編『現代史資料(9) 日中戦争(二)』みすず書房、一九六四年、五七八頁。

(8) 「事変解決処理第一期最高指導要領」堀場『支那事変戦争指導史』三一二～三一三頁。

(9) 以下、交渉の経緯に関しては、主として島田「日華事変における和平工作」(上)、今井武夫『支那事変の回想』みすず書房、一九六四年、一一五～一五〇頁を参考にし、関係史料については、今井『支那事変の回想』の所収資料(三二六〜三七五頁)、稲葉正夫・島田俊彦ほか編『太平洋戦争への道』別巻・資料編、朝日新聞社、一九六三年、二九五〜三〇二頁、『島田俊彦文書・桐工作』(一部は島田論文に引用)を参照した。

(10) 滬情報機密第七二号「陸軍側謀略ニ関スル情報ノ件送付」(一九四〇年七月一五日)『島田文書・桐工作』。阪田誠盛も張治平を軍統の工作員と見ていたという。熊野三平『「阪田機関」出動ス』展転社、一九八九年、六四頁、七七頁。なお、軍統はしばしば藍衣社と混同されるが、そもそも藍衣社は中華復興社とも呼ばれ、満洲事変後に蔣介石に忠誠を誓う組織として、かつて彼が校長を務めた黄埔軍官学校の卒業生をもって結成された。その中で秘密諜報活動を実行する部門の特務処の処長になったのが戴笠で、支那事変発生後に戴笠が拡大強化された軍統の実質的指導者になると、藍衣社特務処のメンバーは大半が軍統の工作員となった。藍衣社が軍統と混同されるのはこのためであり、多くの場合、藍衣社は軍統を意味している。黄美真・郝盛潮主編『中華民国史事件人物録』上海人民出版社、一九八七年、二一九頁、三〇七頁。

(11) 周仏海は、宋子良なる人物の写真が本人とは違うと日記に記している。蔡徳金編(村田忠禧ほか訳)『周仏海日記』みすず書房、一九九二年、二二三頁。この写真の鮮明度については島田「日華事変における和平工作(下)」一二頁。

(12) 熊野『「阪田機関」出動ス』七六頁。

(13) 岩井英一『回想の上海』私家版、一九八三年、一六一〜一六二頁。

(14) 阪田によれば、曹宏という名前であったとされている。阪田誠盛「香港謀略団」『話』第二巻第一〇号(一九五二年一〇月)八七頁。また、今井武夫の子息、今井貞夫は宋子良の本名を曾紀宏としている。今井貞夫『幻の日中和平工作』中央公論事業出版、二〇〇七年、二二三頁。

(15) 総軍参謀部「事変処理極秘指導」(一九四〇年二月二七日)『太平洋戦争への道』別巻・資料編、二九五〜二九七頁、堀場『支那事変戦争指導史』三六七〜三七一頁。

(16) たとえば、「軍令部第一部長所見」(一九四〇年三月一六日)、「停戦工作ニ対スル所見」(三月一八日)『島田文書・桐工作』。

(17) 総参二特電第二〇一号(三月二四日)同右。

(18)『畑日誌』二五三頁。
(19)熊野『「阪田機関」出動ス』一四四～一五四頁。
(20)『参謀次長沢田茂回想録』五七頁。
(21)特香港電第三六〇号(一九四〇年九月五日)『島田文書・桐工作』。
(22)堀場『支那事変戦争指導史』四〇〇頁、四〇七頁。
(23)「昭和十五、六年を目標とする対支処理方策」(一九四〇年五月一八日、省部決定)『現代史資料(9) 日中戦争(二)』五九四頁。
(24)『参謀次長沢田茂回想録』五六頁、一七七～一七八頁。
(25)戸部良一「華中の日本軍 一九三八－一九四一」波多野澄雄・戸部良一編『日中戦争の軍事的展開』慶應義塾大学出版会、二〇〇六年、一七五～一七九頁。「襄西確保ニ関スル意見」(呂集団司令部、一九四〇年六月一七日)『呂集団諸計画協定竝意見等綴』(防衛研究所戦史研究センター蔵)。
(26)『参謀次長沢田茂回想録』一七二頁。
(27)波多野澄雄「『南進』への旋回：一九四〇年」『アジア経済』第二六巻第五号(一九八五年五月)三三頁。
(28)軍令部「臼井大佐ト会談要旨」(一九四〇年三月二〇日)『島田文書・桐工作』。
(29)特香港電第二九三号(六月六日)同右。
(30)特香港電第三六九号(七月二七日)同右。
(31)特香港電第三八八号(八月九日)同右。
(32)特香港電第三五六号(九月一日)同右。
(33)今井『支那事変の回想』一三二頁。
(34)「日支新関係調整ニ関スル協議書類」(梅機関、一九三九年一二月三一日)『太平洋戦争への道』別巻・資料編、二八六～二九五頁。
(35)今井『支那事変の回想』一三〇頁、一三二頁。
(36)「覚書作製要旨(参本臼井大佐ヨリ聴取)」(一九四〇年三月二六日)『島田文書・桐工作』。

(37)『畑日誌』二五九頁。
(38)大陸指六六一号(一九四〇年二月二一日)今井『支那事変の回想』三三二〜三三三頁。
(39)「今後に於ける対重慶工作処理要領」(総軍参謀部、九月二八日)『現代史資料(9) 日中戦争(二)』五九六頁。
(40)『蔣介石秘録12 日中全面戦争』サンケイ新聞社、一九七七年、二一六〜二一八頁。
(41)『参謀次長沢田茂回想録』五七頁。
(42)今井文書については、近代日本史料研究会編『今井武夫関係文書目録』政策研究大学院大学、二〇〇七年八月、を参照。

第15章

(1)「対米英蘭蔣戦争終末促進ニ関スル腹案」参謀本部編『杉山メモ』下、原書房、一九六七年、八二〜八三頁。
(2)「情勢ノ推移ニ伴フ対重慶屈伏工作ニ関スル件」同右、八三〜八四頁。
(3)同右、五二頁。東郷茂徳『時代の一面』中央公論社、一九八九年、四三三〜四三四頁。「東郷茂徳陳述録」『外交時報』第一二三一号(一九八六年一月)四六頁。
(4)「世界情勢判断」『杉山メモ』下、六九頁。
(5)「今後採ルヘキ戦争指導ノ大綱」同右、八二頁。
(6)蔡徳金編(村田忠禧ほか訳)『周仏海日記』みすず書房、一九九二年、四二五頁、四三〇〜四三一頁。
(7)「連絡会議席上対重慶諜報工作ニ関スル第二部長説明」臼井勝美・稲葉正夫編『現代史資料(38) 太平洋戦争(四)』みすず書房、一九七二年(以下『現代史資料』と略す)四四〜四六頁。
(8)「大東亜戦争完遂ノ為ノ対支処理根本方針」『杉山メモ』下、三三一〜三三二頁。
(9)重光葵『昭和の動乱』下巻、中央公論社、一九五二年、一六二〜一六三頁。

(10) 同右、一六七〜一六八頁。
(11) 種村佐孝『大本営機密日誌』ダイヤモンド社、一九五二年、一四四頁。
(12) 『杉山メモ』下、三〇八頁。
(13) 「世界情勢判断」同右、一六二頁。
(14) たとえば、「対支処理要綱（案）」（四二年一二月三日付）『支那事変関係一件』第一一巻（外交史料館蔵）。
(15) 『杉山メモ』下、三〇五〜三〇六頁。
(16) 「世界情勢判断」同右、三八三頁。
(17) たとえば、「対支新方針ノ推進ニ就テ」栗原健・波多野澄雄編『終戦工作の記録』上、講談社、一九八六年、七七〜七八頁。
(18) 『杉山メモ』下、四〇三〜四〇五頁。
(19) 「重慶政権ノ動向」、「対重慶政治工作ノ見透シ如何」同右、四一五〜四一七頁。
(20) 同右、四〇九頁。
(21) 「大東亜政略指導大綱」、「国民政府ノ行フ対重慶政治工作開始ノ時機如何」同右、四一一頁、四一六頁。
(22) 「対重慶政治工作ニ関スル件」同右、四五九頁。
(23) 「次期ノ重要政略ニ関スル件」『終戦工作の記録』上、一一六〜一一八頁。
(24) 「対重慶政治工作ニ関スル件」『杉山メモ』下、四六三頁。
(25) 「対重慶政治工作ニ関スル件」（四三年九月二〇日付連絡会議了解案）『大東亜戦争関係一件・本邦の対重慶工作関係』（外交史料館蔵、以下『対重慶工作関係』と略す）。ただし、和平に関する日本の条件として条約改訂の趣旨を明示した規定は、「了解」が最終的合意となったとき採用されなかった。
(26) 伊藤隆・渡邊行男編『重光葵手記』中央公論社、一九八六年、四一一頁。同編『続重光葵手記』中央公論社、一九八八年、一五三〜一五四頁。
(27) 『杉山メモ』下、四五五〜四五七頁、四六〇頁。
(28) 「対重慶政治工作指導ニ関スル件」同右、四六六頁。

(29)「世界情勢判断」同右、四七六頁。

(30)「対外方策」同右、四九四〜四九五頁。

(31)「対重慶諜報路線工作廃止ニ関スル件」『現代史資料』一三六頁。

(32) 稲葉正夫編『岡村寧次大将資料』上巻、原書房、一九七〇年、二一七頁、二七〇〜二七一頁。殷同の工作は、伊藤隆・照沼康孝編『続・現代史資料(4) 陸軍 畑俊六日誌』みすず書房、一九八三年(以下『畑日誌』と略す)三四二頁、三八三頁、『周仏海日記』四六〇〜四六一頁からも窺うことができる。何沛石の言動は、四二年九月一五日付在北京北沢書記官発東条外相宛「重慶ノ対日和平策ニ関スル件」『対重慶工作関係』でも報告されている。

(33)「中華民国国民政府主席汪精衛閣下と御会見模様」、「東條内閣総理大臣・汪主席兼行政院院長会談要旨」伊藤隆・廣橋眞光・片島紀男編『東條内閣総理大臣機密記録』東京大学出版会、一九九〇年、二三六〜二五一頁。「重光大臣汪主席会談要録」『終戦工作の記録』上、一一九〜一二四頁。

(34)『畑日誌』四三八頁。『木戸幸一日記』下巻、東京大学出版会、一九六六年、一〇五三〜一〇五六頁。『杉山メモ』下、四五六頁。

(35)『続重光葵手記』一八五頁、一九〇頁。

(36)『周仏海日記』六〇四頁。『木戸幸一日記』下巻、一〇五九頁。

(37) 李北濤は、上司の銭永銘(交通銀行董事長)の意を受けて蔣伯誠(軍事委員会委員長〈蔣介石〉の駐上海代表として重慶側の地下工作を指導)との連絡があった。また、呉開先も上海における重慶側地下工作のリーダーの一人で日本の憲兵隊に逮捕されたが、周仏海は重慶との和平工作に利用するとの口実を用いて彼を釈放させ重慶に戻したのだという。程克祥と彭壽も一度日本軍に逮捕された後、周仏海の努力で釈放された。金雄白(池田篤紀訳)『同生共死の実体——汪兆銘の悲劇』時事通信社、一九六〇年、一四六〜一五四頁、二四九〜二五四頁。蔡徳金『朝秦暮楚的周佛海』河南人民出版社、一九九二年、三二六〜三三一頁。なお劉百川の情報は陳公博から近衛文麿に伝えられている。『木戸幸一日記』下巻、一〇二五頁。

(38) 金雄白『同生共死の実体』二三九頁。

(39)「対重慶政治工作実施要綱」参謀本部所蔵『敗戦の記録』原書房、一九六七年、一六三頁。

(40)「対重慶政治工作実施ニ関スル件」(四四年九月四日付最高戦争指導会議幹事会)『対重慶工作関係』。審議過程については、種村『大本営機密日誌』一八九～一九一頁。外務省案は「重慶工作実施ニ関スル件」『終戦工作の記録』上、三五三～三五六頁。大東亜省案は「対重慶政治工作ノ実施ニ関スル件」(九月一日付)『対重慶工作関係』。総理私案は「重慶工作要領私案」(九月二日付)同右、であると思われる。

(41)「対重慶政治工作実施ニ関スル件」『敗戦の記録』一六三～一六四頁。

(42)「九月六日総理及総長聯立上奏ニ際シ御下問」同右、一六五～一六六頁。「重慶工作問題ニ関聯スル御下問要旨」『対重慶工作関係』。参謀本部戦争指導班「大本営機密戦争日誌(完)」『歴史と人物』一九七一年一一月号、二八四頁。

(43)「世界情勢判断」『敗戦の記録』五二～五三頁。

(44)「対重慶政治工作実施ニ関シ国民政府ニ対スル伝達経過ノ要旨」同右、一七九頁。

(45)種村『大本営機密日誌』一九六頁。

(46)「今後採ルヘキ戦争指導ノ大綱ニ基ク対外政略指導要領(案)」『敗戦の記録』三五～三八頁。

(47)「対延安政権宣伝謀略実施要領」『畑日誌』四八二頁。

(48)繆斌工作に関する研究については次の文献を参照。衛藤瀋吉「対華和平工作史」日本外交学会編『太平洋戦争終結論』東京大学出版会、一九五八年。Yoji Akashi, "A Botched Effort: The Miao Pin Kosaku 1944-1945," Alvin D. Coox and Hiraly Conroy, ed., *China and Japan: A Search for Balance Since World War I*, ABC-clio, 1978. 鳥居民「小磯内閣の対重慶和平工作」高木誠一郎・石井明編『国際関係論のフロンティア』1、東京大学出版会、一九八四年。渡邊行男「繆斌事件」『中央公論』一九八八年九月号。横山銕三『「繆斌工作」成ラズ』展転社、一九九二年。

(49)『宇垣一成日記』3、みすず書房、一九七一年、一六一一～一六一二頁、一八一九～一八二〇頁。

(50)渡辺渡「対支政策の基本要綱」、「支那事変解決に対する意見」同右、一七八一～一七八六頁。

(51)「重光大臣江亢虎考試院長第一次会談要領」、「重光大臣、江亢虎考試院長第二次会談要領」、「小磯総理大臣江院長会談要領」『終戦工作の記録』上、三七五〜三九一頁。「重光大臣、江亢虎考試院長第三次会談要領」『対重慶工作関係』。

(52) この最高戦争指導会議の模様については、「第四十七号最高会議記録」『終戦工作の記録』上、四〇六〜四一七頁を参照。

(53) 小磯は、和平に関して重慶側から直接日本首脳に申し入れがあった場合、その申し入れを受けた者が適宜折衝を始めても構わない、との了解を最高戦争指導会議に求め、その申し合わせに基づいて繆斌工作を実行したのだと主張しているが(小磯国昭『葛山鴻爪』丸ノ内出版、一九六八年、七九八頁)、この申し合わせについての記録はない。

(54) 種村『大本営機密日誌』二〇三頁。

(55) 『現地ニ於ケル対重慶政治工作実施ニ関スル件』作成幹事会会議議事録」(四四年一二月一三日付)『対重慶工作関係』。

(56) 「対日和平折衝ニ関スル国民政府考試院副院長繆斌ノ内話」『終戦工作の記録』上、四〇四〜四〇五頁。

(57) 『周仏海日記』七二四頁。戦後周仏海は繆斌工作を「一大謀略」であったと評している。公安部档案館編注『周佛海獄中日記』中国文史出版社、一九九一年、八頁。

(58) 『重光葵手記』四七四頁。

(59) 緒方竹虎『一軍人の生涯』文藝春秋新社、一九五五年、一二九頁。当時緒方は、南京政権は嫌いであり道義的にも許されない、とも語っていたという。緒方竹虎伝記刊行会『緒方竹虎』朝日新聞社、一九六三年、一三〇頁。

(60) 緒方『一軍人の生涯』一二九頁。

(61) 重光『昭和の動乱』下巻、一七一〜一七二頁。

(62) 同右、一八九頁。和平の時期をドイツ敗北の後に想定していた点では木戸内大臣とも意見が一致していたという。同右、二五八頁。また、天皇も同意見であったようである。寺崎英成、マリコ・テラサキ・ミラー『昭和天皇独白録』文藝春秋、一九九一年、一〇二頁。

(63) 前註44と同じ。日本側は重慶要人に知己が多い李思浩の和平工作への協力を期待していたという。金雄白『同生共死の実体』三六〇〜三六一頁。

(64) 『周仏海日記』七〇九〜七一〇頁、七一三頁、七六三頁、七六五頁、七八二〜七八三頁。朱の派遣は、同年一二月陳公博が来日したときに重光に伝えられている。「重光大臣陳行政院長第一回会談録」(四四年一二月一五日付)『対重慶工作関係』。また、李や朱からの連絡は南京政権首脳との会談を報じた谷大使の電文にも出てくる。*The MAGIC Documents: Summaries and Transcripts of the Top Secret Diplomatic Communications of Japan, 1938-1945*, University Publications of America, 1980, Reel XI, No.959; Reel XII, No.1095, No.1108; Reel XIV, No.1196.

(65) 陳公博も重慶とは無電連絡があり、第三戦区司令部とも連絡があった。「重光大臣陳行政院長第一回会談録」。

(66) 何世楨工作については、Wesley R. Fishel, "A Japanese Peace Maneuver in 1944," *Far Eastern Quarterly*, Vol.8, No.4 (August 1949)、栗本弘「土井章と日中和平工作」『東洋研究』第五六号(一九八〇年一月)、土井章「中国と私の五十年の生活」同右、を参照。

(67) この和平三条件は、何世楨・徐明誠がもたらしたものとして張子羽から周仏海に報告されている。『周仏海日記』七〇五〜七〇六頁、七〇九〜七一〇頁。W. R. Fishel, *op. cit.*, によれば、この条件は重慶における徐の上司(軍令部第二庁副庁長の鄭介民)が指示してきたものだという。

(68) 「現地ニ於ケル対重慶政治工作指導ニ関スル件」『敗戦の記録』二一七頁。

(69) 『岡村寧次大将資料』上巻、二一七〜二一八頁。

(70) 「大陸指第二四六七号」『現代史資料』一六二〜一六三頁。種村『大本営機密日誌』二二九頁。松谷誠『大東亜戦争収拾の真相』芙蓉書房、一九八〇年、一三四頁。

(71) 「対重慶問題ニ関スル意見」、波多野澄雄「広田・マリク会談と戦時日ソ関係」『軍事史学』第二九巻第四号(一九九四年三月)一四頁から再引用。

(72) 東郷『時代の一面』四七六頁。「東郷茂徳陳述録」五九頁。

(73)「今後採ルヘキ戦争指導ノ基本大綱ニ関シ御前会議経過概要」『敗戦の記録』二七三頁。

(74)以下のいわゆる何柱国工作については、今井武夫『支那事変の回想』みすず書房、一九六四年、二〇四～二一二頁、同「支那事変終末工作と大本営」『外交時報』第一〇八一号（一九七一年一月）四四～四六頁、「終戦前及び終戦時に於ける支那派遣軍の概要」『現代史資料』三九八～三九九頁、を参照。

(75)種村『大本営機密日誌』二四五～二四六頁。

(76)田尻愛義『田尻愛義回想録』原書房、一九七七年、一二〇～一二一頁。種村『大本営機密日誌』二四四頁。

(77)東郷『時代の一面』四九六頁。

(78)今井『支那事変の回想』二一三～二一四頁。Yu-Ming Shaw, *An American Missionary in China: John Leighton Stuart and Chinese-American Relations*, Council on East Asian Studies, Harvard University, 1992, pp.148-149.

あとがき

本書に収録した論文の原題と初出掲載誌等は左のとおりである。

第1章「欧州大戦と日本のゆらぎ」『アステイオン』第八〇号（二〇一四年五月）

第2章「第二次世界大戦――アジアの戦争とヨーロッパの戦争」『年報 戦略研究』第六号（二〇〇九年三月）

第3章「三つの「戦争」――満洲事変、支那事変、大東亜戦争」『陸戦研究』二〇一二年四月号

第4章「南進と大東亜「解放」」*International Symposium 2012, Japan and Southeast Asia: Past, Present, and Future* (Institute of International Relations, College of International Relations, Nihon University, March 2013)

第5章「朝鮮駐屯日本軍：治安・防衛・帝国」日韓歴史共同研究委員会『日韓歴史共同研究報告書（第三分科篇）下巻・第二部「日本の植民地支配と朝鮮社会」』（二〇〇五年三月）

第6章「帝国在郷軍人会と政治」猪木武徳編『戦間期日本の社会集団とネットワーク——デモクラシーと中間団体』（NTT出版、二〇〇八年三月）
第7章「日本陸軍的中国共産党観（一九二六－一九三七）」黄自進主編『国共関係與中日戦争』（稲郷出版社、二〇一六年六月）
第8章「日本軍人の蔣介石観——陸軍支那通を中心として」山田辰雄・松重充浩編『蔣介石研究——政治・戦争・日本』（東方書店、二〇一三年三月）
第9章「戦前日本の危機管理——居留民保護をめぐって」木村汎編『国際危機学——危機管理と予防外交』（世界思想社、二〇〇二年六月）
第10章「支那事変初期（一九三七年七月七日～九月二日）における近衛内閣の対応」『政治経済史学』第六二〇号（二〇一八年八月）
第11章「日本人の日中戦争観　一九三七－一九四一」黄自進・劉建輝・戸部良一編『〈日中戦争〉とは何だったのか——複眼的視点』（ミネルヴァ書房、二〇一七年九月）
第12章「日中和平工作の挫折」『偕行』第六七八号（二〇〇七年六月）
第13章「汪兆銘のハノイ脱出をめぐって——関係者の回想と外務省記録」『外交史料館報』第一九号（二〇〇五年九月）
第14章「桐工作をめぐって」『政治経済史学』第五〇〇号（二〇〇八年四月）
第15章「対中和平工作　一九四二－一九四五」『国際政治』第一〇九号（一九九五年五月）

本書を刊行するにあたり、右記の拙稿の転載を快く認めてくださった関係団体・出版社等に謝意を表したい。なお、右記のうち、まえがきで触れたように、いくつかは学会発表、講演、研究会での報告を基にしている。第2章は戦略研究学会第五回大会シンポジウム『戦争の世紀を振り返る』での報告(二〇〇七年四月)、第3章は陸上自衛隊幹部学校創立五九周年の記念講演(二〇一一年一一月)、第4章は日本大学国際関係学部国際シンポジウム『日本と東南アジアの過去、現在、未来』での特別講演(二〇一二年一一月)、第12章は偕行社二〇〇六年度第七回近現代史研究会での報告(二〇〇七年三月)である。

本書をまとめてみて意外だったのは、参加した共同研究の成果報告書に収録された論文が多かったことである。第6章、第9章、第11章は国際日本文化研究センター(日文研)の共同研究の成果であり、第7章、第8章、第10章は台湾の中央研究院近代史研究所の共同研究の成果である。第5章も、やや性質は異なるが、共同研究の成果と言えよう。関係各機関と共同研究の代表者にあらためて感謝したい。共同研究では、その参加者から(しばしば異分野の研究者から)研究討議の場や懇親会で、さまざまな考えかたや新鮮なアプローチを教わり、大きな刺激を受けた。共同研究に参加しなかったならば、このような本を編むことはできなかっただろう。

数年前、既発表の論文を集めて本(『自壊の病理』)を刊行したとき、ほかにも論文があるなら本にしたい、と言ってくれたのは神谷竜介氏である。神谷氏は、日文研勤務時代に、私が企画・運営した共同研究会にほぼ毎回出席し、終了後には成果報告書(『近代日本のリーダーシップ』）の刊行を引き受けてくださった。それだけでも感謝しきれないのに、今回は本書の刊行を勧めてくださったうえ、全体の構成や収録論文の選択についても貴重なアドバイスを提供された。あらためて心から御礼申し上げたい。

戸部良一

ラ行

ワ行

ナ行

ハ行

マ行

ヤ行

サ行

タ行

主要人名索引

ア行

カ行

［著者略歴］

戸部良一（とべ・りょういち）

防衛大学校名誉教授、国際日本文化研究センター名誉教授

一九四八年宮城県生まれ。京都大学法学部卒業、同大学院法学研究科博士課程単位取得退学。博士（法学）。防衛大学校教授、国際日本文化研究センター教授、帝京大学教授などを歴任。著書に『失敗の本質』（共著、中公文庫）、『ピース・フィーラー』（論創社、吉田茂賞）、『逆説の軍隊』（中公文庫）、『日本陸軍と中国』（ちくま学芸文庫）、『外務省革新派』（中公新書）、『自壊の病理』（日本経済新聞出版、アジア太平洋賞特別賞）、『昭和の指導者』（中央公論新社）、編著に『近代日本のリーダーシップ』（千倉書房）などがある。

戦争のなかの日本

二〇二〇年七月二六日　初版第一刷発行

著者　戸部良一

発行者　千倉成示

発行所　株式会社　千倉書房

〒一〇四－〇〇三一

東京都中央区京橋二－四－一二

〇三－三二七三－三九三一（代表）

https://www.chikura.co.jp/

印刷・製本　精文堂印刷株式会社

写真　橋本タカキ

造本・装丁　米谷豪

ISBN 978-4-8051-1209-0 C3021

「20世紀と日本」研究会の本

歴史の桎梏を越えて　小林道彦＋中西寛　編著

新たな日中関係を築くため、それぞれの歴史叙述の枠に留まらない新たな視点で20世紀日中関係を見つめ直す。

❖Ａ５判／本体　五五〇〇円＋税／978-4-8051-0959-5

もうひとつの戦後史　「20世紀と日本」研究会　編

第一次大戦で戦勝国となった日本が迎えた戦後。それはなぜ第二次大戦の「戦前」へと変質していったのか……。

❖Ａ５判／本体　五五〇〇円＋税／978-4-8051-1171-0

表示価格は二〇二〇年七月現在